Das Buch

»Der Job macht mich krank« ist ein geflügeltes Wort. Aber was ist »der Job«? Und warum funktionieren die Spielchen, die den Arbeitsplatz mitunter zum Schauplatz von kleinen Schikanen und großen Intrigen werden lassen? Anne Wilson Schaef, bekannt durch ihre Ausweitung des Suchtbegriffes auf »Prozesse«, auf zwanghafte Verhaltensweisen, geht mit ihrer Kollegin Diane Fassel diesen Fragen nach. Anhand zahlreicher Beispiele analysieren sie Führungsstil, Planung, Kontrollmechanismen und Kommunikation in den verschiedensten Bereichen und Organisationsformen der Arbeitswelt – in Kleinunternehmen, Konzernen, Fabriken, in sozialen Einrichtungen, Kirchen und Schulen, in Vereinen und Behörden. Sie zeigen anschaulich und pragmatisch, wie charakteristische Merkmale der dort herrschenden »Suchtsysteme« zu erkennen sind und welche Ansätze es gibt, sie zu überwinden. Dabei bietet die ganzheitliche Methode, mit der die Autorinnen Denkansätze aus Suchtforschung, Management, »Neuem Denken« und Frauenforschung verketten, spannende Perspektiven, wie die Arbeitswelt genesen könnte.

Die Autorinnen

Anne Wilson Schaef zählt zu den bekanntesten amerikanischen Autorinnen auf dem Gebiet der Suchtkrankheiten und ist Mitbegründerin des Woman's Institute of Alternative Psychotherapy. Seit ihrer Promotion arbeitet sie in eigener Praxis und veranstaltet zahlreiche Vortragsreisen und Workshops. Veröffentlichungen u. a.: ›Co-Abhängigkeit‹ (1986), ›Im Zeitalter der Sucht‹ (1987), ›Die Flucht vor der Nähe‹ (1990), ›Mein Weg zur Heilung‹ (1993). Diane Fassel arbeitet als Unternehmensberaterin in Colorado. Zahlreiche Vorträge, Workshops und Publikationen. Auf deutsch erschien: ›Wir arbeiten uns noch zu Tode‹ (1993).

Anne Wilson Schaef
Diane Fassel:

Suchtsystem Arbeitsplatz

Neue Wege in Berufsalltag und Management

Aus dem Amerikanischen von
Rosemarie Krause

Deutscher
Taschenbuch
Verlag

dtv

Von Anne Wilson Schaef
sind im Deutschen Taschenbuch Verlag erschienen:
Im Zeitalter der Sucht (35022)
Die Flucht vor der Nähe (35054)

Deutsche Erstausgabe
September 1994
Deutscher Taschenbuch Verlag GmbH & Co.KG, München

Titel der amerikanischen Originalausgabe:
The Addictive Organization
Harper & Row, San Francisco 1988
ISBN 0-06-254841-7
Umschlaggestaltung: Boris Sokolow
Gesamtherstellung: C. H. Beck'sche Buchdruckerei, Nördlingen
Printed in Germany · ISBN 3-423-35080-6

Inhaltsverzeichnis

Vorbemerkung

Dieses Buch richtet sich an alle, die in einer Organisation arbeiten oder mit ihr zusammenarbeiten und sich schon immer gefragt haben, warum sie sich nach ihrer Arbeit oder nach Besprechungen unbehaglich fühlen, verwirrt oder unsicher.

Dieses Buch richtet sich an alle, die sich mit großen Hoffnungen und Erwartungen in eine neue Arbeitssituation begeben, allmählich von der Organisation zermürbt werden und den Enthusiasmus für die Arbeit, die sie lieben, verlieren.

Dieses Buch richtet sich an alle, die das Gefühl haben, sie müßten das ganze Wochenende damit verbringen, sich von der Arbeit zu erholen, nur um dann wieder an den Arbeitsplatz zurückzukehren und von neuem zu beginnen.

Dieses Buch richtet sich an alle Organisationen, die in Schwierigkeiten sind oder sie vermeiden wollen und die Tausende, wenn nicht gar Millionen von Dollar für Pauschal-Beratungsangebote ausgegeben haben und die dann feststellen, selbst wenn die Analyse korrekt erschien, daß es zu keiner tatsächlichen oder anhaltenden Veränderung gekommen ist.

Dieses Buch ist für jede Organisation, die verstehen möchte, warum sie von einer Krise in die nächste gerät und nicht mehr in der Lage ist, sich auf die eigentliche Arbeit zu konzentrieren, für die sie da ist.

Dieses Buch ist für jede Organisation, die wirklich daran glaubt, daß es möglich ist, das Arbeitsleben heilend und spannend zu gestalten und trotzdem eine gute Gewinnspanne zu erzielen.

Dieses Buch richtet sich an alle Berater, die für die Organisationen, die sie betreuen, wirklich hilfreich sein wollen und bisher nicht das notwendige konzeptionelle Handwerkszeug hatten, um das auch in die Praxis umzusetzen.

Dieses Buch richtet sich an alle, die intuitiv bereits erfaßt haben, daß mit der Struktur und der Arbeitsweise unserer Organisationen etwas nicht in Ordnung ist und die nach dem »fehlenden Teil« gesucht haben.

Dieses Buch ist allen Personen und Organisationen gewidmet,

mit denen wir gearbeitet haben, derzeit arbeiten oder noch arbeiten werden, in der Hoffnung, daß es das »fehlende Teil« liefert.

Danksagung

Wir möchten vielen Menschen für ihren Zuspruch während der Entstehung dieses Buches danken. Unsere Familien und unsere Gemeinschaft in Boulder haben wie immer ihre gute Laune und ihre Unterstützung beigesteuert. Gwenn, DeCino, Carol Ewer, John Reed und Beth Wilson schafften eine Atmosphäre, die alle Hindernisse für die Arbeit an dem Buch aus dem Weg räumte. Organisationen, die unsere Klienten waren, standen bereitwillig als Fallbeispiele zur Verfügung und folgten der Entwicklung unserer Ideen mit großem Interesse. Trainees und ehemalige Trainees äußerten auf Seminaren ihre Meinung zu dem Manuskript.

Viele haben es gelesen und wertvolle Anmerkungen gemacht. Jan Johnson, unsere Verlegerin bei Harper & Row, glaubte an das Buch vom ersten Tag an und führte es geschickt durch alle Phasen der Entstehung. Schließlich möchten wir den Einfluß unserer Väter Robert Fassel und Virgil Willey anerkennen, zwei Männer, die mit beiden Beinen im Geschäftsleben stehen und uns dennoch lehrten, einen anderen Weg zu sehen. Ihnen beiden und allen, die uns in unserem Bemühen zur Seite standen, sind wir aufrichtig dankbar.

Alle Beispiele, auf die wir uns beziehen, sind tatsächlich so passiert. Namen, Orte und Einzelheiten, die zum Wiedererkennen führen könnten, haben wir verändert.

Zugunsten eines flüssigeren Textes wurde bei der Übersetzung darauf verzichtet, männlich-weibliche Formen (wie der/die BeraterIn) zu verwenden. Es wird jedoch ausdrücklich darauf hingewiesen, daß bei Benutzung der männlichen Form grundsätzlich Männer *und* Frauen gemeint sind.

Anmerkung der Übersetzerin

Einführung: Ein fehlendes Teil

Jeder in dieser Gesellschaft lebt oder arbeitet in irgendeiner Organisation, einer Gruppe oder einem System. Angefangen bei der Familie über die Schule, den Arbeitsplatz bis zu Clubs und Bürgerinitiativen verbringen die meisten von uns den größten Teil ihres Lebens in Organisationen oder stehen mit ihnen in Verbindung. Tatsächlich ist jemand, der nicht in der Lage ist, sich in einer Organisation zurechtzufinden, in unserer Gesellschaft benachteiligt. Wir müssen jeden Aspekt des Organisationslebens verstehen lernen. Überdies brauchen wir ein Buch, das sich umfassend mit Organisationen beschäftigt, ein Buch, das von Geschäftsführern und Unternehmen ebenso gelesen wird wie von Mitgliedern ehrenamtlicher Vereine und sozialer Berufsgruppen. Wir erkannten den Bedarf nach einem Buch, das unsere Erfahrungen in Organisationen auf allen Ebenen »beim Namen nennt«.

Es gibt eine Fülle von Büchern über Organisationen und das Geschäftsleben, und es werden Millionen von Dollar jährlich für Berater und Pauschalangebote ausgegeben, die darauf zielen, die Organisation wieder »heil« zu machen. Dennoch suchen die Unternehmen verzweifelt weiter nach Modellen, die das Abgleiten der Wirtschaft aufhalten und *ineffiziente* Arbeitsleistung beleben könnten. Die Menschen freuen sich auf das Wochenende, um sich von den »verrücktmachenden« Erfahrungen bei der Arbeit zu erholen, und stellen dann fest, daß sie montags der gleichen Dynamik ausgesetzt sind.

Menschen, die aus dysfunktionalen Familien stammen, erkennen häufig, daß sich in ihren Organisationen die gleichen Muster wiederholen, die sie bereits in ihren Familien gelernt haben. Obwohl ihnen diese Muster vertraut sind, empfinden sie sie doch nicht als gesund. Wenn auch Pauschal-Beratungsangebote Probleme für einige Tage oder Wochen zu lindern scheinen, tauchen dieselben Probleme doch wieder und mit größerer Macht und Beharrlichkeit auf. Selbst nachdem unsere Spitzenausschüsse an Seminaren über Kommunikationstechniken teilgenommen haben, bleibt es dabei, daß die Kommunikation zusammenbricht, daß es zu Unbehaglichkeit, Ärger und Rückzug kommt. Was ist los? Was haben wir

außer acht gelassen? Eine unserer Freundinnen in einem »Fortune 500 Unternehmen«, eines der 500 erfolgreichsten Unternehmen der USA, stellte fest, daß wir mit etwas nicht zurechtkämen, es aber nicht klar sei, was das sei. In einer hausinternen Notiz schrieb sie:

»Wie sieht eine produktive Organisation aus? In den letzten Jahren wurden wir von Büchern, Artikeln, Fallstudien und Nachrichten überflutet, die die Attribute herausragender und erfolgreicher Organisationen beschreiben. Als ein Land von Geschäftsleuten haben wir unsere Konkurrenten studiert. Immer wieder haben wir mit verschiedenen Stimmen hochtechnische, mechanistische und elektronische Lösungen propagiert.

Aus Europa haben wir das Bedürfnis nach Kooperation mit den Angestellten übernommen und haben begonnen, uns in größeren Firmen wie GM, AT&T und FORD für die Qualität des Arbeitslebens und das Miteinbeziehen von Angestellten einzusetzen. Unternehmen wie die UAW, Communications Workers of America und die Steel Workers wurden führend für Veränderungen. Dennoch haben viele dieser hoffnüngsvollen Programme ihre ursprüngliche Kraft verloren. Und nach einem Blick in den Osten haben wir mit ›Qualitätszirkeln‹, ›Just in Time-Auslieferung‹, ›Totaler Qualitätskontrolle‹, ›statistischer Prozeß-Kontrolle‹ und ›unternehmensweiter Qualitätskontrolle‹ begonnen.

Aber trotz all unserer Berichte und unserer Untersuchungen scheint uns immer noch etwas zu fehlen. Das Herausstellen hervorragender Leistungen zieht uns an; wir erkennen, daß es da etwas gibt, was wir nicht haben, trotzdem ist es der Mehrzahl der Geschäftsführer und Manager in den Vereinigten Staaten nicht möglich, durch das Umsetzen dieser Ideen bedeutende andauernde Veränderungen zu vollziehen. Was übersehen wir bei dem Umsetzungsversuch dieser Veränderungen?«[1]

»Was übersehen wir bei dem Umsetzungsversuch dieser Veränderungen?« Die Antwort auf diese Frage zu finden hat uns veranlaßt, dieses Buch über Organisationen zu schreiben. Wir sind der Meinung, daß es an der Zeit ist, zu einem neuen Verständnis über Organisationen, in denen wir leben und arbeiten, zu gelangen. Frühere Analysen tragen Elemente der Wahrheit in sich, und gleichzeitig wurde dabei ein wesentlicher Faktor systematisch ignoriert.

Paradoxerweise war gerade die Korrektheit der Analysen (wenn auch nur teilweise) mit eine Ursache dafür, daß fehlerhafte Lösungen akzeptiert wurden. Wenn die Analyse Elemente der Wahrheit in sich birgt und sich für jene, die es betrifft, »richtig anhört«, ist es tatsächlich schwierig, nicht leichtgläubig zu werden und die angebotenen Lösungen bereitwillig zu akzeptieren. Leider wird wahrscheinlich genau diese Leichtgläubigkeit das Problem aufrechterhalten. In ›Remaking the American CEO‹ von Steven Prokesch im Wirtschaftsteil der New York Times vom 15. Januar 1987 konnte man lesen, daß »viele den neuen Leitsatz übernehmen, der das Überleben des Unternehmens über alles andere stellt. Das Ergebnis: eine Generation von erbarmungslosem Management.« Und weiter: »Der neue Leitsatz mißachtet die Loyalität gegenüber den Arbeitern, den Produkten, der Unternehmensstruktur, dem Handel, den Fabriken und den Gemeinden, ja sogar die Loyalität gegenüber der Nation. *Alle Formen von Treue werden unter den neuen Bedingungen für entbehrlich gehalten. Wenn das Überleben auf dem Spiel steht, dürfen nur noch Führung auf dem Markt, harte Profite und hohe Aktienpreise zählen.«* (Hervorhebungen d. A.). Prokesch sieht, daß Leiter von Unternehmen sich einem enormen Prozeß des Überdenkens unterziehen. Ihre Antwort auf die Forderung nach Veränderung bestand darin, noch erbarmungsloser, noch manipulativer, noch unehrlicher, noch rigider zu werden und weniger kreativ und bereit, Risiken einzugehen. Wir glauben, daß diese Reaktion einen Hinweis darauf gibt, was uns nach unserem Verständnis von Organisationen noch gefehlt hat.

Durch unsere Arbeit mit Gruppen und Organisationen und unsere Forschungen fanden wir schließlich das Teil, das systematisch ignoriert wurde: Viele unserer Organisationen sind süchtige Organisationen, die in eine süchtige Gesellschaft eingebettet sind. Damit meinen wir, daß viele Organisationen durch Sucht und eine durch Sucht bestimmte Weltsicht in Mitleidenschaft gezogen sind.

In ihrem Buch ›Im Zeitalter der Sucht‹ hat Anne Wilson Schaef dargelegt, daß süchtiges Verhalten in unserer Gesellschaft zur Norm geworden ist und daß die Gesellschaft selbst wie ein aktiv Süchtiger funktioniert.[2] Das trifft ebenso auf der Organisationsebene zu: Die Organisation verhält sich wie ein aktiv Süchtiger. So haben wir ein wichtiges fehlendes Teil gefunden, ein Stück Information, das bisher in den gängigen Analysen der Probleme von

Organisationen systematisch übersehen wurde. Wenn auch das Verständnis dieses »Teils« nicht zu allen erforderlichen Veränderungen führen mag, so wird es doch die Art und Weise, wie wir Organisationen betrachten und wie wir uns in und mit ihnen verhalten, dramatisch verändern.

Allmählich erkannten wir, daß viele Verhaltensweisen, die man bei einzelnen in Organisationen für »normal« hält, tatsächlich einem Repertoire an Verhaltensweisen eines aktiv Süchtigen oder eines Co-Abhängigen entstammen, der sich nicht in Genesung befindet. Die Lösungen, die zum Beispiel in dem zuvor zitierten Artikel von Prokesch erwähnt wurden (Erbarmungslosigkeit, Rigidität, Unehrlichkeit), entsprechen genau der Art und Weise, wie ein aktiv Trinkender auf Krisen reagieren würde. Außerdem steckt in vielen Organisationsprozessen, die in Unternehmen als »angemessen« gelten, süchtiges Verhalten, das sich hinter der Struktur und Funktion des Unternehmens verbirgt.

Warum waren die Menschen, die bisher mit Organisationen gearbeitet oder sie untersucht haben, so wenig bereit, die Realität zu sehen? Eine der Gründe besteht wahrscheinlich darin, daß der eigentliche Abwehrmechanismus von Süchtigen die Verleugnung ist. In der Behandlung von süchtigen Individuen besteht der erste Schritt zur Genesung darin, das Verleugnungssystem zu durchbrechen und zuzugeben, daß man eine Krankheit hat. Wir wissen, daß Sozialwissenschaftler und Menschen im Bereich von Psychiatrie, Psychologie und in den helfenden Berufen beklagenswert wenig über Süchte informiert sind. Oft besteht ihre Arbeit darin, das Problem notdürftig zu flicken. Auf diese Weise wurde dem einzelnen ermöglicht »weiterzuhumpeln«, ohne das eigentliche Problem, die Sucht, je wirklich anschauen zu müssen. Außerdem denken Menschen aus süchtigen Familien, der süchtige Prozeß sei ganz normal. Da es der einzige Prozeß ist, den sie in ihrem Leben kennengelernt haben, ist er für sie die Realität.

Diese beiden Tendenzen – die Verleugnung der Auswirkungen von Süchten sowie die Ansicht, süchtiges Verhalten und süchtige Prozesse seien normal – finden sich ebenso im Bereich der Organisationsentwicklung und im Prozeß der Organisationsberatung. Wie bereits erwähnt, liegt einer der Gründe dafür, daß viele Organisations- und Managementtechniken nicht zu andauernden Veränderungen führen, darin, daß sie sich nicht dem darunterliegen-

den Problem zuwenden. Obwohl wir einen großen Teil der Literatur und der Arbeit, die heute in Kreisen der Organisationsentwicklung geleistet wird, bewundern, werden doch nach unserer Erfahrung die meisten dieser Ansätze nicht wirklich wirksam sein, bevor sie nicht erkennen, daß viele unserer Organisationen in süchtiger Weise funktionieren, sowohl im Hinblick auf das Personal als auch auf das ganze System. Leider verschärft sich das Problem noch durch einen allgemeinen Mangel an Informationen über das Thema Sucht, und zwar bei den inner- und außerbetrieblichen Beratern wie auch bei den Beratern des EAP (employee assistance program).

Nach unserer Erfahrung können sowohl süchtige Individuen als auch süchtige Systeme den Prozeß der Genesung beginnen, was vielerorts bereits geschieht. Auch wenn es sich um einen lebenslangen Prozeß handelt, so führt er doch zu einer dauerhaften Gesundheit und einem besseren, produktiveren Arbeiten. Dieses Buch möchte eine weiterführende, bedeutsame, bisher nicht beachtete Dimension zum Verständnis von Organisationen beitragen.

Wir betrachten hier das Konzept einer süchtigen Organisation – wie sie aussieht, wie man sie erkennt, wie sie arbeitet, welche Prozesse und Strukturen sie errichtet, um in der Krankheit zu bleiben, und wie sie den Genesungsprozeß beginnen kann.

In Kapitel 1 beschreiben wir die Prozesse, mit denen wir zu einem arbeitsfähigen Wissen über süchtige Organisationen gekommen sind, angefangen bei einigen Organisationskonzepten, die für uns hilfreich waren. Es ist wichtig, die heute gebräuchlichen Ideen über Organisationen in der Literatur zu kennen: hervorragende Leistung, Erneuerung, die Z-Theorie, Qualitätszirkel und Organisationstransformation. Wir schauen uns einige wichtige Beiträge zu diesen Gebieten an und kommen auf Ideen zu sprechen, die darin offensichtlich fehlen. Es geht um Ideen, die außerhalb traditioneller Organisationsentwicklung, Management und Beratung auftauchen. Sie waren für uns wichtig, haben zu unserem Denken beigetragen und unser Verständnis für Organisationen erweitert. Wir zeigen, inwieweit sie für Organisationstheorie, Entwicklung und Transformation bedeutsam sind.

An dieser Stelle fragen wir, was in der bisherigen Entwicklung von Konzepten fehlt. Wie bereits erwähnt, das fehlende Teil ist das Verständnis für die Rolle, die Macht und den durchdringenden Charakter des Suchtprozesses.

Kapitel 2 ist der Definition von Begriffen gewidmet: Süchte im allgemeinen, die Charakteristika und Prozesse von Süchten, der Suchtprozeß selbst, Co-Abhängigkeit und »erwachsene Kinder von Alkoholikern«. Obwohl es eine Unmenge an populärer Information zum Thema Sucht gibt, glauben wir dennoch, daß es bei einer allgemeinen Unwissenheit darüber bleibt, da das Lernen über die Sucht ein teilnehmender Prozeß ist. Damit meinen wir, daß es nicht ausreicht, logische und rationale Information über Sucht zu bekommen. Um wirklich etwas über Süchte zu lernen, muß man es mit seinen eigenen süchtigen Mustern aufnehmen und mit der Genesung beginnen. Da der süchtige Prozeß für unsere Gesellschaft die Norm ist, muß davon ausgegangen werden, daß jeder in gewisser Weise an Suchtformen teilhat. Dieses informative Kapitel ist notwendig, um eine gemeinsame Sprache und ein gemeinsames konzeptionelles Gerüst bereitzustellen. Es beschreibt, was wir mit Suchtsystem, Suchtprozeß, Co-Abhängigkeit und »Erwachsene Kinder von Alkoholikern« meinen.

Kapitel 3 umreißt vier Ebenen, auf denen Süchte auf Organisationen einwirken, und gibt Beispiele für diese Ebenen. Im wesentlichen stellt dieser Abschnitt dar, auf welche Weise die Organisation selbst Süchtige ist. Wir waren von dem Ertrag dieses Konzepts fasziniert, und wir stellen hier vier Aspekte der Organisation als Süchtige dar.

Als ersten Aspekt untersuchen wir das Problem, das entsteht, wenn ein Manager oder jemand in einer Schlüsselfunktion ein aktiv Süchtiger ist. Wir geben Beispiele dafür, welchen Effekt es für eine Organisation haben kann und wie es sich auf Organisationsebene bemerkbar macht, wenn das Problem nicht gelöst wird. Personen in Schlüsselfunktionen haben einen großen Einfluß auf die Unternehmen. An ausgewählten Beispielen zeigen wir das Ausmaß der Auswirkungen, die ein dysfunktionaler Manager auf das ganze System sowie auf seine Angestellten hat.

Ein zweiter Aspekt der Organisation als Süchtige ist der, daß sehr viele Süchtige und Co-Abhängige, die sich nicht in Genesung befinden, unausweichlich ihr dysfunktionales Familiensystem am Arbeitsplatz wiederholen. Die Familiensystemtheoretiker haben schon längst erkannt, daß Probleme, die auf einer Ebene nicht gelöst werden, an anderer Stelle immer wieder auftauchen; das trifft auch für Süchtige und Co-Abhängige in Betrieben zu. Sie

machen das, was sie am besten können: Sie funktionieren in süchtiger Weise, egal, wo sie sind.

Ein dritter Teil unserer Nachforschungen führt uns zu unserer Theorie, daß Organisationen selbst als süchtig machende Substanz benutzt werden können und benutzt wurden. Dieser Prozeß zieht sich durch die gesamte Organisation – durch ihre Mission, ihre Produkte, ihre herausragende Stellung als Organisation im Leben des Angestellten und durch ihre Loyalitätserwartung. Das kann ganz besonders in Hochleistungsbetrieben beobachtet werden. Dann wenden wir uns einer Sucht zu, die alles durchdringt, nicht besonders gut verstanden und im wesentlichen ignoriert wird: der Arbeitssucht. An der Arbeitssucht werden die Anzeichen des Suchtprozesses in Organisationen offensichtlich. Es ist notwendig, die Rolle wichtiger Institutionen in unserer Gesellschaft bei der Verleugnung der Bedeutung und der Realität von Arbeitssucht zu erkennen und zu sehen, wie sie tatsächlich als sozial akzeptabel verkauft wird, nur weil es den *Anschein* hat, als sei sie sozial produktiv.

Der vierte Aspekt, den wir eingehend untersuchen, ist die Organisation, die selbst wie ein aktiv Süchtiger agiert. Damit meinen wir, daß die Organisation als Ganze Prozesse und Verhaltensweisen zeigt, die sie mit dem einzelnen Süchtigen gemeinsam hat. Diese Verhaltensweisen untersuchen wir im einzelnen ebenso wie die durchgehende Struktur von Organisationen als Kontext für süchtige Prozesse und süchtiges Verhalten. Wir zeigen, wie Struktur und Funktion süchtiger Organisationen dazu neigen, Probleme zu verfestigen oder nur notdürftig zu flicken, anstatt sie zu lösen. Darüber hinaus entwickeln wir eine Beschreibung der Charakteristika von Sucht in Organisationen, wie sie in der Kommunikation, als Klatsch, Angst, Isolation, Unehrlichkeit und in Form von unterdrückten Gefühlen, Sabotage, Projektionen, Respektlosigkeit, Verwirrung, Kontrolle, Verleugnung, Vergeßlichkeit, Selbstbezogenheit, Dualismus, Grandiosität sowie Planung als eine Art der Kontrolle deutlich sichtbar werden. Wir untersuchen diese Charakteristika und benutzen dabei Beispiele und Fälle von verschiedenen Dienstleistungsbetrieben, von technologischen und industriellen Unternehmen und von Organisationen, die nicht profitorientiert sind.

Paradoxerweise erscheinen alle vier Aspekte der Organisation

als Süchtige als voneinander getrennte Elemente und sind dennoch voneinander abhängige Aspekte der Organisation. Sie können einzeln auftreten, unterstützen sich aber häufig auch gegenseitig. Folglich findet man sie gewöhnlich in Beziehung zueinander und miteinander verflochten.

Das vierte Kapitel beschäftigt sich mit dem Prozeß der Genesung einer süchtigen Organisation. Offensichtlich kann man an eine süchtige Organisation nicht mit den herkömmlichen Methoden eines Beraters herantreten. Dieses Kapitel hebt besondere Aspekte der Genesung für eine süchtige Organisation hervor.

Die Rolle des Beraters einer süchtigen Organisation unterscheidet sich von der herkömmlichen Beraterrolle. Wir zeigen den Unterschied und richten dabei unsere Aufmerksamkeit auf traditionelle Beratungspraktiken: Wir betrachten Fälle, in denen sich Berater in das Suchtsystem verstricken können (und es auch tun) und überdenken das Thema der Objektivität noch einmal neu. Dieses Kapitel konzentriert sich auf die Rolle des Beraters in einer genesenden Organisation und beschreibt einige potentielle neue Rollen für Berater.

Kapitel 5 zieht dann Schlußfolgerungen aus dem bisher eingeführten Material. Es beschreibt die Charakteristika von Organisationen, die sich aus dem Suchtsystem herausbewegen. Wir nehmen hier einige Charakteristika auf, die für Hochleistungsunternehmen nicht neu sind: Es *ist* jedoch neu, daß sie ins Zentrum der Aufmerksamkeit geraten. Die Merkmale beinhalten: eine Aufgabe, die von der Struktur unterstützt sein muß, Eigenverantwortlichkeit, durchlässige Grenzen, Kommunikation in alle Richtungen in vielen unterschiedlichen Formen, integrierte Arbeitsteams und situationsgemäße Leistung, Sinn für Moral bei der Art wie gearbeitet wird sowie bei der Produktentwicklung, Kongruenz der formellen oder der informellen Ziele und die Verpflichtung zu einem prozeßhaften Modell der Veränderung.

Wir schließen mit Fragen, die sich aus unseren Nachforschungen und Erfahrungen ableiten: Welche Bedeutung hat das alles für die Strukturierung einer Organisation oder unserer Gesellschaft? Wir glauben, daß wir einige neue, äußerst interessante Alternativen für Organisationen entdeckt haben, die wir in diesem Kapitel untersuchen.

Wir beraten Organisationen bereits seit vielen Jahren. Unsere

Klienten, deren Erfahrungen sich in diesem Buch widerspiegeln, sind multinationale Unternehmen, »Fortune 500 Unternehmen«, Bereiche der Gesundheitsfürsorge, Agenturen, Kirchen, religiöse Orden und Familienunternehmen. Es hat uns viele Stunden der Beobachtung und des Gesprächs mit Klienten und Mitarbeitern gekostet, unser Denken soweit zu entwickeln und aufzubauen, daß wir dieses wichtige »fehlende Teil« über Sucht finden konnten. Diese Information war für die Organisationen, die wir beraten, äußerst hilfreich und wirksam, und dieses Buch wird überzeugende und notwendige Werkzeuge zum Verständnis von Organisationen anbieten. Wie Prokesch bereits sagte, als er einen Vizepräsidenten der Eastern Airlines zitierte, ist das Überdenken auf Unternehmensebene »ein Prozeß, der niemals aufhören kann. Die Fähigkeit, sich an eine ständig im Wandel befindliche Welt anpassen zu können, ist nicht nur eine Voraussetzung für den Erfolg, sondern fürs Überleben.»

Die Ideen über das Suchtsystem und seine Offensichtlichkeit in Organisationen werden von Kapitel zu Kapitel entwickelt. Wir behaupten nicht, daß dieses Buch eine schnelle Lösung für die Probleme bietet, die amerikanische Organisationen heutzutage beunruhigen. Wir erkennen sehr wohl das Ausmaß dieser Probleme, meinen jedoch, daß viele der hervorragenden Anregungen zum »Umkrempeln« amerikanischer Unternehmen im wesentlichen nutzlos sind, wenn sie in Organisationen ausprobiert werden, die einige oder alle Charakteristika einer süchtigen Organisation zeigen und nicht dieses »fehlende Teil« mit einbeziehen. Es ist also im Interesse der Beteiligten, Angestellten, Manager und Berater, mehr Verständnis für den Suchtprozeß zu entwickeln, der in unserer Gesellschaft um sich greift, und mit dem Prozeß der Genesung zu beginnen, um mit der wichtigen Aufgabe der Organisation auf dem Markt und in der heutigen Welt voranzukommen.

I. Die Ursprünge einer Idee

Wir glauben, daß wir eine einzigartige Beschreibung eines Prozesses im Gruppen- oder Organisationsleben entwickelt haben. Dabei gab es vier Aspekte, die für uns wichtig waren: Organisationsentwicklung, Konzepte zum Paradigmenwechsel, Frauenliteratur und Untersuchungen und Behandlungskonzepte zum Thema Sucht. Es gibt noch viele andere Bereiche, die man hätte eingehend untersuchen können und die uns beeinflußt haben, aber diese vier sind in unserer Arbeit mit Gruppen immer wieder zum Tragen gekommen. Nicht nur die Bedeutung jedes dieser Bereiche für sich, sondern die Einzigartigkeit, die in ihrer Kombination besteht, hat zu unserem wachsenden Bewußtsein für die Bedeutung von Sucht in Organisationen beigetragen. Wir haben zum Beispiel festgestellt, daß nur wenige Leute, die etwas über Organisationsliteratur wissen, ebenso in den Bereichen Feminismus, neue Paradigmen oder Sucht belesen sind; und nur wenige aus dem Suchtbereich kennen gleichzeitig Literatur von Frauen, über Organisationen oder neue Paradigmen und so weiter. Die Verkettung dieses Wissens, angewendet auf Organisationen, scheint einzigartig zu sein.

Die Idee der süchtigen Organisation hat seit einigen Jahren in uns gekeimt. Wie schon erwähnt, hat sie sich aus verschiedenen, gleichzeitig wirkenden Kräften in unserem Leben entwickelt. Sie rückte jedoch mehr in unseren Blickkreis, als wir begannen, uns die Rolle von Süchten in unserem persönlichen Leben, in unseren Familien und im Leben unserer Freunde anzuschauen. Das war kurz bevor wir bemerkten, daß auch viele der Gruppen, die wir kannten, und viele Organisationen, die wir berieten, Charakteristika zeigten, die wir als süchtig identifizierten. Wir haben einige in unserem Leben wirksame Kräfte beobachtet und konnten diese in Verbindung bringen mit den wichtigsten Konzepten zeitgenössischer Literatur, die für uns von Bedeutung gewesen waren. Unsere Forschungen haben allmählich zu einer ausgereiften Theorie der süchtigen Organisation geführt.

Neue Ideen entwickeln sich niemals in einem Vakuum. Sie entstehen in unserem Denken, unserem Wachstum, durch unsere Erfahrungen und durch Erlebnisse. Wie die meisten von uns wissen,

werden kreative Ideen und ein Bewußtsein nicht wirklich entwikkelt, sie werden entdeckt. Neue Ideen stehen immer in irgendeiner Weise in Beziehung mit neuem Verständnis alter Erkenntnisse oder neuer Sicht auf altes Wissen. Häufig entdecken wir das, was wir noch nicht gewußt haben, indem wir uns ein bißchen nach links oder rechts bewegen (oder uns sogar auf den Kopf stellen) und das Alte aus einem neuen Winkel betrachten. Auf jeden Fall muß vieles miteinander verbunden werden, damit dieser neue Blickwinkel entsteht und eine neue Einsicht gewonnen werden kann. Das ist bei der Entwicklung der Ideen zu diesem Buch geschehen.

Wir möchten gerne weitergeben, wie wir die Idee der süchtigen Organisation durch Forschungen aus Wissenschaft und Praxis entwickelt haben und wie wir so das wichtigste fehlende Teil für das Verständnis von Organisationen und für Veränderungen in Organisationen entdeckt haben.

In einem der vier Bereiche beschreiben wir einige der wichtigsten Konzepte und zeigen auf, wie diese schließlich zu einer anderen Wahrnehmung führen – hin zur süchtigen Organisation.

Organisationsentwicklung

Wenn wir die Literatur, die in den letzten drei Jahren über Organisationen entstanden ist, genau betrachten und sie gegen unsere eigene Ausbildung und unsere Erfahrungen abwägen, ragen einige Bücher und Themen als bedeutsam heraus.

Mitbestimmung

Ein vorherrschendes Thema im Bereich Organisationsentwicklung ist die Mitbestimmung. William Ouchi faßt in ›Theory Z‹ Bedeutung und Einfluß des japanischen Ansatzes zu einem mitbestimmenden Management zusammen.[3] Eines der wichtigsten Konzepte ist natürlich der »Qualitätszirkel«. Fast jeder hat bereits von »Qualitätszirkeln« gehört, und immer mehr amerikanische Arbei-

ter haben an ihnen teilgenommen. Sie bauen auf die Überzeugung, daß es für eine steigende Produktion unerläßlich ist, daß die Arbeiter an Entscheidungen beteiligt werden. Die Mitbestimmung geschieht mittels dieser »Qualitätszirkel«, in denen Arbeiter sich in Teams zusammensetzen und Probleme in ihrem Bereich diskutieren und Lösungen entwickeln, die sie dem Management vorschlagen. Zuweilen dürfen Arbeiter sogar selber Veränderungen durchführen.

Der »Qualitätszirkel« ist ein Prozeß, der aktive Mitbestimmung bewirkt, Teamgeist fördert, Verantwortung auf die Arbeiter verteilt und einen hohen Grad an Zusammenarbeit und an Besitzgefühl am Produkt hervorbringt. »Qualitätszirkel« waren ein Grundstein für die Mitbestimmung von Arbeitern in Japan und wurden in den Vereinigten Staaten mit unterschiedlichem Erfolg ausprobiert.

Warum ist ein solches Konzept in kapitalistischen Ländern aufgetaucht? Sicherlich sorgen sich Unternehmen um zurückgehende Produktivität und sehen die Notwendigkeit, auf dem Weltmarkt konkurrenzfähiger zu werden. Darüber hinaus sind wir der Meinung, daß die Mitbestimmung von Arbeitern bezeichnend für eine allgemeine Veränderung in Organisationen ist, vom hoch industrialisierten Modell hin zu einem technologischen, hierarchischen Stil.

Wir haben die Ideen von Ouchi und anderen zur Arbeitermitbestimmung sehr brauchbar gefunden, da das Kernstück der Theorie auf dem Glauben basiert, daß Menschen Verantwortung für ihr eigenes Leben übernehmen müssen, die Konsequenzen ihrer Handlungen erfahren sowie aus ihnen lernen sollen. Wenn Arbeitnehmer daran gehindert werden, selber etwas beizutragen, können sie sich nicht mit den Konsequenzen ihres Handelns auseinandersetzen und kaum persönliche Verantwortung übernehmen. Darüber hinaus ist es wichtig zu erkennen, daß die tatsächliche persönliche Mitbestimmung zu einer anderen Form von Wissen und Information führt, als wenn diese in abstrakter und unpersönlicher Weise von jemandem anderen vermittelt wurde. Und sie wirkt wiederum anders auf die Organisation zurück, als in einem Management ohne Mitbestimmung. In »Qualitätszirkeln« entfalten sich Talente, und sie fördern ein Klima, in dem Menschen voneinander lernen können. Wir haben zahlreiche Gruppen gehabt, die sich

von ein paar bestätigenden Worten anspornen ließen oder allein dadurch, daß sie herausgefordert wurden, ein Problem zu lösen. Das legt den Schluß nahe, daß Geld nicht der einzige für Arbeiter wichtige Anreiz ist.

Wir denken, daß »Qualitätszirkel« und andere Formen der Arbeitermitbestimmung zu weniger Aufsplitterung und mehr Kommunikation in der Organisation führen. Die Mitbestimmung ermöglicht auch mehr Mitarbeitern Zugang zu Führungspositionen, wo sie wiederum die Leitungsfähigkeiten erlernen können. Indem »der Reichtum unter das Volk gebracht wird«, wird zugleich die Auffassung in Frage gestellt, daß nur eine bestimmte Person die Führung innehaben kann. Es ist in Organisationskreisen allgemein bekannt, daß es weniger Produktsabotage und weniger Krankheitstage gibt, wenn die Arbeiter einbezogen und beteiligt werden, was vermuten läßt, daß Mitbestimmung sowohl für den Arbeiter als auch für das Unternehmen gesund ist.

Der Aufsatz von Marshall Sashkin ›Participative Management Remains an Ethical Imperative‹ ist unter den vielen Arbeiten zu diesem Thema beispielhaft, da er die verschiedenen Formen von Selbstbestimmung zusammenfaßt.[4] Er ist jedoch umstritten, da Sashkin darauf besteht, daß Mitbestimmung eine moralische Verpflichtung ist. Er nennt vier mögliche Bereiche der Beteiligung von Arbeitern: Zielsetzung, Entscheidungsfindung, Problemlösung und Planung und Durchführung von Veränderungen. Diese Bereiche können entweder einem einzelnen, einem Paar Arbeiter/Manager oder einem Team zugeteilt werden. Sashkin kommt zu dem Schluß, daß Arbeitsplätze, die in hohem Maße nicht-mitbestimmend sind, psychische Schäden und langfristige körperliche Leiden verursachen. Dagegen verbessert eine teilnehmende Form des Managements die Leistungsfähigkeit und die physische und psychische Gesundheit. Infolgedessen ist teilnehmendes Management ein ethischer Imperativ, wenn man bedenkt, daß es nicht richtig ist, anderen körperlichen und seelischen Schaden zuzufügen.

Historisch ist die stärkere Betonung auf Arbeitermitbestimmung als Fortführung der Entbürokratisierung des Arbeitsplatzes zu sehen. Arbeiter werden jetzt als Personen betrachtet, nicht mehr als Objekte, die man benutzt. Sie sind keine kleinen Rädchen mehr im Produktionsapparat oder Nicht-Existenzen in einem großen Dienstleistungsbetrieb. Das Konzept der Arbeitermitbestimmung

ist überall anerkannt und durchdringt fast alle Bereiche auf der Welt, angefangen bei den Bauern in Nicaragua, die in Dorfgruppen zusammenleben, bis hin zu mächtigen »Think Tanks« in Unternehmen.

Da wir im Zeitalter des teilnehmenden Managements groß geworden sind und zahllosen Arbeitsgruppen und Selbsthilfegruppen angehört haben, können wir in unserer Beratungspraxis problemlos dazu stehen, daß Arbeitermitbestimmung notwendig ist. Wir haben allerdings festgestellt, daß teilnehmendes Management in der Praxis häufig eine Phrasendrescherei der Verwaltung ist, um Kontrolle und Macht an der Spitze zu schützen. Interessanterweise haben wir auch festgestellt, daß Organisationen wie die Kirche, die angeblich »moralischer« sind, genauso etwas vortäuschen, wenn es um teilnehmendes Management geht. Es mag zum Beispiel die feste Überzeugung geben, daß die Armen an Entscheidungen, die sie betreffen, teilhaben sollten: Aber sie werden in die finanzielle Planung nicht miteinbezogen, »da sie nicht die entsprechenden Fertigkeiten haben«.

In Frauengruppen zum Beispiel haben wir beobachtet, wie der Anspruch, keine Führung haben zu wollen, selbst in Tyrannei umschlug. Erfahrungen mit Gruppen, die von sich behaupten, zu völliger Mitbestimmung verpflichtet zu sein, und die dann auf subtile und bezeichnende Weise ihr Wort brechen, führten uns zu der Frage, ob nicht das Management alles, selbst die Mitbestimmung, als ein Werkzeug betrachtet, mit dem sie Bedürfnis nach Kontrolle befriedigen kann. Wir begannen zu verstehen, daß Ouchi und Sashkin darauf beharren, daß der Schlüssel zu einem erfolgreichen teilhabenden Management in der Ausbildung hierfür liegt und in effektiver Umsetzung in die Praxis. Es wurde uns deutlich, daß teilnehmendes Management wichtige Themen aufwarf, dennoch schien etwas zu fehlen, wenn man den Kontext in Betracht zog, in dem die Fragen entstanden.

Und eine weitere Fragestellung tauchte durch unsere Erfahrungen mit dem teilnehmenden Management auf. Die Beziehung zwischen Objektivität und Mitbestimmung gab uns zu denken. Berman hat gesagt, daß das wissenschaftliche Zeitalter eines der Objektivität gewesen sei, in dem wir mehr zu Beobachtern unserer selbst geworden sind, als zu aktiven Teilhabern an unseren Erfahrungen.[5] Ist das teilnehmende Management eine Gegenreaktion

auf diesen jahrhundertealten Glauben, und ist der Wechsel zu völliger Mitbestimmung Teil einer größeren Systemveränderung? Die Antworten schienen sich uns zu entziehen, und wir entschlossen uns, diese Fragen bei der Erforschung der Funktion von Organisationen wieder aufzugreifen.

Schließlich hat uns Sashkins feste Überzeugung, daß das teilnehmende Management ein ethischer Imperativ sei, dazu bewogen, über das gängige Kriterium: Ist diese Veränderung wirtschaftlich? Ist sie effizient? hinauszugehen. Wir begannen danach zu fragen, ob eine Veränderung richtig ist. Ist sie lebensverbessernd für den einzelnen, die Organisation und die Gesellschaft? Uns wurde bald bewußt, daß Veränderungen nicht lebensverbessernd waren, wenn sie nicht alle diese Ebenen betrafen. Solche Zweifel haben uns und den Gruppen, mit denen wir arbeiten, einen neuen Zugang eröffnet.

Innovation, Veränderung und Übergang

Weitere wichtige Themen, die das Organisationsleben durchziehen, sind Innovation, Veränderung und Übergang. Innovation wird als etwas Abrupteres beschrieben als eine allmähliche Veränderung; allmähliche Veränderungen bringen wenige Einbrüche mit sich, während Innovation größere Anpassungen in Struktur und Funktion erfordert. Sie ist der Prozeß, in dem neue, kreative Ideen gefördert, entwickelt und umgesetzt werden. Sie entsteht als eine Reaktion auf die ständige Veränderung auf dem Markt, die auf das Unternehmen Druck ausübt, Produkte zu entwickeln und Produkte so zu verändern, daß ein größerer Marktanteil besetzt wird. Im öffentlichen Bereich hat Innovation etwas damit zu tun, dicht am Verbraucher zu bleiben, damit sich die Dienstleistung an seinen Bedürfnissen orientieren kann.

Zwei der ersten Bücher, die sich mit Innovation als einem Prozeß beschäftigen, sind Everett Rogers' ›Diffusion of Innovation‹ und ›Innovations in Organisations‹ von Gerald Zaltmann und anderen.[6] Das erste beschreibt Innovation als eine phasenhafte Veränderung, die über eine bestimmte Zeit hinweg geschieht. Das

zweite setzt sich damit auseinander, wie sich die Struktur des Managements auf den Veränderungsprozeß auswirkt.

Ein neueres Buch von Rosabeth Moss Kanter, ›The Change Masters‹, beschreibt, welcher Kontext Innovation begünstigt.[7] Kanter hat beobachtet, daß die Zeit zwischen 1960 und 1980 eine »Zeit der Umwandlung« war, in der die sozialen Bedingungen sich ausreichend verändert haben, um einen größeren Wandel in den Organisationen zu gewährleisten. Sie stellt die traditionellen Merkmale eines Industrieunternehmens zwischen 1890 und 1920 denen gegenüber, die sich in den Jahren von 1960 bis 1980 entwickelt haben. Kanter antwortet auf die neue, umweltbedingte Herausforderung mit einigen Vorschlägen zur Erneuerung. Sie glaubt, es sei unumgänglich, Probleme als ein Ganzes in Beziehung zu einem größeren Ganzen zu sehen. Eine ihrer Hauptforderungen besteht darin, an Stelle von Segmentierung nach integrativem Handeln zu verlangen. Sie konstatiert bei Segmentierung die Neigung, Handlungen, Ereignisse und Probleme voneinander loszulösen und so die einzelnen Teile zu isolieren.

Dieser Prozeß führt zu einem hohen Grad an Überspezialisierung und engt den Austausch zwischen den einzelnen Teilen ein. Kanter hat das Gefühl, daß Segmentierung Innovation verhindert und die Motivation zum Erkennen und Lösen von Problemen eingrenzt. Sie glaubt, daß Gruppen in ihrer Isolation dazu neigen, sich mit Problemen zu beschäftigen, die vor allem ihr Gebiet betreffen. Das wiederum beschneidet ihre Fähigkeit zur Reaktion und Konzentration auf Probleme, die nicht »ihre eigenen« sind. Überdies ist es unwahrscheinlich, daß Menschen jemals über den vorgegebenen Rahmen hinaus zu träumen wagen oder sich hinausbewegen werden, wenn ihre Aktivitäten sich einzig und allein innerhalb ihrer Arbeitsplatzbeschreibungen abspielen.

Dieser Stil des Segmentierens unterdrückt den Unternehmensgeist in wirkungsvoller Weise und fördert Zurückhaltung und Konkurrenz. Er wird benutzt, wenn man ein hohes Maß an Sicherheit schätzt und es für wichtig hält, die Organisation auf einem zuverlässigen Kurs zu halten. Dieser Stil dient außerdem dazu, sich Neues und »noch nie Dagewesenes« vom Leibe zu halten. (Interessanterweise erzeugt er wahrscheinlich mehr an Umwälzung als allmähliche Veränderung.) Kanter entwickelt einen Plan, von dem sie glaubt, daß damit ein Geist der Erneuerung in Unter-

nehmen hervorgerufen werden kann. Wir denken, daß einer ihrer Vorschläge für unsere Arbeit mit Organisationen von großer Bedeutung ist.

Sie sagt, daß die »Forderung nach der Befähigung der Menschen, eine Zukunft zu gestalten, die anders ist als die Vergangenheit, Respekt für die Individuen in der Organisation zeigt. Um sich einander in unsicheren Bereichen, in denen die Resultate noch unbekannt sind, vertrauen zu können, müssen die Menschen die Kompetenz anderer respektieren. In segmentierenden Unternehmen wird dem System mehr Glauben geschenkt als dem einzelnen. Tatsächlich ist das System oft zum Schutz *gegen* Handlungen einzelner konstruiert.«[8]

Hinter der Arbeit von Kanter steht ein wichtiger historischer Wandel, der sich darin ausdrückt, wie die Kultur Veränderung beurteilt. Wir wissen, daß Veränderung mit scheinbar riesiger Geschwindigkeit immer schneller wird und sich parallel dazu auch unsere Sichtweise gegenüber Veränderungen wandelt. In der Vergangenheit wurde Veränderung in der jeweils vorherrschenden Kultur nicht als etwas »Normales« erachtet. Nur durch Umwälzungen oder Krisen wurde man dazu gezwungen, etwas anderes zu machen. Darauf folgte dann eine Periode der Stabilität, die von einer erneuten Veränderung wieder erschüttert wurde; aber es herrschte der Druck, alles wieder zurück in die Starre und damit in Sicherheit zu bekommen. Kanter und andere, die darüber schreiben, vertreten die Position, daß Veränderung eine Konstante ist, nur der Grad und die Art der Veränderung ist verschieden oder, wie C. S. Lewis in ›Perelandra‹ sagt, sogar »der Modus der Veränderung selbst verändert sich«.[9]

Mit den Thesen von Kanter und anderen zum Thema Neuerung und Veränderung in Organisationen im Kopf haben wir über Verhalten nachgedacht, das wir in Organisationen in Bezug auf Veränderungen beobachtet haben. Zunächst können wir wieder sehen, daß das Gesagte vom Verhalten abweicht. Obwohl man fest daran glaubt, daß Veränderung und Innovation möglich und sogar wünschenswert sind, ist doch häufig eine beharrliche Hingabe an den Stillstand zu beobachten. Der Gedanke an geplante Veränderung ist immer noch selten (und sogar »geplante« Veränderung basiert auf der Illusion der Kontrolle). Die Erwartungshaltung ist, daß Krisen Veränderungen oft stark beschleunigen und daß Verände-

rung nur nach einer Krise überhaupt möglich ist. Das führt zu einer Krisenorientierung und zu der Illusion, daß Verwirrung ein normales Nebenprodukt von Veränderung ist.

Segmentierung ist da vorhanden, wo einzelne sich von anderen und von Gruppen isolieren. Segmentierung verhindert Innovation. Die Isolation läßt eine Art Tunnelblick entstehen, der innerhalb der Organisation geschlossene Machtblöcke schafft, die schließlich alle zu einer zerstörerischen Form von Kontrolle werden. Außerdem trägt Segmentierung zur Entstehung starrer Grenzen bei. Rigide Grenzen, wie wir sie beobachten konnten, sind undurchdringlich für Informationen, die von außen, von Mitarbeitern und sogar aus einem selbst heraus kommen. Es scheint so, als hätten diese starren Grenzen die Funktion, Widersinniges und Unklares ebenso zu kontrollieren oder auszuschalten wie die zuweilen miesen Ideen, die zu Veränderung führen.

Keine Betrachtung zum Thema Innovation wäre vollständig, ohne die hervorragenden Untersuchungen von Unternehmen zu nennen, die beispielhaft in ›Auf der Suche nach Spitzenleistungen. Was man von den bestgeführten US-Unternehmen lernen kann‹ von Peters und Waterman und in ›Leistung aus Leidenschaft – über Management und Führung‹ von Peters und Austin dargestellt sind – beides weitverbreitete Bücher über das »Wie« von Innovation.[10]

›Auf der Suche nach Spitzenleistungen‹ entwickelt acht grundlegende Prinzipien, die dazu verhelfen sollen, ganz oben zu bleiben. Abgekürzt sind es folgende: 1. eine Vorliebe für Handeln – dafür, irgend etwas zu tun; 2. nahe am Kunden bleiben; 3. Autonomie und Unternehmerschaft; 4. Produktivität der Beschäftigten; 5. ein Führungsstil, der es schätzt, selber mit anzupacken oder mit der wesentlichen Aufgabe der Firma in Berührung zu bleiben; 6. »bei der Stange bleiben«, das heißt, bei der Aufgabe bleiben, die die Firma am besten erfüllt; 7. eine einfache Form, wenig Personal, und 8. ein gleichzeitig locker-straffes Wesen, was bedeutet, daß man sich den Werten des Unternehmens hingibt, wobei die Form der Durchführung nicht so wichtig ist.

›Leistung aus Leidenschaft‹ reduziert diese acht Prinzipien auf vier: Kunden, Innovation, Belegschaft und Führung.

Es gibt viele wichtige Auseinandersetzungen mit dem Material über »hervorragende Unternehmen«. Ihre Bedeutung liegt wahr-

scheinlich sowohl in der methodischen Vorgehensweise als auch in ihren Ergebnissen. Dies sind zwei Bücher, die sich vom negativen Denken über Unternehmen wegbewegen. Anstatt sich darauf zu konzentrieren, was nicht in Ordnung ist, schauen die Autoren auf das, was stimmt. Sie haben fortlaufend von den Unternehmen gelernt, die sie untersuchten, und gehen dann von der praktischen Erfahrung über zur Formulierung abstrakter Prinzipien. Peters, Waterman und Austin sind nicht die einzigen, die »hervorragende Unternehmen« auf der Suche nach Lösungen von Organisationsproblemen beobachtet haben. Kanter hat eine ähnliche Methode benutzt, obwohl ihre Schlußfolgerungen tendenziell mehr zum Akademischen als zum Praktischen neigen.

Das Material über »hervorragende Unternehmen« ist einfach und praktisch und konzentriert sich auf Menschen. Es ist realitätsbezogen. Einer von Peters' und Watermans Vorschlägen hat uns eine höchst interessante Tür geöffnet. Wir dachten über ihr achtes Prinzip nach, das gleichzeitig locker-straffe Wesen, was grob übersetzt heißt: Sei rigide bei der Zielsetzung und laß Chaos bei der Durchführung zu. Und wir kamen darauf, daß traditionelle Bürokratien durch Schreibarbeiten, Regeln und rigides Festhalten an Verfahrensweisen gekennzeichnet waren, was oft dazu geführt hatte, daß sie den Blick für den wesentlichen Sinn ihres Seins verloren hatten. Die »hervorragenden Unternehmen« bestehen auf rigidem Befolgen der Ziele, zeigen hingegen eine hohe Toleranz gegenüber Chaos bei der Durchführung. Was wir bei Unternehmen in Schwierigkeiten gefunden hatten, schien sich um eine Art dualistisches Charakteristikum für verwirrtes Denken zu handeln: Sie schwankten zwischen dem bürokratischen Modell und dem des »hervorragenden Unternehmens« hin und her und glaubten, daß entweder der eine oder der andere Stil das Heilmittel für ihr Problem wäre. Die Konstruktion von »entweder das eine oder das andere« ist ein Dualismus. Wenn Unternehmen diese Form von Dualismus pflegen, sitzen sie schließlich fest und sehen keine anderen Möglichkeiten mehr. Wir glauben, daß dualistisches Denken an sich das Problem ist – *unabhängig* vom Inhalt des Denkens – und daß es gesünder ist, wenn man sich dem Problem stellt.

Es gibt einen Aspekt in dem Material zu »hervorragenden Unternehmen«, der uns etwas Unbehagen bereitete: Es ist die engstirnige, leidenschaftliche Hingabe an hervorragende Leistungen, wie

sie in diesen Büchern definiert wird. Beide genannten Bücher sind in hohem Maße anregend. Aber sie signalisieren auch Anstrengung, sogar das Lesen ist anstrengend. Hören wir noch einmal Peters und Austin bezüglich der »Kosten« für hervorragende Leistung:

»Selbst ein kleines bißchen hervorragende Leistung kann dein Leben mit wichtigen Veränderungen erfüllen. Wir haben herausgefunden, daß die Mehrzahl leidenschaftlicher Aktivisten, die an den alten Grenzen hämmern, ihren Familienurlaub aufgegeben haben, ihre Sportveranstaltungen, Geburtstagsessen, ihre Abende, ihre Wochenenden und ihre Mittagspausen, Gärtnern, Lesen, Kino sowie die meisten anderen Formen von Zeitvertreib. Wir haben eine ganze Anzahl von Freunden, deren Ehen oder Partnerschaften unter dem Druck ihrer Hingabe an einen Traum zusammenbrachen. In jüngster Zeit gibt es unter unseren Kollegen mehr Alleinerziehende, als wir erwarteten. Oft werden wir gefragt, ob es möglich ist, ›alles zu haben‹ – ein erfülltes und befriedigendes Privatleben und ein erfülltes und befriedigendes hartes Arbeitsleben. Unsere Antwort ist: nein. Der Preis für hervorragende Leistung ist Zeit, Energie, Aufmerksamkeit und Konzentration. Zur gleichen Zeit hätte diese Energie, Aufmerksamkeit und Konzentration sich auch darauf gerichtet haben können, Spaß am Fußballspiel deiner Tochter gehabt zu haben. Hervorragende Leistung ist ein Ding mit einem hohen Preis.«[11]

In »Unternehmen mit hervorragender Leistung« wird es als wünschenswert angepriesen, vollkommen von der Arbeit besetzt zu sein. Peters und Austin gehen sogar soweit zu behaupten, daß die Hingabe an die Firma einem das Gefühl gibt, eine Aufgabe zu haben, und es einem ermöglicht, Selbstrespekt wiederzuerlangen. Wir stellen diese Haltung in Frage. Wir haben im Laufe der Zeit beobachtet, daß das, was annehmbar und wünschenswert war, tatsächlich eine fortschreitende und tödliche Krankheit der einzelnen *und* der Organisation sein mag.

Wir wollen jetzt einen anderen Bereich betrachten, der mit Neuerung in Beziehung steht, sich aber trotzdem unterscheidet: der Übergang in der Organisation. Hier steht im Mittelpunkt, was während des Neuerungsprozesses mit den Menschen passiert. Bezeichnenderweise läßt sich bei der Übergangsphase ein anderes Denken feststellen. Es bewegt sich vom rational-strukturellen Modell hin zu einem Prozeß, der die soziologischen und psychologischen Auswirkungen von Gruppenereignissen auf das Leben von Menschen mit in Betracht zieht.

William Bridges ist mit seinem Buch ›Transition. Making Sense of Life Changes‹ ein gutes Beispiel für diesen Ansatz.[12] Bridges behauptet, daß Übergänge sich von Organisationsveränderungen dahingehend unterscheiden, daß Veränderung in einer geplanten Weise fortgesetzt werden kann, wohingegen Übergang ein »dreiteiliger psychologischer Prozeß ist, der sich über einen langen Zeitraum hinstreckt und nicht mit der gleichen zweckmäßigen Methode geplant oder gehandhabt werden kann, wie das mit Veränderungen möglich ist«.[13] Bridges sieht die drei Phasen wie folgt: 1. loslassen der alten Situation und der alten Identität, die damit einhergeht; 2. sich durch eine »neutrale Zone« zwischen der alten und der neuen Realität bewegen; 3. einen Neuanfang machen, der mehr ist als der »neue Start«, der bei Veränderung verlangt wird. Bei der Anwendung seiner Theorien auf Übergänge in Organisationen sieht Bridges, daß die Menschen Befreiung, eine Entidentifizierung und Ernüchterung erleben, wenn sie durch Phase eins gehen, Orientierungslosigkeit, Zerfall und Entdeckung in Phase zwei und einen neuen Ausblick, wenn sie mit Phase drei beginnen.

Einer unserer Kollegen, der ein interner Berater in einem »Fortune 500 Unternehmen« ist, hat den Übergangsprozeß und seine Auswirkungen auf die Angestellten genau verfolgt. Er empfand die Phasen von Bridges als zu mechanistisch. Statt dessen behauptet er, daß bei allen Übergängen, sei es in einer Organisation oder im Privatleben eines einzelnen, der Samen für das Neue schon sehr früh gesät wurde, gewöhnlich bereits dann, wenn die gegenwärtige Situation oder Beziehung noch recht vollkommen erscheint. Wenn eine neue Idee wächst, entwickelt sie sich innerhalb der bestehenden Situation, und oft gehen dabei zwei Dinge Hand in Hand, und

beide verlangen gleichermaßen Aufmerksamkeit vom Angestellten. In einer Organisation wird das »verrückte Zeit« genannt, weil zwei unterschiedliche Formen miteinander wetteifernde Forderungen an die Leute stellen. Unser Kollege findet die »neutrale Zone« bei Bridges nicht beschrieben. Da Veränderung konstant geschieht, gibt es jene Übergänge überdies ständig, und sie sind von dem Gefühl eines Verlustes und dem Bedürfnis zu trauern begleitet, selbst wenn es um eine Veränderung zum Besseren geht. Die Vermutung, daß die Idee bereits vorhanden ist und keimt, unterstützt unsere Entdeckung, daß das *Konzept* der süchtigen Organisation tatsächlich mit unseren Erfahrungen übereinstimmt. Wir haben die Idee nicht entwickelt; wir haben sie entdeckt, als sich unsere Wahrnehmung und unser Bewußtsein dahingehend erweiterten, daß wir sehen konnten, was bereits vorhanden war.

Der Artikel von Alan Sheldon ›Organizational Paradigms. A Theory of Organizational Change‹ beschreibt den Bedarf nach einer paradigmatischen Veränderung, wenn eine Organisation in vielerlei Hinsicht in ihrer inneren und äußeren Umgebung »aus den Fugen geraten ist«.[14] Paradigmatische Veränderung besteht in einem radikalen Systemwandel, an dem alle Funktionsebenen beteiligt sind; es geht nicht nur um einige Reaktionen zur Anpassung. Außerdem beinhaltet sie für alle, die in dem Unternehmen arbeiten, eine Veränderung des Weltbilds, die oft mit Trauern einhergeht, da man spürt, daß die alte Weltanschauung langsam stirbt und jetzt losgelassen werden muß.

Sheldon sieht drei Formen von paradigmatischem Wandel: 1. ein Überschneiden des alten und des neuen Paradigmas, 2. eine Umwandlungsphase, während der das alte Paradigma unbrauchbar ist, bevor das neue erschaffen wurde und 3. ein Über-Paradigma, das das alte überlagert.

Das Material, das es zum Übergang in Organisationen gibt, stimmt mit Ergebnissen unserer Arbeit mit Menschen in Organisationen überein. Es wird dabei berücksichtigt, daß die strukturellen Veränderungen nur ein Teil der Lösung sind. Die Menschen müssen immer miteinbezogen werden, und ihre Gefühle und ihre Bedürfnisse sind Teil der Gegebenheiten, die die Zukunft beeinflussen. Darüber hinaus macht das Miteinbeziehen der Trauer, die in Übergangssituationen in Organisationen erlebt wird, das Unter-

nehmen menschlich und zeigt, daß Strukturen nicht unabhängig von den Beteiligten existieren. Die Menschen und ihre Prozesse, die sie täglich in allen Bereichen ihres Daseins erleben, sind äußerst wichtig.

Gemeinsam mit unserem Kollegen stellen wir die Genauigkeit von Bridge's Zyklus des Übergangs in Frage. Wir bezweifeln, ob diese Chronologie stattfindet, erkennen aber an, daß die Gefühle, die er beschreibt, tatsächlich auftauchen. Die Reihenfolge, die er vorschlägt, mag diesem Prozeß eine künstliche Kontrolle auferlegen. Wie auch Sheldon haben wir den Bedarf nach paradigmatischer Veränderung erkannt. Wir fragen uns allerdings, ob es ein wirklicher Paradigmenwechsel ist, wenn die auslösende Kraft lediglich die äußere Umgebung ist, und es gibt uns zu denken, ob ein wahrer System- oder Paradigmenwechsel nicht zunächst in einer Veränderung der Einstellung und der Weltanschauung bestehen muß, die dann auch zu anderen Werten führt.

Führung

Es scheint, daß jeder in Organisationen an Führungsfragen interessiert ist. Wir wollen einige relevante Arbeiten zu diesem Thema betrachten.

Ein kürzlich erschienenes Buch von Kets de Vries und Miller, ›The Neurotic Organization‹, betrachtet es aus einem psychologischen Blickwinkel.[15] Die Autoren beschreiben fünf Typen von Organisationen: Es sind der dramatische, der depressive, der paranoide, der zwanghafte und der schizoide Typ. Jeder Typ hat bestimmte Charakterzüge und folglich viele Probleme, weil auch die Top-Manager einen oder mehrere dieser tiefsitzenden neurotischen Stile zeigen. Neurotische Stile der leitenden Angestellten wiederum erzeugen bestimmte charakteristische Entscheidungen und Strategien des Unternehmens. Die Autoren kommen zu dem Schluß, daß einige Stile leitender Angestellter mit der Umgebung der Firma zusammenpassen. Sie deuten auch an, daß eine »gesunde« Mischung neurotischer Stile den Erfolg des Unternehmens sicherstellen kann.

Kets de Vries und Miller waren für unsere Beratungspraxis hilfreich, da sie hervorgehoben haben, wie stark der Einfluß und die Macht eines Top-Managers oder eines Angestellten in einer Schlüsselfunktion auf das gesamte Klima des Unternehmens einwirkt. Ihre Untersuchung weist darauf hin, daß ganze Systeme die Persönlichkeit eines leitenden Angestellten annehmen und von seinem Benehmen beeinflußt werden können. Uns erscheint es aber sehr fraglich, neurotisches Verfahren oder eine Kombination neurotischer Stile als eine Norm für das gesunde Funktionieren einer Organisation einzuführen. Selbst eine Mischung neurotischer Stile ist immer noch neurotisch! Wir haben uns Gedanken darüber gemacht, ob so ein Vorschlag nicht ein Anzeichen für die immer weiter verbreitete Überzeugung ist, daß dysfunktionales Verhalten für Organisationen die Norm ist; und ob so ein Verhalten nicht von den heutigen Unternehmen einfach als »normal« hingenommen wird. Das wiederum bringt uns dazu zu untersuchen, was in Organisationen »akzeptabel« geworden ist, und diese Einstellungen in Frage zu stellen.

Ein früher, mehr praktischer Leitfaden zum Thema Führung ist das Buch von Paul Hersey und Kenneth Blanchard über situationsbedingte Führung.[16] Hersey und Blanchard stehen für den sich wandelnden Kontext in Führungsfragen. Historisch gesehen war es die Frage, ob jemand zu einer Führungskraft geboren ist oder ob man ihn dazu machen kann. Die Antwort bewegt sich zunehmend mehr in Richtung »gemacht«, und Hersey und Blanchard veranschaulichen diese Denkrichtung.

Sie konzentrieren sich in erster Linie auf den Kontext, in dem die Führung handelt. Sie haben vier Führungsstile beschrieben: Anweisungen geben, eine Idee verkaufen, sich selber beteiligen und delegieren. Jeder dieser Stile beschreibt die Beziehung, die der Leiter zu einer anderen Person hat. Er entscheidet sich nach der anstehenden Arbeit oder danach, um wieviel persönlichen Austausch es geht. Der Leiter wählt den angemessenen Stil in Abhängigkeit davon, für wie reif er die Person hält, mit der er arbeitet. Man geht davon aus, daß unreife Menschen »angewiesen« werden müssen, während man an Leute mit hoher Eigenmotivation delegieren kann.

Hersey und Blanchard haben ein einfaches, aber wirkungsvolles Handwerkszeug zum Verständnis von Führung entwickelt. Wir

werden von ihnen daran erinnert, daß die Wahl nur eines Führungsstils nicht allen Situationen angemessen ist und daß ein Merkmal von Leitung Flexibilität ist. Wir fühlen uns nicht so wohl mit der Meinung, daß man Arbeiter dahingehend manipulieren kann, daß sie in einer bestimmten Art handeln oder sogar eine Entwicklungsstufe zu mehr Reife aufwärts klettern, wenn man nur ihren Reifegrad erkannt hat. Diese Haltung erscheint uns fraglich, und wir haben das Gefühl, daß sie die Illusion der Kontrolle und eine Respektlosigkeit den Arbeitern gegenüber fördert. Überdies basiert dieser Ansatz, wie so viele andere, auf einem normativen Modell, das unserer Meinung nach recht einengend sein kann.

Zwei weitere Bücher, die sich am Menschen orientieren, sind Michael Maccobys ›The Leader‹ und Warren Bennis' und Burt Nanus' ›Führungskräfte. Die vier Schlüsselstrategien erfolgreichen Führens‹.[17] Maccoby wählt sechs Führer in verschiedenen Situationen aus, folgt ihnen über einen bestimmten Zeitraum und stellt ihnen Fragen über die Faktoren, die sich auf ihren Stil auswirken. Bennis und Nanus benutzen eine ähnliche Methode. Sie beschreiben neunzig Personen in Führungspositionen, angefangen bei einem Vorsitzenden eines »Fortune 500 Unternehmens« bis hin zum Dirigenten eines Symphonieorchesters. Sie finden vier Strategien heraus, die hervorragende Führer ausweisen: 1. sie schenken Aufmerksamkeit durch Blickkontakt, 2. sie erreichen Verständnis durch Kommunikation, 3. sie schaffen Vertrauen und 4. sie planen für innovatives Lernen.

Wir wissen es zu schätzen, daß beide Bücher betonen, daß Leiter an erster Stelle Menschen sind. Sie erkennen an, daß Leiter effektiver in ihrer Führungsrolle sind und Risikobereitschaft für sich und andere attraktiver machen, wenn sie im Kontakt mit ihren eigenen Gefühlen und Bedürfnissen sind. Maccobys Beispiel von einem Leiter, der zu einem Teamarbeiter wurde und sich dann dieser Arbeitsweise tatsächlich so verpflichtet fühlte, daß er dachte, sie sei ein moralischer Imperativ für das Unternehmen und für seine eigene weitere Gesundheit, ist eine gute Lektion. Wir wundern uns über kleine Veränderungen, die Firmen einführen, die lebensverändernde Auswirkungen auf die Menschen und die Systeme haben und für einige zu einem radikalen Wandel in ihrer Weltanschauung führen. Wir beobachten das bei einzelnen immer häufiger und fragen uns, ob es nicht auch in einem ganzen System geschehen

kann, wenn es bei einzelnen funktioniert. Wir glauben tatsächlich, daß es möglich ist, wenn wir erst mehr Teile des größeren Puzzle haben.

Den Bereich der Organisationsentwicklung gibt es schon seit vielen Jahren. Er ist interdisziplinär und verwendet Erkenntnisse aus dem Berufsbereich, der Soziologie und der Psychologie. Es ist eine einzigartige Kombination von Wissen, angewandt auf die tatsächliche Lebenssituation mit dem Ergebnis, daß die Praxis der Organisationsentwicklung ständig wieder in die Theorie zurückfließt. Seit kurzem gibt es noch »ein neues Kind«: Organisations-Transformation.

Transformation in Organisationen

Das Gebiet der Transformation in Organisationen ist noch so neu, daß man nicht sicher davon ausgehen kann, daß es sich zu einem ausgewachsenen Bereich entwickeln wird. Die meisten der Autoren, auf die wir uns bisher bezogen haben, würden behaupten, daß Veränderungen im Organisationsbereich notwendig sind, wenn amerikanische Unternehmen produktiver und rentabler auf dem Weltmarkt werden wollen. Das Gebiet der Transformation von Organisationen bezieht jedoch in seine Untersuchung mehr als andere Ansätze mit ein, wie die Veränderungen sich auf die Umgebung des Unternehmens auswirken.

John Adams legt in seinem Vorwort zu einer Sammmlung von Vorlesungen mit dem Titel ›Transformation Work‹ folgendes als Handlungskontext für Organisationen fest:

»Wenn derzeitige weltweite Trends sich fortsetzen, wird es im Jahre 2000 50% mehr Menschen geben, 33% weniger Ackerkrume, 1,3 Milliarden Menschen, die unter Unterernährung leiden, eine drastische Knappheit an sauberem Wasser, mehr als eine Million zusätzlich ausgestorbene Arten, ausreichende Zerstörung der Atmosphäre, um Polarschmelze und radikale Klimaveränderungen zu bewirken, und 50% Verringerung des Waldes in Asien, Afrika und Lateinamerika sowie 40 Nationen mit Atomwaffen. Darüber hinaus werden sich massive Veränderungen und Belastungen in

der Weltwirtschaft entwickeln. Die Organisationen in aller Welt werden Teil der Lösung sein müssen, egal, ob sie direkt zu diesen Problemen beigetragen haben oder nicht. Die vorherrschende Art und Weise Geschäfte zu tätigen, indem man sich in erster Linie auf Profit und Ertrag von Investitionen konzentriert, wird von weltlicheren Zielen abgelöst werden müssen, wenn wir überleben sollen.«[18]

Die Transformation von Organisationen integriert diesen Kontext als einen unentbehrlichen Faktor, der sich auf die Planung auswirken muß. Konsequenterweise ist sie daher nicht wertfrei. Sie ist von einer Vision geleitet. Wir würden behaupten, daß sie mehr als nur eine Alternative zur Organisationsentwicklung ist, da sie einen Sinn für Spiritualität hat; tatsächlich ist eine spirituelle Basis ausdrücklich ein Teil der Transformation, der Umgestaltung.

Historisch gesehen hat die Organisationsentwicklung zunächst gefragt: Wie können Organisationen produktiver sein? Später hat sie gefragt: Wie können Menschen glücklicher sein? Die Organisationsumgestaltung fragt: Wie kann sich die Welt verändern dadurch, daß wir Verantwortung übernehmen und partizipieren?

In seinem Buch ›Process Wisdom for a New Age‹ faßt Peter Vaill weitere Charakteristika der Transformation von Organisationen zusammen. Er sagt, daß Organisationsumgestaltung bedeutet, »sich in der Welt mit Verantwortung zu bewegen«.[19] Das ist ein Phänomen, das die Hauptrichtung des Behaviorismus mit ihrem objektivistischen Kriterium von Wahrheit und Relevanz nur selten anspricht. Es gibt drei weitere Hinweise darauf, wie die Transformation von Organisationen aussehen könnte:

1. Sie ist gegründet auf der aktuellen Existenz des Lebens in der Organisation;
2. sie bedeutet Behaglichkeit und Vergnügen an der Offenheit des menschlichen Geistes gegenüber dem alles umgebenden Universum nach D. H. Lawrence, und sie bedeutet das Fehlen des Impulses, sich abzuriegeln und starr zu kategorisieren; und
3. ein Verständnis für das menschliche Bewußtsein als unsere Brücke zur Welt – nicht eine vollkommene Subjektivität, in der alles relativ ist, sondern ein Bewußtsein für das Bezogensein des Menschen auf andere Menschen und Dinge um ihn herum.

Wir sind von der Möglichkeit der Organisationsumgestaltung begeistert. Die Charakteristika, die Vaill umreißt, bestätigen unseren

Gruppenansatz. Uns war zum Beispiel seit einiger Zeit bewußt, daß Organisationen etwas anderes waren, als was sie schienen oder gezwungen waren zu erscheinen. Wegen der objektivistischen Orientierung in der Organisationsentwicklung sind wir dazu ausgebildet worden, nur gegenüber bestimmten Informationen über Organisationen offen zu sein. Überdies wurde von uns als Berater erwartet, daß wir Rezepte und Pauschalangebote für die Lösung von Problemen bereithielten.

Bisher kann man über Transformation von Organisationen noch nicht sagen, ob die Durchführung dieses Ansatzes sich für Organisationen überhaupt von bisherigen Ansätzen unterscheidet. Dabei geht es insbesondere um die Rolle der Berater. Ist die Organisationsumgestaltung einfach nur ein weiterer Trick, um Organisationen das Versprechen auf eine höhere Produktivität zu verkaufen? Hat sie wirklich vor, das zu tun, was sie anstrebt: eine Umgestaltung des Organisationslebens auf der Grundlage von spirituellen Werten? Ist sie Ausdruck eines Systemwandels, oder unterstützt sie auf subtile Weise bestehende Systeme? Sie enthält ein großes Potential für eine wirkliche Transformation. Wie kann sie umgesetzt werden, ohne dabei vom System geschluckt zu werden?

Als wir uns weiteren Informationen gegenüber öffneten und feste Grundaussagen und Annahmen aufgaben, konnten wir sehen, daß einige Verhaltensweisen, die in der Organisationsentwicklung als »für Organisationen normal« angesehen wurden, gängig für das starre System waren. Wenn man sie aus einer anderen Perspektive betrachtete, konnte man sie als das sehen, was sie wirklich waren, als dysfunktional und süchtig. Das führte uns zu der Erkenntnis, daß die eigene Weltanschauung bestimmt, welche Probleme wahrgenommen werden, und den Kontext eingrenzt, in dem sie erkannt werden. Um Organisationen aus einem anderen Blickwinkel zu betrachten, muß man zunächst eine persönliche Änderung der Weltanschauung vollziehen. Als das in unserem Leben geschah, waren wir gezwungen, das gleiche Phänomen aus einer völlig anderen Perspektive zu betrachten. Wenn man sich selbst einem Systemwandel unterzieht oder seine Weltanschauung ändert, tauchen Informationen aus der Umgebung auf, die man bisher nicht gesehen oder anders verstanden hatte. Das heißt nicht, daß sie nicht die ganze Zeit schon vorhanden waren, man hat sie einfach oft nicht wahrgenommen.

In Verbindung mit der großen Beunruhigung, die heute herrscht, entsteht immer mehr Literatur zum Thema Paradigmenwechsel. Durch unsere Arbeit mit Gruppen und Organisationen wurde uns bewußt, daß sowohl auf persönlicher als auch auf gesellschaftlicher Ebene Veränderungen vor sich gehen, die ein Eigenleben führen. Wir wollen in Zusammenfassungen betrachten, was einige Autoren zu diesem Paradigmenwechsel zu sagen haben, und wollen beschreiben, wie ihre Konzepte zu unserem Bewußtsein beigetragen und zu einer Veränderung unserer Wahrnehmung geführt haben.

Was sind die Ursprünge der Denkansätze zum Paradigmenwechsel und, vor allem, was hat das Konzept des Paradigmenwechsels mit Organisationen zu tun? Um die erste Frage zu beantworten, müssen wir uns Thomas S. Kuhn zuwenden, der 1962 zum ersten Mal diese Idee beschrieb.[20] Er entwarf ein Konzept, nach dem sich die Wissenschaft durch normale ebenso wie durch paradigmatische Wissenschaft weiterentwickelt. Normale Wissenschaft war die, die sich innerhalb der akzeptierten Regeln bewegte und evolutionär war. Bei der paradigmatischen Wissenschaft kommt es zum Ausbruch von etwas, das herausfordert und später die Regeln verändert. Für Kuhn ist ein Paradigma eine wissenschaftliche Methode, und er geht noch darüber hinaus: Ein Paradigma ist ein Glaubensgrundsatz und eine Erklärung für beobachtete Phänomene, die eine bestimmte Gesellschaft von Menschen miteinander teilen. Es geht um den Konsens aller über den Verlauf der Dinge. Ein Paradigma beinhaltet beides, Inhalt (Ideen) und Prozeß (Methode). Kuhn würde sagen, es geht dabei sowohl darum, wie man an die Wissenschaft herangeht, als auch um das, was der Wissenschaftler sieht. Ein Paradigma ist ein Überbau und damit ein Weg, Geschehenes zu erklären.

Krisen beschleunigen oft das Entstehen eines neuen Paradigmas. Allen Sheldon beschreibt in einer Zusammenfassung von Kuhns Arbeit, wie es dazu kommt:

»Wenn Wissenschaftler befinden, daß die alten Theorien alle nicht mehr greifen, fangen sie an, Alternativen zu betrachten, geben aber die alten Theorien noch nicht auf. Sie werden eine wis-

senschaftliche Idee eigentlich nur dann verwerfen, wenn eine alternative Theorie zur Verfügung steht, um deren Platz einzunehmen. Die Entscheidung, ein Paradigma abzulegen, kennzeichnet also gleichzeitig die Entscheidung, ein anderes anzuerkennen. Krisen helfen dabei, einen fundamentalen Paradigmenwechsel zu erleichtern. Durch ihr Auftauchen allein deuten sie eindringlich auf den Bedarf nach einem anderen Modell hin.«[21]

Ein bedeutendes Charakteristikum eines Paradigmas, das unser Denken über Veränderungen beeinflußt, besteht darin, daß es sich bei der paradigmatischen Veränderung um einen Wechsel zwischen zwei Welten handelt. Er ist ganzheitlich und tiefgreifend. Deshalb kann ein Paradigmenwechsel nicht allmählich vor sich gehen, sondern geschieht ganz plötzlich. Er bedarf eher einer radikalen Umstellung als eines langsamen Übergangs.

Kuhns Theorie war eine der ersten und sicherlich die einflußreichste für die Durchsetzung des Gedankens eines Paradigmenwechsels. Obwohl wir dieses Konzept hilfreich finden, ist es doch auch sehr begrenzt. Aus unserer Sicht der süchtigen Organisation würden wir noch einen Schritt weiter gehen. Wir fingen an, die zugrundeliegende Annahme dieser Theorie in Frage zu stellen. Nach unseren Beobachtungen basiert ein System, in dem sich eine Krise entwickeln muß und in dem es dann zu einem radikalen Wandel kommt, auf einer Weltanschauung, die statisch ist und versucht, Veränderungen zu vermeiden. Wir haben den Eindruck, daß es andere Weltbilder gibt, die wegen des durchdringenden Charakters und der Rigidität der gegenwärtig vorherrschenden Sichtweise nicht als berechtigt anerkannt werden. Vielleicht besteht ein »wirklicher« Paradigmenwechsel nicht in dem Wandel zu etwas neuem, sondern in der Offenheit, das zu sehen, was in der Welt bereits vorhanden ist, bisher jedoch nicht gesehen werden kann, weil die vorherrschende Weltanschauung es verschleiert.

Kuhn hat seine ursprünglichen Beobachtungen daraus gewonnen, daß er untersuchte, was in der Wissenschaft geschah. Wir denken, daß er dabei als Nebenprodukt eine wichtige Entwicklung der Wissenschaft entdeckt hat. Historisch gesehen war die wissenschaftliche Methode auf einer Offenheit allen Phänomenen gegenüber gegründet. Kuhn hat nun sichtbar gemacht, daß sich die Wissenschaft zu einem statischen, geschlossenen System entwickelt zu haben scheint, das nicht mehr die innere Festigkeit von früher hat.

Marilyn Ferguson konzentriert sich in ihrem Buch ›Die sanfte Verschwörung‹ auf die Tatsache, daß der Paradigmenwechsel weder eine Erfindung der Wissenschaftler war, noch auf die Wissenschaft beschränkt war: »Überall haben Menschen konspiriert (aus dem Griechischen: zusammen atmen), um sich auf eine bisher namenlose Form des Seins hinzubewegen, welche eine ganzheitliche, gesunde, kooperative, ökologische und spirituelle Basis hat.«[22] Sie gibt zu, daß diese Veränderung tatsächlich von der Wissenschaft ausging, beweist aber, daß sie auch in allen anderen Unternehmensbereichen vorhanden ist, im Geschäftsbereich, in der Erziehung, in der Religion und der Medizin. Überdies behauptet sie, daß der Paradigmenwechsel keine Veränderung war, die den Individuen und der Gesellschaft von außen auferlegt wurde. Es ging hier um eine Veränderung von innen, die die Menschen durch Meditation, persönliche Krisen und innere Erkenntnisse erlebt hatten; dann haben sie andere gesucht und gefunden, deren spezielle Erfahrungen sich vielleicht unterscheiden, aber in ähnlicher Weise einem Paradigmenwechsel entsprachen.

Der Einfluß David Bohms auf die Diskussion zum Paradigmenwechsel ist wahrscheinlich begrenzter als der von Ferguson, aber sein Beitrag ist doch von großer Bedeutung.[23] Bohm ist ein Physiker, der als erster begann, Physik und Wissenschaft aus einer ganz anderen Perspektive als der traditionellen Newtonschen wissenschaftlichen Weltanschauung zu betrachten. Wir glauben, daß ein besonders wichtiger Beitrag von Bohm zur Paradigmendiskussion in seinem Verständnis von der Welt als einem Hologramm liegt. Ein Hologramm entsteht beispielsweise, wenn man mit einem Laserstrahl ein dreidimensionales Bild zunächst in den Raum und dann auf eine Photoplatte projiziert.

Was die exakten Wissenschaften und die Sozialwissenschaften gleichermaßen begeisterte, war die Beschaffenheit des projizierten Bildes, des Hologramms: Wenn das Bild in Einzelteile zerlegt war, trug das einzelne Teil das Bild des Ganzen in sich. Folglich enthält ein Hologramm alle Einzelteile und die einzelnen Teile enthalten das ganze Hologramm. Paradoxerweise gibt das Hologramm vor, daß Dinge gleichzeitig verschieden und doch das gleiche sein können.

Bohm führte das Konzept des Hologramms weiter hin zum Konzept einer ganzheitlichen Bewegung, zur Beschreibung eines

Prozesses, den wir in einem nicht-statischen Universum durchleben. Dabei eröffnet er die Möglichkeit, unsere Sichtweise von der Welt zu revolutionieren, und bietet eine Alternative zu dem statischen, kontrollorientierten, objektiven, wissenschaftlichen Weltbild an.

Neuere Gehirnforschungen (von Karl Pribrim) deuten an, daß das menschliche Gehirn tatsächlich wie ein Hologramm funktioniert, wie »eine ganzheitliche Bewegung«. Das bedeutet, daß man die Wissenschaften der Mayas und der Ägypter jetzt auf eine neue Art und Weise als holographisch betrachten kann, was unserem Verständnis eine neue Dimension hinzufügt. Das Gehirn und das Individuum sind beide das Universum und anders herum.

Das Konzept des Hologramms war auch für Sozialwissenschaftler, Betriebswirtschaftler und für Theologen aufregend und neu. Es führte zu etwas hin, für das viele Sozialforscher seit Jahren gearbeitet hatten – die Bedeutsamkeit der wechselseitigen Verbundenheit von Verhalten und Leben, die ökologisch-organische Sichtweise von der Welt und von Gruppen.

Sie mögen sich fragen, was esoterische Hirnforscher, Hologramme und Paradigmenwechsel in den Wissenschaften wohl mit Organisationen zu tun haben. Einige anerkannte Organisationsberater sagen: sehr viel. Einer von ihnen, Charles Hampden-Turner, weist darauf hin, daß genau diese Themen, Paradigmenwechsel und ein stimmiges Modell des Gehirns (zum Beispiel linksseitige und rechtsseitige Dominanz im Hirn), zur Zeit in Unternehmen diskutiert werden. Turner würde sagen, daß Probleme wie die Krise der Unternehmensplanung, die Rolle der Regierung bei der Industriepolitik, die zurückgehende Produktivität, die Wirtschaftskraft von Japan und den Vereinigten Staaten sowie die Wirtschaft im Jahr 2000 auf Paradigmenkriege hinweisen und nur durch paradigmatische Zusammenarbeit auflösbar sind.

In seiner Untersuchung ›Is There a New Paradigma? A Tale of Two Concepts‹ weist Turner nach, daß zumindest zwei Paradigmen parallel existieren, vielleicht sogar schon mehr. Besonders bedeutsam ist, daß er davor warnt, das Paradigma II (das neu entstehende Paradigma) nicht unkritisch auf den Thron zu heben und dessen Prozesse, Muster und Beziehungen nicht aus denjenigen des vorherigen Paradigmas abzuleiten. Er befürchtet, daß »Ganzheitlichkeit eher zu einem Gegenstand, einem statischen

Objekt wird, als zu einem Prozeß, in dem Dinge in Einklang gebracht werden«. Turner warnt davor, daß »die Werte von Paradigma II kein ›Krabbelsack‹ sind, man sie nicht ergreifen oder sich aneignen kann. Sondern sie kommen auf indirektem Wege, indem man bis ans Ende geht, sie entwickeln sich dadurch, daß man sich um andere sorgt, Überzeugung durch Zweifel gewinnt und emotionale Sicherheit durch Verletzlichkeit. Es ist sicher eine andere Welt als die des Psycho-Pop-Supermarkts und wird von uns nicht weniger als eine fundamentale Veränderung fordern«.[24]

Nach unserer Erfahrung suchen viele Leute in Organisationen nach einem »Fix«, sowohl auf persönlicher als auch auf Organisationsebene. Ein »Fix« ist etwas, das uns von dem wegbringt, was wir wissen und fühlen. Dieser »Fix« kann jeder Prozeß oder Gegenstand sein, mit dem man sich als einzelner oder als Gruppe beschäftigt, damit man seinen eigenen Prozeß nicht anschauen und aus ihm lernen muß, was zu weitgreifenden Veränderungen führen würde. Das vorherige Paradigma, das sich aus der objektivistischen Wissenschaft begründet, hielt Antworten bereit, die als »Fix« dienten. Gemeinsam mit Turner können wir sehen, daß ein Paradigmenwechsel sich von der Gewißheit der richtigen Antworten wegbewegt hin zu einem Prozeß der Transformation und einer Welt des Unbekannten. In gewisser Hinsicht ist es das, was Theologen »den Sprung in die Leere« genannt haben.

Wir beschließen unseren Überblick zum Thema Paradigmenwechsel mit Morris Berman, einem Mann, der in kreativer und gelehrter Weise zur Diskussion beiträgt. Berman hat ein wichtiges Buch veröffentlicht, ›Die Wiederverzauberung der Welt‹,[25] in dem er überzeugend den Standpunkt vertritt, daß wir dem Ende eines vorherrschenden Weltbilds beiwohnen. Er behauptet, daß diese Weltsicht entropisch ist, sich selbst vernichtet und zerstört, auf einem logischen Positivismus und Empirismus basiert und daß es sich hier um die ursprüngliche wissenschaftliche Methode handelt. Berman betrachtet die wissenschaftliche Weltanschauung als ein nicht-teilnehmendes Modell, dem zugrundeliegt, daß man sich selbst, den anderen und die Welt als ein Objekt sieht, das beobachtet werden kann. Das Selbst ist davon abgespalten, an sich selbst, an anderen und an der Welt, in der wir leben, teilzuhaben. Berman glaubt, daß wir irgendeine Alternative zu diesem zum Objekt machenden Prozeß finden müssen, und er schlägt vor, so etwas wie

ein »teilnehmendes Bewußtsein« zu entwickeln. Was ist für Organisationen bei diesen Betrachtungen zu Paradigmen wichtig? Wir sehen, daß viele Organisationen unter dem Mythos der Objektivität arbeiten, einem Mythos, der offensichtlich aus der wissenschaftlichen Weltsicht übernommen wurde. Der Glaube an die Überlegenheit der Objektivität geht Hand in Hand mit der Tendenz, das Logische und das Rationale zu verehren. Als Berater werden wir häufig mit der Bitte konfrontiert, »objektive Außenstehende« zu sein, die dabei helfen, Strukturen zu finden, um »unsere Probleme zu lösen«. Da aber die Probleme ganzheitlicher Natur sind, was bedeutet, daß sie sowohl in den Menschen als auch im System begründet sind, wird das Vertrauen auf eine perfekte Struktur die Probleme kaum lösen. Einer solchen Weltanschauung liegt die Illusion der Kontrolle zugrunde, die vorgibt, daß wir irgendwie schon alles so zustande bringen können, wie wir es wollen. Wir können sehen, wie dieses Denken direkt mit dem Paradigma der Objektivität in Verbindung steht, bei dem wir, wie Berman es beschreibt, nicht mehr an unserer eigenen Erfahrung oder an der Welt um uns herum teilhaben. Diese Illusion und ein gleichzeitiges Abspalten sind in Organisationen häufig zu finden. Menschen sind von sich selbst, von anderen und von der Welt entfremdet. Aus allen drei Sphären fehlen ihnen jeweils Informationen, die zum Beispiel zu kreativen Entscheidungen führen könnten. Obwohl nur wenige Organisationen behaupten würden, daß sie es für wahr hielten, daß die Welt statisch und unveränderlich ist, zeigt ihre Arbeitsweise doch, daß sie eine statische Welt wollen und an die Möglichkeit der Erschaffung einer solchen Welt glauben. Diese Erkenntnisse führen uns dazu, über den alles durchdringenden Charakter eines Systems nachzudenken, das von Schriftstellern bereits totgesagt ist.

Literatur von Frauen

Den Einfluß der Literatur von Frauen außer acht zu lassen wäre gleichbedeutend damit, eine der Hauptbewegungen für soziale Veränderungen in diesem Jahrhundert zu ignorieren: die Frauen-

bewegung. Und wir würden nicht zu unserer eigenen Erfahrung als Frau stehen. Folglich werden wir hier einige Themen berücksichtigen und ihren Einfluß darauf würdigen, die Organisation als Süchtige zu sehen. Wir fanden diese Themen in Science Fiction- und Fantasy-Büchern von Frauen, in ihrer Prosa sowie in Büchern über Frauen in Organisationen und in Sachbüchern von Frauen über Systeme.

Fantasy und Science Fiction

Einige repräsentative Fantasy- und Science Fiction-Schriftstellerinnen sind Marion Zimmer Bradley, Charlotte Perkins Gilman, Carol Hill, Ursula LeGuin und Anne McCaffrey.[26] Die Romane aller dieser Frauen hatten wir zum Vergnügen gelesen und dabei einige faszinierende Ideen entdeckt, die uns zum Denken angeregt haben. Ihnen allen ist gemein, daß sie Welten entwickelt haben, die ganz aus ihrer eigenen Vorstellungskraft entstanden sind, und daß diese Welten sich vollkommen von der unseren unterscheiden. Gewöhnlich basieren sie auf feministischen Werten. In dem Buch von Bradley »Gildenhaus Thendara« zum Beispiel identifizieren sich Frauen mit Frauen und leben in klosterähnlichen Gilden. Frauen besitzen die Macht der Matrix, ein Kommunikationswerkzeug, das zur Heilung benutzt wird und als Kraftquelle, für Reisen in Zeit und Raum und als psychische Energie. Wir finden in diesen Büchern Gesellschaftsentwürfe, in denen Frauen führen. Die Autorität von Männern und Frauen wird gleichmäßig aufgeteilt, und die Rollen sind nicht geschlechtsabhängig definiert. Ist das doch der Fall, so haben Frauen die wichtigen Rollen inne, und ihre Talente werden von der Kultur hoch geschätzt.

Bradley, LeGuin und McCaffrey entwerfen Gesellschaften, in denen es neben der logischen und rationalen Ebene auch noch andere Informationsebenen gibt. Ihre Charaktere benutzen Telepathie und begeben sich in kosmische Bewußtseinszustände. All dies ist rechtmäßig, wird hoch geschätzt und in Gesellschaft und Wissenschaft, nicht nur von einigen Privilegierten, sondern von allen, genutzt.

Die Figuren in diesen Büchern befinden sich häufig im Krieg

mit anderen. Die unterdrückenden Systeme, gegen die sie kämpfen, haben ähnliche Merkmale wie die Gesellschaft, in der wir leben.

McCaffrey und Hill befördern uns auf Drachen, mit Raketen-Booster und Rollschuhen in das All. Es ist ohne weiteres möglich, in die Vergangenheit und in die Zukunft zu reisen, und sie führen uns tief in das Innenleben ihrer Heldinnen hinein, hin zu neuen Konzepten von persönlicher Macht, zum Wert der Selbsterkenntnis und zu neuen Einsichten.

Beziehungen sind in diesen Büchern wichtig, und es gibt alle nur erdenklichen Formen. Die rigiden sexuellen Grenzen unserer Gesellschaft sind verschwunden. Männer haben sowohl freundschaftliche und sexuelle körperliche als auch telepathische Beziehungen zu Männern, zu Frauen oder zu beiden, Männern und Frauen. Für die Frauen gilt das gleiche. Familien bestehen aus Alt und Jung, aus Pflegekindern und »Wanderern«. In den Büchern von Anne McCaffrey haben die Menschen eine besondere Beziehung zu ihren Drachen, an die sie sich lebenslang binden. Ursula LeGuin wirbt um unser Verständnis, wenn unsere Schwester Mount St. Helens ausbricht. Sie schreibt über die wesentlichen weiblichen Eigenschaften von Mount St. Helens, die nicht zähmbar, vorhersehbar, kontrollierbar oder analysierbar sind. Mount St. Helens ist einfach eine Frau, die ihre Beherrschung verliert und »ausflippt«.

Die Beschäftigung mit dieser Art von Literatur hat uns bewußt gemacht, wie umfassend das alternative System sein kann. Überdies hat sie uns gezeigt, daß es bereits ein weitverbreitetes Wissen über alternative Systeme gibt. Selbst wenn dieses Wissen aus der Fantasy-Literatur von Frauen stammt, bietet es doch glücklicherweise alternative Perspektiven. Wir konnten uns mühelos mit diesen anderen Welten identifizieren und spürten Unterstützung und Bestätigung für unsere Bemühungen, andere Paradigmen in Organisationen zu erkennen.

Belletristik

Autorinnen wie Margaret Atwood, Mary Gordon, Keri Hulme, Toni Morrison, Gloria Naylor, May Sarton und Alice Walker zeigten uns Perspektiven unserer Kultur aus der Sicht derjenigen,

die sich in Kurzgeschichten und Erzählungen aus ihr herausbegeben haben.[27] Sie zeigen uns ein starkes Bewußtsein für die Ausbeutung von Frauen und ethnischen Gruppen. Gloria Naylor zeigt uns Farbige, die es in einer Kultur »geschafft haben«, wobei der Preis dafür darin besteht, seine Seele an das System zu verlieren, dem sie so sehnlich nacheifern wollten. Margaret Atwoods Heldin in ihrem Buch ›Die eßbare Frau‹ serviert ihrem Verlobten einen Kuchen in Form einer Frau mit der Aufschrift »Iß dies, denn ich werde es nicht zulassen, daß du mich verschlingst«.

Viele dieser Schriftstellerinnen befassen sich eingehend mit Themen, die sehr persönlich und subjektiv sind, und benutzen dann diesen Mikrokosmos als einen Spiegel der Welt. Dabei glauben sie an den feministischen Ausspruch: »Das Persönliche ist politisch, und das Politische ist persönlich«. Mary Gordon behandelt in ihrem Buch ›Männer und Engel‹ die Mutterschaft als eine gefährliche, notwendige »Karriere«. Keri Hulme schafft in ihrem Buch ›Unter dem Tagmond‹ einen nahezu mystischen Kontext für Kindsmißbrauch und häusliche Gewalt und zeigt, daß Sucht für beides eine Schlüsselfunktion hat. May Sarton verwendet in ihrem Buch ›Kids of Love‹ Selbstmord als eine Form sozialer Verantwortung und Befreiung. Toni Morrison und Alice Walker betrachten die weiße Kultur von außen und weisen nach, daß die schwarze Kultur sich nicht auf das weiße System beziehen muß.

Die meisten dieser Autorinnen zeigen unverhüllte Kritik an dem patriarchalen System oder dem System des weißen Mannes und erweitern gleichzeitig unsere Vorstellungskraft um eine Vielfalt von möglichen Reaktionen in einem solchen System. Für einige von ihnen gibt es Hoffnung und Selbstbestätigung, für andere Verzweiflung. Aber keine bleibt ohne Einfluß.

Diese Werke gaben uns einen tieferen Einblick in unsere eigene Kultur und in die anderer. Wir haben uns immer in diese Bücher hineinversetzt und dadurch unser Bewußtsein für die Auswirkungen vom Leben in unserem System erhöht. Die Lektüre bestätigte unsere Auffassung, daß es verschiedene Realitäten und Systeme gibt, und half uns, auf einen Punkt zu bringen, was wir in Organisationen beobachtet hatten.

Als nächstes wenden wir uns Büchern von Frauen in Organisationen zu, die von Harragan, Kanter, Hart und anderen geschrieben wurden.[28] Harragan sagt in ihrem Buch ›Games Mother Never Taught You‹, daß es so etwas wie einen Firmengeist, ein Klima gibt. Wenn Frauen »es« schaffen wollen in der Unternehmenswelt, dann müssen sie die Spielregeln lernen und dann zumindest genauso gut, wenn nicht besser als die Männer sein. In Büchern, die erst vor kurzem geschrieben wurden wie ›Success and Betrayal. The Crisis of Women in Corporate America‹, wird dargestellt, daß Frauen es selbst dann nicht schaffen, wenn sie das System erlernen. Kanter zeigt in ihrem Buch ›Men and Women of the Corporation‹, daß die Besetzung mit einer bedeutenden Anzahl von Frauen von zuvor von Männern beherrschten Rollen das Klischeehafte zwar gemindert, aber nicht notwendigerweise auch den Arbeitsstil des Unternehmens verändert hat.

Das steht in Verbindung mit Äußerungen in dem Buch ›Success and Betrayal‹, die besagen, daß Frauen jetzt beginnen, die Firmen zu verlassen, weil sie merken, daß sie es nicht bis an die Spitze schaffen werden, und weil sie tatsächlich keinen Einfluß darauf haben, daß sich das Klima in den Unternehmen verändert und menschlicher und gesünder wird. Neuere Studien zeigen, daß diese Frauen die Unternehmen verlassen, um zu ihrer Hausfrauenrolle zurückzukehren oder ihr eigenes Geschäft aufzumachen, wo sie darauf einwirken können, wie das Klima in der Organisation aussehen soll. Wie Diane Fassel in ihrer Untersuchung aller weiblichen Arbeitsgruppen festgestellt hat, herrscht das System des weißen Mannes auch in diesen Gruppen, es sei denn, alle Mitglieder bekennen sich ausdrücklich zu einer anderen Arbeitsweise.

Der Wert dieser Bücher besteht für uns darin, daß sie herausstellen, daß Frauen in Unternehmen ein bedeutsamer Faktor sind und daß es ein Unternehmenssystem gibt (womöglich die Wiederspiegelung der Gesellschaft auf Unternehmensebene), das sich von der Welt unterscheidet, in der viele Frauen und Minderheiten leben. Außerdem wird in einigen dieser Bücher betont, daß dieses Unternehmenssystem es wert sei, erlernt zu werden. Tatsächlich sei es der Schlüssel zum Erfolg, es anzustreben. Im großen und ganzen gibt es aber wenig Belege dafür, daß Frauen diese Systeme beein-

flussen, und neuere Untersuchungen zeigen, daß Frauen genauso wie Männer offensichtlich einfach von ihnen aufgezehrt werden.

Aus unserer Arbeit mit Organisationen wissen wir, daß der Suchtprozeß durchdringend und ansteckend ist, im allgemeinen aber nicht beim Namen genannt wird und daher in der Gesellschaft und in Organisationen auch nicht aufgelöst werden kann. Der Prozeß hält ein Verleugnungssystem aufrecht, wodurch es noch schwieriger wird zu sehen, was in einem selbst und in der Organisation vor sich geht. Leider unterstützen viele Bücher über Organisationen es, daß Frauen in einem dysfunktionalen und zerstörerischen System verharren und sich ihm anpassen. Diese Beobachtung unterstreicht unsere Annahme, daß das Problem sehr weit verbreitet ist und jeder darin verwickelt werden kann.

Bücher von Frauen über alternative Systeme

Zum Schluß wollen wir einige Bücher betrachten, die sich mit alternativen Systemen beschäftigen, Bücher, deren Sinn ausschließlich darin besteht, andere Formen des Seins zu beschreiben. Repräsentative Beispiele sind ›Beyond God the Father‹ von Daly, ›In a Different Voice‹ von Carol Gilligan, ›Patriarchy as a Conceptual Trap‹ von Dodson-Gray, ›Lies, Secrets and Silences‹ von Rich und ›Weibliche Wirklichkeit‹ von Wilson Schaef.[29] Diese Bücher drücken unmißverständlich aus, daß das vorherrschende System für die Menschen und das Universum zerstörerisch ist und daß es auch andere Realitäten gibt. Daly zeigt, daß unsere Konzepte von Gott von Kirche und Theologie sozial beeinflußt und eine Erfindung der Männer sind. Gilligan kritisiert unsere Theorien über Moral, indem sie zeigt, daß Frauen im Vergleich zu Männern an moralische Fragen anders herangehen und einen hochentwickelten Sinn für Moral haben. Schaef wiederum glaubt, daß es so etwas wie ein System des weißen Mannes gibt, das auf der Basis von vier Mythen funktioniert und weiterbestehen kann, weil wir es alle mittragen. Rich ist überzeugt davon, daß sogar unsere Denkmuster auf die Sprache des männlichen Systems ausgerichtet sind, das Lügen, Geheimnisse und Schweigen von Frauen belohnt. Dodson-Gray lehnt sich mit ihrer Theorie an Rich an: Ihrzufolge verfügt das Patriarchat über eine Form des Denkens, die bestimmt, was

wir glauben, was es wert ist zu wissen und wie wir zu diesem Wissen kommen.

Allein durch die Tatsache, daß diese Autorinnen das existierende System beschreiben, verweisen sie implizit darauf, daß dies nur eine mögliche Realität ist. Daneben gibt es andere, nämlich, wie Schaef betont, die weibliche Wirklichkeit, die der Farbigen, der Indianer und so weiter. Diese anderen Realitäten existieren in der Tat, sie werden lediglich nicht geschätzt, ihre Erkenntnisse werden in unserer Gesellschaft nicht anerkannt, genutzt oder für wertvoll erklärt. Tatsächlich leugnet die Gesellschaft die Existenz dieser anderen Realitäten.

All diese Autorinnen spüren, daß es ungesund ist, in dem System des weißen Mannes aufzugehen, sowohl auf der persönlichen als auch auf einer universellen Ebene. Sie alle fordern eine Veränderung. Sie schlagen Alternativen vor, die auf einem Modell basieren, das die Wertschätzung für das Leben des einzelnen, für die Umwelt und den Planeten einbezieht.

In Zusammenhang mit den erwähnten Autorinnen sollte man beachten, daß es eine wachsende Zahl von Männern gibt, die die von Frauen beschriebenen Probleme ebenfalls wahrnehmen. Jedes Diamond, Ken Druck und Herb Goldberg, um nur einige zu nennen, sind Vorboten der gleichen Anliegen und Fragestellungen, wobei sie sich auf die Bedürfnisse der Menschen konzentrieren.[30]

Insgesamt haben uns all diejenigen, die über Systeme nachdenken und schreiben, auf alternative Möglichkeiten aufmerksam gemacht und uns dazu bewegt, das System des weißen Mannes als das zu sehen, was es wirklich ist: ein System, nicht die Realität. Allmählich erkennen wir, daß der Sinn eines »höheren Bewußtseins« darin liegt, dem vorhandenen gegenüber weniger gleichgültig zu sein. Es geht nicht um eine neue Vision, sondern darum, das zu erkennen, was bereits vorhanden ist und schon immer da war, und es aus einer umfassenderen Perspektive zu beachten; man könnte auch sagen: »Wer Augen hat zu sehen, der sehe, und wer Ohren hat zu hören, der höre.« Wir wissen, daß das Gefangensein in einem süchtigen System oder in einem dysfunktionalen Organisationssystem das Sehen, Hören und Wissen sehr einschränkt. Diese Autoren haben andere Systeme dargestellt und eröffnen uns mögliche Alternativen.

Parallel zum Studium der eben erwähnten Literatur haben wir

mehr und mehr mit Frauengruppen gearbeitet und selber an solchen teilgenommen; mit dem Resultat, daß wir begannen, aus einem anderen Paradigma heraus zu leben, welches wir das System des lebendigen Prozesses genannt haben. Dieses gab uns die erforderliche Distanz zu den existierenden Systemen. Es eröffnete uns eine Perspektive, einen Standpunkt, von dem aus wir das herrschende System als das sehen konnten, was es ist: ein System, das wir abwählen können.

Das nächste Teil in unserem Puzzle kam aus unserem wachsenden Verständnis für Süchte und unserer persönlichen Betroffenheit in diesem Bereich.

Süchte

Unser Wissen über Süchte gewannen wir aus der Literatur und ganz besonders aus unserer persönlichen Betroffenheit als Co-Abhängige in Genesung. Indem wir diese Krankheit in unserem eigenen Leben erkannten, mußten wir mit einem Behandlungsprogramm beginnen und eine funktionierende Beziehung zu dem 12-Schritte-Programm der Anonymen Alkoholiker aufbauen. Die Literatur zu diesem Thema und unser persönlicher Genesungsprozeß haben sich gegenseitig unterstützt und eine starke Basis aus Theorie und Praxis für unsere fortlaufende Arbeit mit Organisationen gebildet.

Persönliche Beteiligung

Es ist wichtig festzuhalten, daß die eigentliche Antriebskraft für unseren Lernprozeß durch unsere persönliche Genesung von Co-Abhängigkeit entstand; und zwar deshalb, weil Genesung bei den Anonymen Alkoholikern oder anderen 12-Schritte-Gruppen (Al-Anon, Anonyme Eßsüchtige, Narcotics Anonymous, Anonyme Schuldenmacher etc.) letztendlich heißt, sich auf einen persönlichen Systemwechsel einzulassen. Im wesentlichen bedeutet es für den Alkoholiker (oder jede andere süchtige Person), sich aus dem

süchtigen System herauszubewegen, das ein nicht-lebendiges ist, hinein in ein System der Genesung, und sich zu entscheiden, vollkommen lebendig zu sein. Das Modell der Anonymen Alkoholiker erfordert einen Paradigmenwechsel, wie wir ihn zuvor beschrieben haben, eine Veränderung der Weltanschauung.

Dieser persönliche Systemwechsel, auf den wir uns einließen, war uns nicht durch das objektive Studium der Literatur zu diesem Thema oder durch systematische Ausbildung in diesem Bereich möglich. Um diesen Wechsel vorzunehmen, und zwar auf einer anderen Ebene als der rationalen, mußten wir unseren eigenen Genesungsprozeß durchmachen. Wir haben uns also wegbewegt von einer Position, in der wir uns davon abhängig machen, was wir von Autoritäten und aus der Literatur gelernt haben, und kamen dahin, uns auf unsere eigenen Erfahrungen als Zentrum unseres Lebens zu verlassen. Wir wurden Teil eines *teilnehmenden* Systems. Dabei entdeckten wir, daß wir jene Autorinnen und Autoren besonders interessant fanden, die ausdrückten und bestätigten, was wir bereits durch unsere eigenen Erfahrungen herausgefunden hatten. Indem unser persönlicher Genesungsprozeß fortschritt, unterstützt durch weitere Lektüre zur Sucht, begannen wir, uns über unser bisheriges Selbst hinauszubewegen. Was ursprünglich als ein persönliches Erforschen angefangen hatte, wurde nicht nur zur Grundlage dafür, daß wir uns selbst und unsere Familien anders erlebten. Es wirkte sich auch darauf aus, wie wir die Organisationen, in denen wir lebten und mit denen wir arbeiteten, wahrnahmen. Schließlich begann sich unsere Sichtweise für das gesamte soziale System zu verändern.

Während wir uns auf unsere persönliche Reise begaben und uns in die Literatur vertieften, entwickelte sich eine dritte Komponente auf gesamtgesellschaftlicher Ebene. Ein Bewußtsein über die epidemischen Ausmaße des Suchtproblems begann zu wachsen. Die Behandlung von Süchten kam auf den Tisch, zum Teil, weil sich einige bekannte Persönlichkeiten in Behandlung begaben. Reagans »war on drugs«, sein Feldzug gegen Drogen, und Aufklärung über Drogen und Alkohol in den Schulen brachten das Problem unmittelbar in die öffentliche Diskussion. Ein Problem, das zwar weit verbreitet, bisher aber verdeckt war, war jetzt deutlich im Mittelpunkt.

Als wir uns der Literatur über Sucht zuwandten, fanden wir eine enorme Menge an Material in wissenschaftlichen und medizinischen Fachzeitschriften; in erster Linie wird hier der Alkoholismus untersucht. Wenn wir jedoch nach einer ernsthaften Behandlung der sozialen Problematik von Süchten und des zugrundeliegenden Suchtprozesses oder wenn wir nach der Bedeutung der Suchtkrankheit für das System suchen, müssen wir uns einer anderen Art von Literatur zuwenden. Noch stehen wir am Beginn der Eskalation dieses Problems. Es gibt jedoch einige repräsentative Bücher, die wir zu Rate ziehen können.

Wir wollen hier vier Bereiche in der Literatur betrachten: die Alkoholkrankheit, Süchte und Familiensysteme, Erwachsene Kinder von Alkoholikern und Co-Abhängige sowie eine breitere Systemperspektive.

Im ersten Bereich, der Alkoholkrankheit, ist es das Buch der Anonymen Alkoholiker, ›Anonyme Alkoholiker‹, das von den Leuten im 12-Schritte-Programm das ›Blaue Buch‹ genannt wird.[31] Es ist das Buch, das die 12 Schritte und die zwölf Traditionen beschreibt und in allen Genesungs- und Behandlungsprogrammen am weitesten verbreitet ist. Alle anderen 12-Schritte-Programme (Narkotiker, Eßsüchtige, Schuldenmacher, Sexsüchtige etc.) benutzen das ›Blaue Buch‹ sowie eigenes Material, das auf die spezielle Sucht ausgerichtet ist. Das ›Blaue Buch‹ bietet eine Beschreibung von der Dynamik der Krankheit und ein Programm, das nicht einfach durch Lesen verstanden werden kann. Die Anwendung dieses Programms erfordert persönliche Beteiligung. Ein weiteres sehr gutes Buch, das die Krankheit beschreibt, ist Vernon Johnsons ›I'll Quit Tomorrow‹.[32] Wir sind der Meinung, daß es eines der besten Bücher zur Einführung in dieses Gebiet ist. Es beschreibt die Krankheit und die Charakteristika eines Alkoholikers und den Prozeß von Intervention und Behandlung. Für jemanden, der gerade anfängt, sich mit diesem Thema zu beschäftigen, ist dieses Buch ausgezeichnet. Man sollte beachten, daß diese Bücher nicht nur die spezifische Krankheit des Alkoholismus beschreiben, sondern ein weit umfassenderes Syndrom.

Im Bereich Sucht und Familiensystem sind Sharon Wegscheider-Cruse und Robert Subby repräsentativ.[33] Das Buch von Wegschei-

der-Cruse ›Es gibt doch eine Chance‹ ist ein wichtiger Beitrag in diesem Bereich. Die Autorin zeigt, daß alle Familienmitglieder von der Krankheit des Alkoholismus in Mitleidenschaft gezogen sind. Sie beschreibt Rollen, die die Kinder in solchen Familien übernehmen (der Held, das schwarze Schaf, das stille Kind, der Clown), und wie diese Rollen im Leben der Erwachsenen dann ausgelebt werden. Da sie auf dem Hintergrund einer systematischen Sichtweise von Familien arbeitet, ist Wegscheider-Cruse in der Lage, im Detail zu beschreiben, welchen tiefen Einfluß die Krankheit auf ein ganzes System hat. Auch Robert Subby kommt aus der Ecke der Familiensystemiker. Er konzentriert sich auf die Regeln, die sich in einer Alkoholikerfamilie entwickeln, und benennt neun Regeln. Einige davon sind: »Sprich nicht, fühle nicht, rühre nicht daran, sei stark, gut, richtig und perfekt.« Subby kommt zu dem Schluß, daß Mitglieder einer Alkoholikerfamilie Co-Abhängige sind, deren emotionaler, psychologischer Verhaltenszustand daraus resultiert, daß sie über einen langen Zeitraum hinweg repressiven Regeln ausgesetzt waren.

Menschen, die in Alkoholikerfamilien aufwachsen, die nicht in Behandlung sind, oder in Familien mit einem Süchtigen, der sich nicht in Genesung befindet, nennt man Erwachsene Kinder aus Alkoholikerfamilien oder Co-Abhängige. Janet Woititz untersucht dieses Phänomen in ihrem Bestseller ›Adult Children of Alcoholics‹.[34] Sie beschreibt die Charakteristika von co-abhängigen Erwachsenen Kindern: Sie können nur vermuten, was normal ist, halten an Beziehungen fest, selbst wenn es schon längst Zeit wäre zu gehen, sind übermäßig verantwortlich oder übermäßig unverantwortlich, urteilen über sich selbst gnadenlos, wissen nicht, was sie fühlen und so weiter. Woititz hat auch dargelegt, daß Erwachsene Kinder eine eigene Krankheit mit eigenen Eigenschaften haben. Es ist nicht die Krankheit des Alkoholikers; im Grunde ist es die andere Seite der Alkoholkrankheit, obwohl es in gewisser Hinsicht auch die gleiche Krankheit ist, da sie beide Auswüchse des darunterliegenden Suchtprozesses sind. Claudia Blacks ›Mir kann das nicht passieren‹ war ein frühes Buch zum Thema Erwachsene Kinder von Alkoholikern.[35]

Wegscheider-Cruse hatte einen Co-Abhängigen erstmals als eine Person definiert, die erstens in einer Liebes- oder ehelichen Beziehung mit einem Alkoholiker lebt, zweitens einen oder mehrere

Eltern- oder Großelternteile hat, die Alkoholiker sind, oder drittens in einer emotional repressiven Familie aufgewachsen ist. Nach Wegscheider-Cruses Schätzung sind das zusammen 96% der Bevölkerung. Andere Autoren sagen, daß ein Co-Abhängiger nicht nur jemand ist, der in einer Alkoholikerfamilie aufgewachsen ist; sie erkennen die gleichen Auswirkungen in jeder Familie wieder, die dysfunktional ist oder an einer unbehandelten Sucht leidet. Wir glauben, daß das auf fast alle Menschen in einer süchtigen Gesellschaft zutrifft.

Diese Autoren haben uns den alles durchdringenden Charakter des Suchtproblems aufgezeigt. Wenn die Krankheit des Familienmitgliedes nicht behandelt wird, tauchen Verhaltensweisen auf, die dazu führen, daß die Familie ihre eigene Krankheit entwickelt, die Co-Abhängigkeit. Auch die Krankheit der Co-Abhängigkeit muß behandelt werden. Familienmitglieder sollten mit der Genesung beginnen, da sie sonst in einer anderen Umgebung dysfunktionale Systeme reproduzieren. Im Grunde genommen ist man selbst ein Teil des Problems, wenn man sich nicht in Genesung befindet. Die genannten Autorinnen und Autoren begrenzen ihre Analyse auf das Familiensystem. Tatsächlich sieht es fast so aus, als ob sie die Familie als das primäre System ansehen.

Wir erkennen die Familie als ein wichtiges System an, aber wir betrachten es nur als ein System unter anderen. Unser ganzes Leben lang nehmen wir an einer Vielzahl von Systemen teil. Es ist notwendig, die Analyse über die Familie hinaus auszudehnen. Ansonsten würden wir einer Täuschung unterliegen, wenn wir denken, daß es für die Genesung ausreicht, die Familie zu behandeln.

Charles Whitfield und Anne Wilson Schaef betonen, daß es einer Öffnung des Blickwinkels über die Familie hinaus bedarf. Whitfield sagt, daß Co-Abhängigkeit »Gemeinden, Geschäfte und andere Institutionen, Staaten und Länder«[36] beeinflußt. Whitfield, ein Arzt, erörtert auch die Macht von süchtigem medizinischen Personal und von Sozialarbeitern, die eigentlich selbst einer Behandlung bedürften. Er sagt, daß jene, die der Krankheit am nächsten sind, oft den raffiniertesten »Schwindel« entwickeln, der dann ihre eigene Sucht über Jahre schützt. Anne Wilson Schaef, die mehr als alle anderen über diese Themen schreibt, bewegt sich über spezifische soziale Systeme hinaus in das eigentliche System, in dem wir leben. In zwei Büchern, ›Co-Abhängigkeit. Nicht er-

kannt und falsch behandelt‹ und ›Im Zeitalter der Sucht‹, vertritt sie den Standpunkt, daß das Problem nicht einfach darin besteht, daß es Individuen gibt, die mehrfach süchtig sind, oder co-abhängige Familien.[37] Schaef stellt fest, daß es einen süchtigen Prozeß gibt, der allen verschiedenen Süchten zugrunde liegt. Tatsächlich ist unsere Gesellschaft selbst ein süchtiges System. Sie agiert so, wie sie funktioniert, und abhängig davon, welche Prozesse sie auslöst, genau wie ein einzelner Süchtiger. Folglich wird das Problem durch die Theorie von einer süchtigen Persönlichkeit verschleiert. Das Problem besteht nicht darin, daß Menschen mit einer süchtigen Persönlichkeit herumlaufen; es gibt einen süchtigen Prozeß, der dem Suchtsystem zugrunde liegt, und er umgibt und beeinflußt uns alle.

Alle, die über Sucht schreiben, stimmen überein, daß diese Krankheit eine enorme Macht hat, heimtückisch und alles durchdringend ist. Einige unterscheiden sich in ihren Analysen, aber die meisten stimmen bezüglich der Charakteristika von Süchtigen und Co-Abhängigen überein. Aus unserer persönlichen Erfahrung konnten wir vieles aus diesen Büchern bestätigen, und wir begannen mehr zu sehen.

Da wir an unserer eigenen Genesung und an der anderer beteiligt waren, begannen wir, einige Probleme, die wir in Organisationen entdeckten, aus einer anderen Perspektive zu betrachten. Wir wandten uns noch einmal Schriftstellern wie Berman zu, die ein teilnehmendes System fordern. Dabei erkannten wir, welche Auswirkungen es hat, wenn man davon ausgeht, daß das System, in dem wir uns jetzt bewegen, nicht Realität ist, sondern ein illusionäres System, das wie ein Süchtiger funktioniert. Berman behauptet, daß die der wissenschaftlichen Weltanschauung zugrundeliegenden Annahmen zum allmählichen Tod eines solchen Paradigmas führen und auch jener, die versuchen, darin zu leben. Wir entdeckten, daß die Merkmale, mit denen Berman das Paradigma der wissenschaftlichen Methode beschreibt, sich mit denen eines Süchtigen in einem süchtigen System decken.

Gleichzeitig entdeckten wir eine bedeutsame Bewegung sozialer Transformation, die viele Mitglieder hat, sehr mächtig ist und die Zivilisation tiefgreifend beeinflußt, über die aber wenig gesprochen wird. Es handelt sich bei dieser Bewegung um das 12-Schritte-Programm. Als wir anfingen, öffentlich darüber zu sprechen,

daß wir das 12-Schritte-Programm anerkennen und selber daran teilnehmen, entdeckten wir Scharen von Menschen, die sich auch dazu bekannten, darunter auch einige sehr einflußreiche Leute. Tatsächlich handelt es sich bei dieser Bewegung um eine weit größere Kraft in unserer Gesellschaft, als uns bewußt war.

Zusammenfassung

Alle Bereiche, über die wir gelesen hatten, fügten sich für uns auf eine neue Weise zusammen. An der Organisationsentwicklung sahen wir die Belastung in Unternehmen, wo sich Gruppen mit den Problemen der Teilnahme, der Innovation und des Übergangs herumschlugen. Es wurde deutlich, daß die äußere Umgebung und die Forderungen der Kunden die Organisationen zu Veränderungen drängten. Bei den Untersuchungen zum Paradigmenwechsel waren wir von Umfang und Ausmaß des bereits vor sich gehenden Wandels beeindruckt. Er ist umfassend und findet auf allen Ebenen der Gesellschaft statt. Die Literatur von Frauen zeigte uns, daß das System, in dem wir leben, nicht die einzige Realität ist: Es gibt viele andere Realitäten, und sie waren schon immer da. Der Suchtbereich hat uns dann schließlich das fehlende Teil geliefert. Nachdem wir die Arbeiten von Autoren zu diesem Thema sowie unsere eigenen Erfahrungen zusammengefaßt hatten, erkannten wir, daß sich die Charakteristika des einzelnen Süchtigen mit denen des Systems, in dem wir leben, decken. Es handelt sich tatsächlich um ein Hologramm.

Wir haben jetzt das fehlende Teil, nach dem wir gesucht und das wir in anderen Schriften über Organisation vermißt hatten. Wenn es stimmt, daß wir in einem Universum leben, das ein Hologramm ist, dann wird deutlich, daß das System als ein Süchtiger funktioniert und die süchtigen Charakteristika des einzelnen ebenso reflektiert wie das Individuum den süchtigen Prozeß des Systems. Genau gesagt reflektieren sie sich nicht gegenseitig, da sie nicht Spiegel sind, sondern sie *sind* der jeweils andere. Als nächstes mußten wir uns dafür öffnen zu akzeptieren, daß Organisationen von Individuen entwickelt wurden, die ebenso Teil eines Holo-

gramms sind und in ihnen leben. Diese Organisationen dienen dazu, die Gesellschaft, in der sie leben, zu unterstützen, und das ist die süchtige Gesellschaft. Folglich müssen wir, wenn wir Organisationen verstehen und kreativ mit ihnen arbeiten wollen, aufgeschlossen dafür sein, daß die Organisationen wie die süchtige Gesellschaft sind. Individuen funktionieren in gleicher Weise wie die Organisation, in der sie leben. Organisationen funktionieren ebenso wie das System, in dem sie existieren, und das System besteht aus Individuen in den Organisationen. Hier haben wir tatsächlich unser Hologramm.

Es ist uns wichtig, an dieser Stelle zu betonen, daß wir niemals an die Organisationen, mit denen wir gearbeitet haben, mit der Idee von der Organisation als Süchtige herangetreten sind. Nachdem sich unser Bewußtsein jedoch durch die Einflüsse, die wir eben beschrieben haben, erweitert hatte, konnten wir die Dynamik der Organisation aus einem anderen Blickwinkel betrachten und für Informationen offen sein, die uns zuvor nicht zugänglich waren, weil wir sie einfach nicht gesehen hatten. (Wir glauben, daß wir sie ohne die zuvor beschriebenen Erfahrungen wahrscheinlich nicht hätten sehen können.) Auf Grund dieser neuen Perspektiven begannen wir, die zusammengetragenen Informationen anders zu kategorisieren und in Gruppen einzuteilen. Das führte zu der überraschenden Erkenntnis, daß Organisationen selbst wie Süchtige funktionieren.

Da sie sich dessen nicht bewußt sind, werden sie zu Schlüsselfiguren in einer süchtigen Gesellschaft, selbst wenn das in vollkommenem Widerspruch zu ihrer Aufgabe und dem Grund ihrer Existenz steht. Süchtige Organisationen sind die Infrastruktur der süchtigen Gesellschaft. Sie sind der »Klebstoff«, der das süchtige Funktionieren auf gesellschaftlicher Ebene fortführt. Allmählich konnten wir feststellen, daß einige der Ideen und Ansätze, die bei dem einzelnen Süchtigen hilfreich waren, auch auf Organisationen erfolgreich angewandt werden konnten. Es wurde für uns deutlicher erkennbar, wie man Organisationen in Richtung Genesung und Umwandlung hilfreich unterstützen kann.

II. Das süchtige System – Begriffe und Charakteristika

Es gibt sehr viel Literatur über Süchte und ihre Charakteristika. Wir haben uns im ersten Kapitel nur auf wenige Beispiele bezogen. In diesem Kapitel wollen wir nun einige allgemeine Konzepte entwickeln und die Diskussion um die süchtige Organisation in den entsprechenden Kontext stellen. Zuerst wollen wir einige Begriffe betrachten: Sucht, System, süchtiges System und Co-Abhängigkeit. Anne Wilson Schaef hat auf diesem Gebiet eine der aktuellsten und umfassendsten Arbeiten geleistet (siehe ›Im Zeitalter der Sucht‹ als Beispiel für die umfassende Behandlung des süchtigen Systems). In unserer Annäherung an die obigen Begriffe beziehen wir uns stark auf das, was sie geschrieben hat.

Sucht

Sucht ist jede Substanz oder jeder Prozeß, der unser Leben bestimmt und dem gegenüber wir machtlos sind. Es kann sich, muß sich aber nicht, um eine physiologische Sucht handeln. Eine Sucht liegt bei jedem Prozeß oder jeder Substanz vor, die uns in der Weise kontrollieren, daß wir glauben, wir müßten uns selbst und anderen gegenüber unehrlich sein. Süchte führen zu einer wachsenden Zwanghaftigkeit in unserem Verhalten. Schaef sagt, Sucht ist alles, was wir glauben verleugnen zu müssen. Wenn es etwas gibt, was wir nicht bereit sind für ein vollkommeneres und gesünderes Leben aufzugeben, kann man es wahrscheinlich der Sucht zuordnen.

Substanz- und Prozeßsüchte

Süchte lassen sich in zwei Hauptkategorien aufteilen: Substanzsüchte und Prozeßsüchte. Substanzsüchte sind aufnehmende, es werden dem Körper Substanzen zugeführt. Alle stimmungsverän-

dernden Chemikalien und Stoffe, von denen einige zu wachsender körperlicher Abhängigkeit führen, sind Suchtsubstanzen. Die geläufigsten sind Alkohol, Drogen, Koffein, Nikotin, Zucker und Nahrungsmittel. Das Konzept von Prozeßsüchten bezieht sich auf Aktivitäten oder Interaktionen, die eine Person »in ihren Bann ziehen«, von denen jemand abhängig wird. Die gängigen Prozeßsüchte sind Arbeit, Sexualität, Geld, Spielen, Religion, Beziehungen und eine bestimmte Form des Denkens. Tatsächlich kann jeder Prozeß eine süchtige Form annehmen. Schaef hat zum Beispiel gezeigt, daß sogar das Sich-Sorgen eine Prozeßsucht sein kann.[38] Sie beschreibt eine Klientin, die ständig besorgt war. Sie war beunruhigt, wenn es ihr gut ging, und sie war beunruhigt, wenn es ihr schlecht ging. Wenn sie sich um nichts sorgen konnte, fühlte sie sich verloren. Sich Sorgen zu machen war für sie zu einem süchtigen Prozeß geworden. Er hatte sich so verselbständigt, daß es nicht mehr um den Inhalt der Sorgen ging; der Akt des Beunruhigt-Seins an sich war im Leben dieser Frau wichtig geworden.

Wir wollen damit sagen, daß alles in süchtiger Weise benutzt werden kann, gleichgültig ob Substanz oder Prozeß. Das kommt daher, daß der Zweck oder die Funktion der Sucht darin besteht, einen Puffer zwischen uns selbst und unser Bewußtsein oder unsere Gefühle zu schieben. Eine Sucht dient dazu, uns zu betäuben, damit wir nicht mit dem in Berührung kommen, was wir wissen und was wir fühlen. Überdies nimmt uns die Sucht – zum Beispiel eine süchtige Beziehung – so sehr in Beschlag, daß wir keine Energie oder kein Bewußtsein mehr für andere Aspekte unseres Lebens haben.

Wir berieten einmal ein Finanzinstitut, in dem es ständig Konflikte zwischen den Angestellten gab. Es war in diesem Unternehmen üblich, während der Teamsitzungen eine Menge zum Essen und alkoholische Getränke zur Verfügung zu stellen. Der Manager glaubte, daß Essen und Trinken während der Sitzungen den Leuten helfen würde, locker zu sein und sich weniger feindselig zu behandeln. Der eigentliche Effekt von Alkohol und Essen war jedoch, gerade so viel von den Konflikten zuzudecken, daß der Manager sie nie an die Oberfläche kommen lassen und sich mit den Gefühlen der Mitarbeiter beschäftigen mußte. Außerdem beeinträchtigte der Alkohol ihre Fähigkeit, genau aufzupassen, was ge-

sagt und welche Themen behandelt wurden. Gespräche wurden konfus, und das Resultat war, daß Konflikte zugedeckt und dadurch noch intensiver wurden. Bei unseren anfänglichen Versuchen, mit der Gruppe zu arbeiten, bestanden wir darauf, daß es während der Besprechung nichts zu essen und keinen Alkohol geben dürfe, in der Hoffnung, daß alle die Intensität der Konflikte direkter erleben könnten. Wir waren der Meinung, daß die Gruppe die Bedeutung dieses Problems für ihre Zusammenarbeit nicht begreifen konnte, solange sie nicht mit ihren Gefühlen zu diesem Thema in Berührung war. Diese Strategie war sehr hilfreich, und wir konnten die betreffenden Schwierigkeiten offenlegen und durcharbeiten.

Substanz- und Prozeßsüchte haben gewöhnlich eine Bedeutung, die über das Persönliche hinausgeht. Die Gesellschaft, in der wir leben, braucht Süchte, und ihr eigentliches Wesen unterstützt Süchte. Es fördert Süchte, weil die Person, die am besten an die Gesellschaft angepaßt ist, weder tot noch lebendig ist, sondern einfach betäubt wie ein Zombie. Wenn man tot ist, kann man seine Arbeit für die Gesellschaft nicht leisten. Ist man vollkommen lebendig, wird man zu vielen Prozessen in der Gesellschaft nein sagen: zum Rassismus, zur verschmutzten Umwelt, der atomaren Bedrohung, dem Waffenwettstreit, dem Trinken unsauberen Wassers und der Aufnahme krebserregender Nahrung. Folglich liegt es im Interesse der Gesellschaft, für Dinge zu werben, die »die Spannung beseitigen«, die uns dazu bringen, uns mit unserem »Fix« zu beschäftigen, und die uns kaum spürbar »betäuben« und zu Zombies werden lassen. Konsequenterweise fördert die Gesellschaft nicht nur Süchte, sondern funktioniert selbst wie Süchtige.

System

Mit System meinen wir eine gegebene Größe, die aus Inhalt (Ideen, Rollen und Definitionen) und Prozessen (die Art und Weise, wie Dinge getan werden) besteht und die in sich geschlossen ist. Ein System setzt sich aus Teilen zusammen, und das System ist größer als die Summe der Teile. Oft hat das System ein Eigenleben,

das sich von dem Leben der Individuen in ihm unterscheidet. Eine Anzahl von Klientinnen und Klienten, die in großen Betrieben arbeiten, haben beobachtet, daß das Unternehmen selbst ein Wesen ist, das größer ist als das, was sich aus allen Mitarbeitern zusammensetzt. Das System hat bereits vor den derzeitig Beschäftigten existiert und wird auch nach ihnen weiter bestehen.

Systeme bestehen in sich selbst aus geschlossenen Weltanschauungen. Sie sind auf interner Ebene stimmige Paradigmen. Sie sind dazu da, allem, was innerhalb des Systems geschieht, einen Sinn zu geben. Sie erklären unsere Erfahrungen und verleihen unseren Handlungen ihre Gültigkeit. Das System wird Informationen auf der Basis von Offen- oder Verschlossenheit unterschiedlich nutzen. In einem geschlossenen System werden Informationen, die nicht innerhalb des existierenden Paradigmas verarbeitet werden können, nicht zugelassen oder nicht anerkannt.

Offene Systeme nehmen neue Informationen auf, sie treten für Flexibilität als einem Charakteristikum ihres Systems ein. Sie sind neuen Informationen gegenüber zugänglich, da sie es als einen Weg sehen, Veränderungen einzuleiten.

Alle Systeme verlangen von den Menschen, die in ihnen leben, Verhaltensweisen und Prozesse, die mit dem System übereinstimmen. Systeme belohnen die Leute sowohl unterschwellig als auch ganz offen, wenn sie die entsprechenden Verhaltensweisen zeigen.

Kürzlich haben wir in einem mittleren Unternehmen eine Organisationseinschätzung vorgenommen. Deren Präsident erzählte uns von einem Mann im Betrieb, der eine mächtige und charismatische Führungskraft war. Er war bei den Mitarbeitern sehr beliebt. Trotzdem hatte er gerade gekündigt. Als wir nach dem Grund für seinen Weggang fragten, sagte der Präsident: »Oh, er hatte sich scheiden lassen, und das können wir hier nicht brauchen.« In den Personalrichtlinien gibt es nichts, das besagt, daß man als Geschiedener nicht Vizepräsident dieses Unternehmens sein kann. In diesem System ist es jedoch eine unausgesprochene, aber dennoch akzeptierte »Regel«.

Das Suchtsystem

Ein Suchtsystem ist in erster Linie ein geschlossenes System, geschlossen deswegen, weil es dem einzelnen sehr wenig Möglichkeiten in Bezug auf Rollen, Verhaltens- und Denkweisen bietet. Das trifft sogar auf Beobachtungen zu, die der einzelne machen und weiterverfolgen kann. Im wesentlichen erfordert ein süchtiges System süchtige Verhaltensweisen. Es lädt den Menschen zu Suchtprozessen und zu süchtigen Denkmustern ein. Selbst wenn wir nicht nach einer Substanz oder einem Prozeß süchtig sind (was in dieser Gesellschaft ungewöhnlich ist), stehen die Prozesse des Systems doch immer so zur Verfügung, daß man jederzeit »hineintappen« kann, da das Suchtsystem als Norm für die Gesellschaft existiert. Hierbei ist die Vorstellung von einem Hologramm hilfreich. Das Suchtsystem ist das gleiche wie der einzelne Süchtige, und der einzelne Süchtige ist das gleiche wie das Suchtsystem. Mit anderen Worten, das Suchtsystem zeigt alle Charakteristika des individuellen Süchtigen, und der individuelle Süchtige zeigt die Charakteristika der Suchtgesellschaft. Folglich tragen wir aufgrund der Tatsache, daß wir in diesem System leben, eine Menge der Charakteristika des Suchtsystems mit uns herum, es sei denn, wir genesen von ihnen ernsthaft im Sinne eines Systemwechsels.

Die Charakteristika von Sucht

Das Suchtsystem funktioniert auf der Grundlage der gleichen Charakteristika, die der einzelne Süchtige routinemäßig aufweist. Der hauptsächliche Abwehrmechanismus ist die *Verleugnung*. Sie unterstützt ein geschlossenes System. Wenn etwas nicht existiert, muß man es auch nicht weiter beobachten. Unternehmer sagen häufig: »Wir haben nur ein kleines Problem, aber ganz sicher kein größeres. Unser Absatz geht zwar zurück, aber das ist nur vorübergehend.« Der Alkoholiker sagt: »Ich bin kein Alkoholiker. Ich habe vielleicht ein kleines Problem mit dem Trinken, und vielleicht übertreibe ich manchmal ein bißchen an den Wochenenden unter Streß, aber ich habe kein ernsthaftes Problem.«

Verleugnung schützt uns davor zuzugeben, was direkt vor unseren Augen geschieht. Solange wir uns nicht zugestehen, zu wissen

oder zu sehen, was passiert, stellen wir für das Weiterbestehen eines dysfunktionalen Systems keine Bedrohung dar, und wir erhalten ein unehrliches System aufrecht.

Konfusion ist ein weiteres Charakteristikum des Suchtsystems. Alkoholikerfamilien sind voller Unklarheiten. Jeder verbringt ungeheuer viel Zeit mit dem Versuch herauszufinden, was gerade vor sich geht. Bei ihrem Versuch, den Alkoholiker zu kontrollieren, kommen sich die Familienmitglieder ständig in die Quere bei ihrem Bemühen vorherzusagen, was als nächstes passieren wird und wie man damit umzugehen hat, was wiederum zu extremer Konfusion führt.

Konfusion, Verwirrung, spielt im Suchtsystem eine lebenswichtige Rolle. Sie bewahrt uns davor, Verantwortung übernehmen zu müssen. Sie läßt uns darüber, was tatsächlich geschieht, im unklaren. Wir sind mit dem Versuch beschäftigt herauszufinden, was tatsächlich passiert. In manchen Organisationen ist sie die Norm. Diese Organisationen gedeihen prächtig in Krisen und wissen kaum, wie sie im »Normalzustand« funktionieren sollen. Man praktiziert eine Art des Denkens, die für das Suchtsystem charakteristisch ist.

Selbstbezogenheit ist ein wichtiges Merkmal der Süchtigen und des Suchtsystems. Zum Teil deshalb, weil das Erlangen des »Fix« im Leben eines Süchtigen zentrale Bedeutung hat. Alles andere ist davon überschattet. Die Selbstbezogenheit des Suchtsystems besteht nicht nur in Egoismus, es macht das Selbst auch zum Mittelpunkt des Universums. Folglich wird alles, was geschieht, entweder als Angriff oder als Bestätigung des Selbst wahrgenommen; alles ist »pro« oder »contra«. Wenn man diese Definition weiterentwickelt, sind Märtyrertum, Schuld und Scham auch selbstbezogene Haltungen. Auf nationaler Ebene können wir beobachten, wie Selbstbezogenheit in unserer Außenpolitik funktioniert. Alles, was in der Welt geschieht, wird als Aktion für oder gegen die Vereinigten Staaten gesehen.

Unehrlichkeit ist sicherlich einer der Hauptaspekte des Suchtsystems. Jeder, der mit einem aktiven Süchtigen Kontakt hatte, weiß, daß er ein Meister im Lügen ist. Aktive Süchtige haben den Schwindel zu einer wahren Kunst entwickelt. Schaef führt drei Ebenen des Lügens bei Süchtigen im Detail aus: Erstens belügen Süchtige sich selbst. Der Sinn und Zweck des Lügens ist es, nicht

mit ihren Gefühlen und Bedürfnissen in Berührung zu kommen. Sie lügen auch gegenüber den Menschen in ihrer Umgebung; damit schaffen sie verwirrende und unehrliche Familiensysteme. Und schließlich belügen sie die Welt im Ganzen; der Gemeinschaft gegenüber versuchen sie zum Beispiel den Schein zu wahren.

Das Suchtsystem fördert Unehrlichkeit bei jeder Gelegenheit. Wir haben viele leitende Angestellte befragt, denen man gesagt hatte, sie würden es im Unternehmen nie zu etwas bringen, wenn sie nicht lernen, unehrlich zu sein. Auf subtile Art und Weise wird von uns erwartet, bei den Steuern zu betrügen oder einen Vorteil aus einem Fehler auf unserer Restaurantrechnung zu ziehen. Wir kleiden uns erfolgversprechend, denn das Tragen passender Kleidung vermittelt, daß wir auch die entsprechende Arbeit leisten können. Es herrscht der Glaube, daß, solange das nach außen Präsentierte überzeugend ist, wir uns dahinter verstecken können. Unsere Qualifikationen spielen dabei keine Rolle. Frauen wird im Managementtraining beigebracht, ihre Gefühle zu verstecken und nicht zu sagen, was sie denken. Wir lernen, niemals zu zeigen, wenn wir im Zweifel sind: Verhalte dich immer so, als ob du weißt, was du tust.

Unehrlichkeit scheint ein Eckpfeiler unseres politischen Systems zu sein, wie die neueste Technik zeigt: Man arbeitet mit falschen Informationen. Eine Unterhaltung, die wir kürzlich zufällig in einem Flugzeug mithörten, veranschaulicht das sehr treffend: »Ich habe Richter Xs Rechtsanwalt gesagt: ›Arbeite so hart, wie du kannst, aber paß auf, daß du verlierst.‹« Unehrlichkeit ist so zur Norm geworden, daß man allem, was man uns in der Werbung, in Produktgarantien, Bauangeboten oder in geschäftlichen Dingen allgemein erzählt, nicht mehr traut.

Perfektionismus ist ein weiteres interessantes Charakteristikum des Suchtsystems. Man würde niemals erwarten herauszufinden, daß Süchtige Perfektionisten sind, aber sie sind es tatsächlich. Sie sind davon besessen, nicht gut genug zu sein, nicht genug zu tun und es nicht zu schaffen, im Sinne des Systems perfekt zu sein. Die Neigung zu Perfektionismus wird als einer der Hauptstolpersteine in der erfolgreichen Behandlung von Süchtigen betrachtet. Süchtige benutzen den Perfektionismus dazu, sich selbst als schlechte Menschen zu betrachten, die versuchen besser zu werden, anstatt als kranke Menschen, die versuchen gesund zu werden.

Perfektionismus bedeutet im Suchtsystem, daß man immer eine Antwort weiß, die Lösung als erster zur Hand hat und nie einen Fehler macht. Das hat nichts mehr damit zu tun, danach zu streben, ein qualitativ hohes Produkt herzustellen. Das Suchtsystem geht tatsächlich davon aus, daß es *möglich* ist, perfekt zu sein, und zwar in seinem Sinne (was bestenfalls eine abstrakte, gottähnliche Definition ist); es erwartet das Unmögliche von jedem. Die, die an den Perfektionismus des Suchtsystems glauben, erleben sich selbst ständig als Versager. Fehler sind im perfektionistischen System nicht akzeptabel, und wenn sie auftauchen, werden sie sofort geleugnet oder vertuscht.

In diesem System sind Fehler kein Material, aus dem man lernen kann; sie sind Anzeichen für Unvollkommenheit. Das ist eine bedauerliche Betrachtungsweise, da »Mißerfolge« oft eine reiche Quelle von Daten über Individuen und Gruppen sind.

Das Suchtsystem funktioniert außerdem auf der Basis eines *Mangelmodells*. In diesem Sinne herrscht der beständige Glauben, daß einfach nicht genug da ist, damit es für alle reicht. Der Süchtige versucht, fortwährend »mehr« von etwas zu bekommen – der Suchtsubstanz Geld, Zeit oder Liebe zum Beispiel. Dieses verzweifelte Streben nach mehr entsteht, weil die süchtig machende Substanz (oder der Prozeß) mit der Zeit nicht mehr so wirkt wie früher. Der »Fix« der Suchtsubstanz oder des Prozesses ist immer ungenügend, da er ein Versuch ist, etwas zu tun, was unmöglich ist: uns von außen aufzufüllen. Da kein »Fix« das jemals leisten kann, sind wir ständig unzufrieden.

Ausschlaggebend für das Mangelmodell im Suchtsystem ist der Faktor Quantität: Es entsteht aus einer Mentalität heraus, die auf Quantität, auf Meßbarkeit, ausgerichtet ist. So wird häufig der Versuch unternommen, Dinge zu messen, die sich nicht in Zahlen ausdrücken lassen: Wir wollen mehr Liebe, Aufmerksamkeit, Zuwendung und Zeit. Wir fangen an, für die innere Bestätigung nach äußerlichen Zeichen zu suchen.

Das System, in dem wir leben, funktioniert auf Grund derselben Mangelprinzipien. Das Suchtsystem ist ständig auf der Suche nach mehr Aufrüstung, nach einem höheren Bruttosozialprodukt oder nach mehr internationalem Einfluß. Bei jedem Aktionärstreffen wird das wichtigste Anliegen das sein, in der einen oder anderen Weise größer zu werden. Eine der Hauptsorgen des Suchtsystems

besteht in der *Kontrolle*, oder besser gesagt, der *Illusion von Kontrolle*. Der Süchtige und seine Familie sind dauernd damit beschäftigt, sich gegenseitig zu kontrollieren. Die Familie versucht, den Süchtigen zu kontrollieren; das Verhalten des Süchtigen kontrolliert die Familie. Der co-abhängige Partner versucht zu vermeiden, kontrolliert zu werden, und alle werden dabei verrückt.

Wir nennen es *Illusion* der Kontrolle, da niemand etwas wirklich kontrollieren kann. Dennoch hält das Suchtsystem an dem Glauben fest, es sei möglich, alles zu kontrollieren. Tatsächlich beginnt die Illusion der Kontrolle mit dem Versuch des Süchtigen, sich selbst mit Hilfe einer Substanz oder eines Prozesses zu kontrollieren. Süchtige glauben, daß sie vermeiden könnten, sich mit ihren Gefühlen, Gedanken, Bedürfnissen, Wünschen oder ihrem Wissen auseinanderzusetzen, indem sie Drogen nehmen oder Alkohol trinken. Aus dieser ersten Illusion der Kontrolle heraus glauben sie dann, auch das kontrollieren zu können, was andere fühlen. Immer, wenn ein System aus der Illusion der Kontrolle heraus funktioniert, ist es der Definition nach ein Suchtsystem.

Da die Illusion der Kontrolle alles durchdringt, sind Süchtige mit der Realität *eingefrorener Gefühle* konfrontiert. In Suchtkreisen bedeutet es, daß die meisten Süchtigen kaum mit ihren Gefühlen, ihrer Intuition oder ähnlichen Informationsquellen in Berührung sind. Der Zweck der Sucht ist es, alles zu blockieren, was in dem Süchtigen vor sich geht und wovon er befürchtet, er könne damit nicht umgehen. Das beinhaltet eine ganze Bandbreite an Gefühlen wie Wut, Ärger, Angst und Besorgnis, aber auch angenehme Gefühle wie Freude, Spannung oder Kreativität. Die eingefrorenen Gefühle halten Süchtige auch davon ab, zwischen verschiedenen Gefühlen zu unterscheiden. Sie kennen die feinen Nuancen nicht, die Angst von Besorgnis und Freude von Spannung unterscheidet.

Bedauerlicherweise werden unsere Gefühle im Suchtsystem oft als Schwächen betrachtet. Der perfekt angepaßte Mann oder die perfekt angepaßte Frau sind jene, die den Anschein erwecken, als seien sie über ihre Gefühle »erhaben«. Unsere Süchte blockieren unsere Gefühle. Anstatt uns mit unseren Gefühlen auseinanderzusetzen und von ihnen zu lernen, sind wir zum Beispiel damit beschäftigt, etwas zu essen oder zu trinken, wenn wir besorgt sind. Wir haben den Spruch: »Wenn das Leben hart wird, gehen harte

Burschen zum Einkaufen« gehört. Harte Burschen lenken sich ab, indem sie zu Konsumenten werden, damit sie nicht fühlen, daß Dinge hart sind. Die Unfähigkeit zu fühlen ist ein ernsthaftes Problem im Suchtsystem. Indem wir uns immer mehr von unseren Gefühlen und unserem Bewußtsein wegbewegen, entfernen wir uns auch immer weiter von dem Wissen, wer wir sind und was wir glauben. Wir werden formbar und haben keinen Bezug mehr zu unseren eigenen ethischen Vorstellungen. Schließlich verlieren wir das Leben selbst.

Ethischer Verfall ist das unvermeidliche Ergebnis, wenn man im Suchtsystem versunken ist. Es ist leicht zu verstehen, wie es dazu kommt. Wenn das Leben davon in Anspruch genommen wird, sich selbst und andere zu belügen, und von dem Versuch, alles zu kontrollieren, perfekt zu sein, zu verleugnen, nach allem zu greifen, was man für sich haben möchte sowie davon, die Informationen zurückzuweisen, die das Suchtparadigma ändern würden, dann ist man *spirituell bankrott*.

Es ist beachtenswert, daß die Anonymen Alkoholiker immer daran festhalten, daß Alkoholismus in allererster Linie eine spirituelle Krankheit ist. Der Suchtprozeß greift die Moral und spirituellen Werte an. Man kann leicht erkennen, wie Süchtige ihre persönliche Moral verlieren. Sie würden betrügen, stehlen und lügen, um ihren »Fix« zu bekommen. Im Suchtsystem tritt dies womöglich nicht so offen zutage.

Wir glauben, daß das Suchtsystem uns dazu veranlaßt, unsere persönliche Moral zu kompromittieren, indem es uns einlädt, uns an allen eben beschriebenen Prozessen zu beteiligen. Neben der Erfüllung der sozialen Norm, in der Betrügen, Stehlen und Lügen akzeptabel sind, trennt uns die Sucht an sich von unserem spirituellen Bewußtsein. Religiöse Systeme unterstützen unser Verbleiben im Suchtsystem, wenn sie in den gleichen Prozessen gefangen sind wie der Süchtige selbst. Tatsächlich entscheiden wir uns immer, wenn wir Religion mit Spiritualität verwechseln, für die Struktur, die Kontrolle und die Regeln eines Suchtsystems. Das Vertrauen in Religion kann uns von der inneren Suche entfernen, die wir nur aus der Tiefe unseres eigenen Seins durchführen können.

Wir haben hier die Hauptmerkmale eines Süchtigen und des Suchtsystems nur oberflächlich behandelt. Weiterführende Be-

schreibungen kann man der Literatur entnehmen. Schaef selbst zeigt noch viele andere Merkmale auf, darunter Krisen-Orientierung, Depression, Streß, anormale Denkprozesse, Vergeßlichkeit, Abhängigkeit, Negativismus, Verteidigungshaltung, Projektionen, Tunnelblick und Angst.[39] Wer mit Süchtigen arbeitet, kennt diese Muster gut. Wir stehen erst am Anfang unserer Beobachtungen, wie sie auf der Systemebene und auf der globalen Ebene funktionieren.

Prozeß

Zusätzlich zu den oben erwähnten Charakteristika weist das Suchtsystem bestimmte, tiefer liegende Prozesse auf, die sehr mächtig werden, wenn man sie nicht benennt. Der Prozeß ist die zugrundeliegende, wahrhafte Bedeutung von Kommunikation oder von Gefühlen bei Kommunikation. Der Prozeß einer Botschaft ist häufig sogar stärker als der Inhalt der Botschaft. Er ist das, worauf die Leute normalerweise reagieren, wenn Prozeß und Botschaft nicht deckungsgleich sind. Bei einem Verkaufstreffen *sagt* der Verkaufsmanager zum Beispiel zu seinen Vertretern, er wisse, daß die Vertreter es im nächsten Monat besser machen würden, auch wenn dieser Monat sehr armselig gewesen ist. Der Ton seiner Stimme ist zynisch und wertend; seine Zähne sind fest zusammengebissen, seine Augen zusammengekniffen, und sein Hals ist gespannt. Alle verlassen das Treffen mit der Prozeßbedeutung: Die *Botschaft* ist, er ist wütend.

Prozesse kann man nur schwer benennen und verändern. Wir haben einige Inhalte des Suchtsystems betrachtet, jetzt ist es an der Zeit, einige Prozesse zu beschreiben. Wie Schaef sagt, sind die Prozesse des Suchtsystems seine wahren Stärken; sie sind es, die das System aufrecht erhalten. Sie sind im Grund genommen bisher nicht beim Namen genannt.

Es gibt sechs Prozesse des Suchtsystems, die wir betrachten wollen: das Versprechen, das pseudopodische Ego, die Außenbezogenheit, die Entkräftung, der Aufbau von Persönlichkeitskonflikten und der Dualismus.

Der Prozeß von Versprechungen

Der Prozeß von Versprechungen führt uns weg aus unserer Gegenwart, fordert, unsere Erfahrungen abzuwerten und uns auf Erwartungen zu konzentrieren. Das Versprechen führt uns voller Ungeduld in die Zukunft, hin zu irgendeiner erhofften Belohnung, und hält uns davon ab, mit der Gegenwart in Berührung zu kommen. Es ermutigt uns, unser Leben auf Erwartungen auszurichten. Die Soziologin Marie Augusta Neal hat ausführlich über die Versprechungen geschrieben, die die Kirche Menschen verschiedener sozialer Klassen gemacht hat. Die Armen hören Predigten, in denen gesagt wird: »Wir leiden und sind in diesem Leben benachteiligt, damit wir im Himmel eine Belohnung bekommen.« Die Reichen hören Predigten, die sagen: »Unser Reichtum in diesem Leben ist ein Zeichen von Gottes Liebe für uns hier.« Keine der beiden Gruppen sieht sich dazu veranlaßt, sich mit der gegenwärtigen Realität auseinanderzusetzen.

Die den Süchtigen Nahestehenden vertrauen immer auf die Hoffnung, daß es besser wird – der Alkoholiker wird aufhören zu trinken, oder die Familie wird ihre Schulden loswerden. In einer Organisation kann es eine Gruppe von Leuten sein, die auf eine drastische Kehrtwendung hoffen. Unglücklicherweise ist die ständige Konzentration auf die Zukunft genau das, was uns in der Gegenwart festhält und dadurch auch in unserem Problem. Das Versprechen selbst ist ein »Fix«, das vorübergehende Erleichterung vom Hier und Jetzt schafft.

Der Prozeß des »pseudopodischen Egos«

Das pseudopodische Ego ist ein Prozeß, den das Suchtsystem benutzt, um alles, was sich von ihm unterscheidet, zu absorbieren und in seinem Sinne zu benutzen. Es ist eine Form von Kolonisation. In diesem Prozeß werden Dinge, die ein anderes System repräsentieren, von dem Suchtsystem geschluckt. In einer Organisation zum Beispiel, die wir berieten, hatten Frauen im Unternehmen verschiedene Vorgehensweisen des Betriebes kritisiert. Insgesamt waren die Managementpraktiken in diesem Unternehmen schrecklich, und das öffentliche Ansehen des Betriebes in der Ge-

meinde war nicht gut. Das Management stimmte den Forderungen der Frauen teilweise zu und benutzte diese eine Veränderung dazu, sich damit zu brüsten, wie sehr es auf die Angestellten einginge und wie gut das Betriebsklima wäre. Tatsächlich aber veränderte sich in dem Unternehmen nichts Entscheidendes, und schließlich verließen viele der Frauen den Betrieb. Im wesentlichen benutzte das Unternehmen die Vorschläge der Frauen dazu, die bestehende Politik weiterzuführen. Das pseudopodische Ego des Suchtsystems ist ein solcher Prozeß. Es übernimmt Differenzen, macht sie sich zu eigen und benutzt sie dann, um das System intakt zu halten. Man muß sehr genau hinsehen, wenn man erkennen will, ob der status quo beibehalten wird, wenn die Illusion von Offenheit und Flexibilität vermittelt wird.

Der Prozeß der Außenbezogenheit

Der Prozeß der Außenbezogenheit ist grundlegend für die Art der Selbstdefinition, die man im Suchtsystem findet. Wir entwickeln den Sinn für uns selbst, indem wir uns nach außen konzentrieren. Wir lernen, wer wir sind und was wir wertschätzen, indem wir uns auf Autoritäten von außen verlassen, auf Familie, Schule, Kirche und andere Institutionen.

In einem Suchtsystem tendieren wir dazu, unseren Erfolg danach zu beurteilen, wie andere Leute uns wahrnehmen. Wir werden zu Experten im Erlernen, was anderen gefällt, und sind damit beschäftigt, dieses dann umzusetzen. Im Prozeß des Suchtsystems ist der Bezugspunkt immer außerhalb von uns selbst. Wir sind zunehmend weniger in der Lage zu spüren, was wir fühlen oder wollen, und wir denken nicht einmal mehr daran, nach Wertschätzung in uns selbst zu suchen. Im Suchtsystem steht dieser Prozeß mit der Selbstbezogenheit des Süchtigen in Beziehung, der keine Grenzen hat und nicht weiß, wie er zwischen sich selbst und anderen unterscheiden soll. Wenn man keine Grenzen hat, sind das Selbst und der andere nicht mehr zu unterscheiden, und jeder Sinn für das Selbst oder die tatsächliche Existenz des anderen geht verloren.

Der Prozeß der Entkräftung

Entkräftung ist der Prozeß, den das Suchtsystem benutzt, um jene Ideen und Erfahrungen zu ignorieren, die dem System unbekannt sind, die es nicht verstehen oder, was am wichtigsten ist, nicht kontrollieren kann. Entkräftung ist eines der Hauptkennzeichen eines geschlossenen Systems. Es akzeptiert zwar, daß es divergierende Ideen gibt, wird sie aber nicht im Bezugsrahmen des Systems zulassen, *und* es weigert sich, die Existenz von Prozessen anzuerkennen, die für das System bedrohlich sind.

Wie wir bereits erwähnten, besteht eines der größten Probleme der Sucht darin, daß sie unsere Gefühle betäubt und den Kontakt mit unseren Erfahrungen verhindert. Da wir im Erkennen von Prozessen nicht so geschult sind, sind sie uns und anderen zumeist schwer zugänglich.

Wir haben uns zuvor auf die wissenschaftliche Methode und ihre Weltanschauung als ein System bezogen, das nach unserer Meinung entropisch und nicht länger lebensfähig ist. Eines seiner Probleme liegt darin, daß es peinlich genau definiert, was es wert ist zu wissen und was nicht. Vieles von dem, was nicht wissenswert sein soll, kommt aus den Bereichen der Imagination, Intuition, Spiritualität oder aus anderen Bereichen des Bewußtseins und der Erfahrung. Die wissenschaftliche Weltanschauung geht so weit zu behaupten, daß etwas nicht existent ist, wenn es nicht meßbar ist und nicht kontrolliert werden kann. Man kann leicht erkennen, wie das Glaubenssystem der wissenschaftlichen Methode und das Suchtsystem für denselben Prozeß der Entkräftung eintreten und ihn unterstützen. Dieser Prozeß beschränkt Information und Wissen.

Der Prozeß des Schaffens von persönlichen Konflikten

Der Schaffungsprozeß von persönlichen Konflikten im Suchtsystem ist ähnlich dem der Entkräftung. Er versucht, kritische Beiträge von einzelnen oder Gruppen zu negieren oder unberücksichtigt zu lassen, indem er die Illusion erzeugt, daß es sich um persönliche Konflikte handelt. Diese Technik dient dazu, den Träger unerwünschter Informationen nicht zu beachten. Im Sucht-

system ist das Auslösen dieser Art von Konflikten gewöhnlich eine Form, sich nicht mit der Wahrheit auseinanderzusetzen, die das Verleumdungssystem bedrohen würde. In offenen Systemen kann viel Information aufgenommen, beachtet, genutzt und eingeplant werden, ohne daß sie für die Identität der Gruppe oder das System eine Bedrohung darstellt. Im Suchtsystem ist die genaue Information immer eine Bedrohung für den gegenwärtigen Zustand.

Die Illusion von einem persönlichen Konflikt dient der Ablenkung vom eigentlichen Problem, das oft darin besteht, irgendeine Sucht oder ein süchtiges Funktionieren beim Namen zu nennen.

Der Prozeß des Dualismus

Zuletzt kommen wir zum Prozeß des Dualismus. Er liegt fast allen Merkmalen des Suchtsystems zugrunde. Tatsächlich entstehen die meisten aus dem dualistischen Denken heraus.

Der Prozeß des dualistischen Denkens hat verschiedene Funktionen im Suchtsystem. Zunächst erlaubt er uns, eine sehr komplexe Welt der Einfachheit halber auf zwei Möglichkeiten zu reduzieren. Dem liegt die Vermutung zugrunde, daß wir uns nur entscheiden müssen, welche der beiden Möglichkeiten die richtige ist, um immer recht zu haben. Es ist offensichtlich, daß diese Form des Denkens eng mit der Illusion von Kontrolle in Verbindung steht. Dualismen lassen einen falschen Schein von Stabilität entstehen, indem sie davon ausgehen, daß jede Form von Bewegung nur zwischen den beiden Alternativen möglich ist. Einige Leute haben das Gefühl, daß sie mit einer unbegrenzten Zahl von Möglichkeiten einfach nicht zurechtkommen.

Im dualistischen Denken geschieht es oft, daß keine der beiden Möglichkeiten annehmbar ist; dennoch hält die Rigidität des Dualismus die Menschen davon ab, neue Alternativen zu entwickeln. Im Suchtsystem dient dieses ständige Hin- und Herbewegen zwischen zwei Möglichkeiten dazu, steckenzubleiben. Zwangsläufig erscheint keine der beiden Alternativen reizvoll. Dieser Ort des »Feststeckens« im dualistischen Denken bewahrt uns außerdem in einem dauernden Zustand der Außenorientiertheit. Der Weg aus dem Dualismus heraus besteht darin, eine Wahl zu treffen, die mit unserem inneren Prozeß, mit unserer Spiritualität oder unserem

Sein zu vereinbaren ist. Solange wir vom Dualismus gefangengehalten sind, treten wir nicht unsere innere Reise zur Klarheit an.

Co-Abhängigkeit

Eine Diskussion zum Thema »süchtiges Funktionieren« wäre nicht vollständig, würde man dabei die Rolle des Co-Abhängigen unberücksichtigt lassen. Wie wir bereits erwähnten, wurde ein Co-Abhängiger in der frühen Suchtforschung als jemand gesehen, der in einer Liebes- oder Ehebeziehung mit einem Alkoholiker oder einem anderen Süchtigen lebt. Spätere Entwicklungen im Suchtbereich haben Co-Abhängigkeit als eine Konstellation von Verhaltensweisen beschrieben, die in Beziehung zum Suchtsystem und zu dysfunktionalen Familienmustern entsteht. Unser Konzept des Suchtsystems beinhaltet auch die Erkenntnis, daß der Co-Abhängige und der Abhängige zu gleicher Zeit verschieden und doch gleich sind. Der eine wirkt auf den anderen ein und unterstützt ihn. Wenn die Menschen aufhörten, die Rolle des Co-Abhängigen zu übernehmen, hätte die Sucht keine Chance, da die Süchtigen die Co-Abhängigen als Mitspieler brauchen, um ihr geschlossenes System aufrechtzuerhalten. Und folgerichtig können Süchtige, die genesen, es kaum ertragen, mit Co-Abhängigen zusammen zu sein, weil sie wissen, daß die Krankheit der Co-Abhängigen ihre Genesung bedroht. Gemeinsam bilden sie die zwei Seiten derselben Münze.

Co-Abhängige zeigen einige der gleichen Charakteristika wie Süchtige, aber in einer anderen Ausprägung. Zum Beispiel das Lügen: Ein Süchtiger wird geradeheraus lügen, um seinen Vorrat vor der Bedrohung zu schützen. »Hast Du getrunken?« »Nein«, sagt der Süchtige, sieht dir dabei direkt in die Augen und riecht nach Schnaps. Die Unehrlichkeit des Co-Abhängigen neigt eher dazu, die Dinge zu beschönigen, anstatt auszusprechen, was er wirklich fühlt. Wenn ein Co-Abhängiger allergisch gegen das Rauchen ist und ein Mitarbeiter ihn fragt, ob es etwas ausmache, daß er raucht, sagt er nein. Man will ja nicht die Gefühle des anderen verletzen. Es wäre nicht nett. Dies ist ein Beispiel für Co-Abhängigkeit.

Co-Abhängige verbringen häufig viel Zeit damit, sich um andere

zu kümmern. Viele ergreifen Berufe, in denen sie dies tun können: als Krankenschwester, in der Beratung, in der Sozialarbeit, als Geistlicher, als Mediziner, als Psychologe. Leute, die mit Co-Abhängigen arbeiten, berichten, daß sie ein niedriges Selbstwertgefühl haben und sich förmlich umbringen, um bei anderen beliebt zu sein. Eine der verbreitetsten Süchte unter Co-Abhängigen ist die Arbeitssucht.

Co-Abhängige dienen, arbeiten ehrenamtlich und stellen ihre eigenen Bedürfnisse hintenan, um den Bedürfnissen anderer gerecht zu werden. Sie enden damit, erschöpft und ausgebrannt zu sein, und werden von der Gesellschaft für ihre Rücksichtnahme und ihre Dienste belohnt. Das Problem besteht darin, daß Co-Abhängige so viel geben, daß sie schließlich sich selbst hergeben. Co-Abhängige werden innerlich hohl, sind mit ihren Prozessen nicht in Berührung und werden depressiv.

Co-Abhängige sind Leidende. Sie gehen in ihrer Selbstlosigkeit so weit, daß sie zur Krankheit wird. Das Konzept der Gesellschaft von dem »guten christlichen Märtyrer« ist das des perfekten Co-Abhängigen. Co-Abhängige beklagen sich oft, aber wenn man ihnen Hilfe anbietet, weisen sie sie zurück – sie wollen dem anderen nicht zur Last fallen und ziehen es in ihrer Illusion von Kontrolle und in ihrer Selbstbezogenheit vor, die Dinge selber zu machen. Co-Abhängige leiden an bezeichnenden Krankheiten. Sie neigen zu Magengeschwüren, Bluthochdruck, Rückenschmerzen und bestimmten Formen von Krebs. Man glaubt, daß Co-Abhängigkeit, ebenso wie die Suchtkrankheit, eine tödliche Krankheit ist. Tatsächlich gibt es einige Beweise dafür, daß Co-Abhängige, die sich in süchtigen Beziehungen befinden, dazu neigen, früher zu sterben als die Süchtigen.

Co-Abhängige haben oft Beziehungen zu Süchtigen oder zu anderen Co-Abhängigen. Wenn sie auch meistens nicht selber drogen- oder alkoholsüchtig sind, benutzen sie doch andere Substanzen oder Prozesse zwanghafter Form, wie zum Beispiel Kaffee, Nikotin, Essen oder Arbeit. Ihre Krankheit ist subtiler und bedenklicher, schwieriger aufzudecken und von der Gesellschaft mehr akzeptiert, als die des aktiven Süchtigen. Die Gesellschaft betrachtet Alkohol- und Drogensucht als negativ, während die Verhaltensweisen eines Co-Abhängigen tatsächlich unterstützt werden. Kein Wunder, daß es so schwer ist, von Co-Abhängigkeit

zu genesen! Tatsächlich behaupten viele Professionelle im Bereich der Behandlung, daß Co-Abhängigkeit wesentlich schwerer zu therapieren ist als andere Süchte. Darüber hinaus stellen sie fest, daß die helfenden Berufe selbst von der Krankheit der Co-Abhängigkeit betroffen sind.

Co-Abhängige sind Experten in Außenbezogenheit und darin, andere zu beeindrucken. Die meiste Zeit verbringen sie damit, die Bedürfnisse anderer zu verstehen und auf unterschwellige Zeichen zu reagieren, die darauf hinweisen, was andere von ihnen erwarten könnten. Gleichzeitig sind sie scharfsinnige Beobachter. Intuitiv wissen sie, welche Reaktionen in den meisten Situationen notwendig sind, und sie können sie geben. Ihr Eindruck-Schinden verschleiert eine weitreichende Unehrlichkeit, die von anderen als Nettigkeit, Rechtschaffenheit und der unbegrenzten Fähigkeit, zu verstehen und zuzuhören, erlebt wird. Co-Abhängige werden selten auf einen zugehen und sagen, was sie wollen. Sie sind Experten darin, vage zu sein, zu manipulieren, Gerüchte zu verbreiten und zu tratschen. Auf diesem Wege erreichen sie dann doch, was sie wollen. Gesellschaftlich gesehen wirkt der Co-Abhängige als die liebende, gebende Person. Wenn wir aber mit Co-Abhängigen arbeiten, stellen wir fest, daß sie unter dem beherrschten Äußeren oft ärgerlich, depressiv und extrem kontrollierend und manipulierend sind.

Offensichtlich spielt die Krankheit der Co-Abhängigen eine wichtige Rolle dabei, das Suchtsystem am Laufen zu halten; tatsächlich ist sie unentwirrbar mit ihm verbunden: Es gäbe kein Suchtsystem ohne sie. So gesehen sind Süchte und Co-Abhängigkeit zwei Aspekte des gleichen Systems.

Nachdem wir unsere Begriffe geklärt haben, fahren wir fort mit der Beschreibung der vier wichtigsten Formen, wie Süchte in Organisationen funktionieren. Diese Kategorien existieren nicht unabhängig voneinander, das heißt, sie überlappen sich gegenseitig. Dennoch hat jede von ihnen ihre eigene Dynamik. Wir glauben, daß es notwendig ist, ein Verständnis dafür aufzubauen, wie alle vier funktionieren und wie sie miteinander in Beziehung stehen, wenn wir mit dem Prozeß der Entwicklung von gesunden und lebensverbessernden Organisationen beginnen wollen.

III. Die vier wichtigsten Formen von Sucht in Organisationen

Organisationen, in denen eine Person in einer Schlüsselfunktion süchtig ist

Im Laufe unserer Beratungen haben wir mit verschiedenen Organisationen gearbeitet, bei denen die Erkenntnis, daß eine bedeutende Person in der Organisation ein aktiver Süchtiger war, der Schlüssel zum Verständnis für das wurde, was in der Organisation geschah.

Im ersten Kapitel haben wir uns auf das Buch ›The Neurotic Organization‹ von deVries und Miller bezogen, in dem das von Top-Managern verbreitete ungesunde Klima beschrieben wird. In diesem Buch wird gesagt, daß Unternehmen dazu neigen, die Persönlichkeitsmerkmale der leitenden Angestellten zu übernehmen. Wir wollen diese Analyse noch weiter ausdehnen. Unserer Meinung nach sind es nicht nur die Top-Manager, deren eigentlicher Charakter den Ton in der Organisation angibt, sondern auch jede andere Person, die in dem System eine wichtige Funktion innehat, sowohl für sein Fachgebiet als auch im Team. Tatsächlich kann ein aktiv Süchtiger in einer süchtigen Organisation enormen Einfluß haben, da das Verhalten eines Süchtigen ein außergewöhnlich hohes Maß an Aufmerksamkeit auf sich zieht und ständig von der Zeit und der Energie der anderen zehrt.

Wie und warum kann das geschehen? Der Sucht-Prozeß ist vor allem ein sehr machtvoller Krankheitsprozeß. Es handelt sich hier um eine »trickreiche, mächtige, verwirrende und geduldige Krankheit«. Hinzu kommt, daß jemand, der aktiv aus der Krankheit heraus handelt, selber verwirrt ist und andere verwirrt. Er fängt an, sich zu isolieren, und ruft schließlich Reaktionsmechanismen hervor, mit denen dann andere Angestellte konfrontiert werden. Je höher die Stellung der Person im Unternehmen, um so geringer ist die Wahrscheinlichkeit, daß sie genau überprüft wird; je weiter die Krankheit fortschreitet, um so isolierter wird der Süchtige.

In einem kleinen Herstellungsbetrieb im Mittleren Westen, den wir berieten, litt der Rechnungsprüfer, ein aktiver Alkoholiker,

unter einer Reihe von Black-Outs. Während dieser Black-Outs genehmigte er den Kauf von vierzig neuen Wagen für Vertreter. Die Autohändler in der Stadt mochten diesen Mann natürlich, und das Vertreterteam war zwar skeptisch, glaubte aber, daß das Top-Management ja wissen müsse, was es tat. Bis zu diesem Vorfall, der das Unternehmen 300000 Dollar gekostet hatte, hielt man diesen Mann für »exzentrisch« oder auch für jemanden mit einer »eigentümlichen Persönlichkeit«. Keiner sah in ihm, was er wirklich war, ein Betrunkener beim Randalieren. Für diesen Betrieb war ein Alkoholiker jemand, der auf der Straße betrunken zusammenbricht. Man dachte zwar, daß dieser Mann etwas seltsam war, aber er tat seine Arbeit. Die einzige Überlegung, die man anstellte, war, daß der Rechnungsprüfer wohl psychologische Hilfe bräuchte und daß man ihn genauer überwachen müßte.

Beides sind für Organisationen typische Reaktionen. Anstatt das Problem als Sucht-Prozeß zu erkennen, definiert man es lieber von der psychologischen Seite und behandelt es mit psychologischen Interventionen. Eine weitere von Unternehmen praktizierte Strategie besteht darin, den Süchtigen in irgendeiner Form zu kontrollieren. Dadurch werden die Probleme häufig noch verschlimmert, da die Konzentration auf die Kontrolle den Betrieb in das gleiche Suchtsystem hineinzieht wie den Süchtigen selbst, in ein System, das auf der Basis der Kontrolle funktioniert.

Das Unternehmen suchte also nach allen möglichen Formen traditioneller Lösungen, was für die Naivität oder die funktionale Blindheit der Menschen in einer süchtigen Organisation typisch ist. Die meisten Menschen in einer solchen Organisation sind darin geschult, in süchtiger Weise zu denken und zu handeln, und eines der Hauptmerkmale der Sucht ist die Verleugnung. Auch wenn Krisen uns zwingen, alte Konzepte umzuformen oder aufzugeben, besteht die wichtigste Form der Verteidigung darin, sich zunächst zu weigern, die Geschehnisse zu erkennen, und dann in dem bestehenden vertrauten Stil weiterzumachen. Blake und Mouton haben diese Tendenz zum ersten Mal belegt, als sie beobachteten, daß Menschen unter Streß auf eine vertraute Art der Hilfe zurückgreifen, die schon tief in ihrer Persönlichkeit verwurzelt ist. Das machen sie auch dann noch, wenn sie bereits in humaneren und wirksameren Formen des Managements ausgebildet worden sind.

Das Unternehmen in unserem Beispiel hatte alle gängigen Hilfen

ausgeschöpft: den Vorschlag für psychologische Unterstützung, die dichtere Überwachung, die Teilnahme des Rechnungsprüfers an einem Seminar über Kommunikation und Management-Training. Als die Situation sich zuspitzte und beinahe das gesamte Unternehmen sowie den Rechnungsprüfer selbst gefährdete, war ihnen klar, daß sie weitere Hilfe bräuchten, und sie suchten Beratung von außen. Der Betrieb stand zu dem Zeitpunkt finanziell kurz vor dem Ruin, als auch der Rechnungsprüfer persönlich fast am Ende war. Glücklicherweise wurde der Angestellte in eine Behandlung für chemische Abhängigkeiten überwiesen und konnte in seinen Beruf zurückkehren, wo er immer noch mit den Auswirkungen der »Auto-Eskapade« zu tun hat. Darüber hinaus hat er mit den Angestellten und dem Management offen über seine Erfahrungen mit der Suchtkrankheit gesprochen und hat dadurch einen Genesungsprozeß für das ganze Unternehmen eingeleitet.

Ein weiteres Thema in ›The Neurotic Organization‹ behandelt die Identifikation der Führungsstile der leitenden Angestellten. Es handelt sich um den dramatischen Stil, den depressiven Stil, den paranoiden Stil, den zwanghaften Stil und den schizoiden Stil. Die Autoren glauben, daß diese Stile im einzelnen für die leitenden Angestellten dysfunktional sind, aber auch, daß eine Kombination daraus womöglich praktikabel sei.

Beim Studium dieser Stile kamen wir zu der Ansicht, daß Kets deVries und Miller wertvolle Daten gesammelt, sie dann aber falsch interpretiert hatten. Unserer Meinung nach geschieht so etwas dann, wenn Forscher aus irgendwelchen Gründen ein wichtiges Teil des Puzzles nicht haben oder es ignorieren. Alle von ihnen beschriebenen »neurotischen Verhaltensweisen« kann man in der Suchtpersönlichkeit finden.

Sie beschreiben zum Beispiel, daß sich der zwanghafte Typ durch Perfektionismus, Dogmatismus und Starrsinn auszeichnet sowie durch ein Beharren darauf, daß andere die Dinge in ihrem Sinne erledigen. Den Süchtigen haben wir bereits als zwanghaft, perfektionistisch und kontrollierend identifiziert. Sie beschreiben den paranoiden Typ als kalt, rational und emotionslos. Das stimmt mit den eingefrorenen Gefühlen des Süchtigen überein, und der Abwehrmechanismus der Projektion herrscht bei beiden vor, dem Paranoiden und dem Süchtigen. Die Dramatisierung des Selbst wurde dem dramatischen Typ zugeordnet, der unaufhörlich die

Aufmerksamkeit auf sich zieht. Dieser Typ paßt genau zu dem, was wir beim Süchtigen Selbstbezogenheit genannt haben und was immer mit Stimmungsschwankungen und Krisen-Orientiertheit einhergeht. Der Depressive, der Gefühle von Schuld und Unzulänglichkeit hegt und kaum zum klaren Denken fähig ist, stimmt mit dem überein, was wir als wichtige Merkmale des Co-Abhängigen im Verhältnis zum Süchtigen beschreiben. Der Schizoide, der distanzierter ist, sich an nichts beteiligt, entfremdet ist und dem es an Interesse für Gegenwart oder Zukunft mangelt, zeigt das, was wir als Zeichen ethischen Verfalls erkannten sowie der Unfähigkeit, mit seinen Gefühlen in Berührung zu sein. Oft werden chemische Süchte oder Prozeßsüchte benutzt, um das Losgelöstsein und die Distanz zur Gegenwart aufrechtzuerhalten.

Bei dieser Konstellation von Verhaltensweisen des »neurotischen Angestellten in leitender Position« handelt es sich um die Eigenschaften des aktiven Süchtigen, des Co-Abhängigen und des Suchtsystems. Interessanterweise wird in dem Buch ›The Neurotic Organization‹ behauptet, daß leitende Angestellte gesünder wären, wenn sie einen besseren neurotischen Stil als ihren gegenwärtigen fänden: Sie raten zu einer Kombination von Stilen.

Wir würden sagen, daß ein solcher Vorschlag ungefähr damit zu vergleichen ist, einem Alkoholiker zu sagen, er solle aufhören, so viel zu trinken, und dafür zusätzlich ein bißchen Kokain nehmen. Das eigentliche Problem bleibt dabei unangetastet. Die von den Autoren beschriebenen Verhaltensweisen sind alle die eines aktiven Süchtigen und des Suchtsystems. Man kann nicht ein süchtiges Verhalten gegen ein anderes eintauschen und hoffen, daß die Organisation gesündere Funktionsformen entwickelt.

Therapeuten haben im großen und ganzen die Bedeutung, die Sucht bei Fehlverhalten spielt, geleugnet. Wenn Sucht die Norm der Gesellschaft ist, sei es, daß Menschen süchtig sind oder aus süchtigen Familien stammen, bleibt ihr Verleugnungssystem in der Regel intakt. Was auf der systemischen Ebene vor sich geht, können Süchtige einfach nicht sehen, es sei denn, sie befinden sich in Genesung. Manchmal dient selbst das Erkennen von Einzelheiten dazu, den »Suchtvorrat« zu schützen und vom größeren systemischen Problem abzulenken. Auf diese Art wird der Suchtprozeß unterstützt und kann weiterlaufen.

Die Macht von Personen in wichtigen Positionen ist von ihrem

Einfluß sowie von ihrem aufgebauten Netzwerk abhängig. Handelt es sich um Süchtige, die sich nicht in Genesung befinden, so besteht ihre Macht unter anderem darin, ein Unternehmen an den Rand des Ruins zu bringen.

Kürzlich nahm ein interner Berater eines »Fortune 500 Unternehmens« Kontakt mit uns auf. Dieser Mann glaubte, daß sich in dem Unternehmen eine Tragödie entwickelte. Er machte sich Sorgen um einen Vize-Präsidenten, der in einer Abteilung für 25 Prozent des Profits des gesamten Unternehmens verantwortlich ist und darüber Rechenschaft ablegen muß. Der Vize-Präsident zeigte alle Merkmale eines aktiven Süchtigen. Er war zunehmend kontrollierend und perfektionistisch, hatte Erinnerungslücken, und sein Verhalten war selbstbezogen und unehrlich.

Der interne Berater, der selbst ein Co-Abhängiger in Genesung war, erkannte die Verhaltensweisen des Mannes als süchtig und wußte, daß er es hier mit einer fortschreitenden Krankheit zu tun hatte. Er konnte nicht darauf hoffen, daß der Vize-Präsident selbst etwas in die Wege leiten und Hilfe in Anspruch nehmen würde. Der Berater war um den Mann und um das Unternehmen besorgt. »Ich habe das Gefühl, daß sich dieser Mann zerstört, aber er wird die Abteilung mit sich in den Abgrund ziehen, bevor er geht«, sagte der Berater. »Es wäre eine einzige Katastrophe für den Betrieb.«

Die Situation verschärfte sich noch dadurch, daß der Vize-Präsident sich zu einem raffinierten Schwindler entwickelt hatte (was für einen aktiven Süchtigen typisch ist), so daß sein Verhalten meistens entschuldigt wurde. Tatsächlich sah das Team oft über viele seiner unvernünftigen Verhaltensweisen hinweg, weil er der Chef war. Wir glauben, daß sich Menschen in höheren Positionen häufig größere Funktionsunfähigkeit leisten können, als die Leute, die im Betrieb weniger Einfluß haben. Auf wahrhafte Alkoholikerart fing er an, sich zu isolieren. Dadurch fiel es selbst jenen, die ihm nahe standen, schwer, Informationen zu bekommen, die deutlich auf ein Muster von persönlicher und betrieblicher Zerstörung hingewiesen hätten. Sein Unternehmen hat immer noch nichts unternommen, und seine Abteilung befindet sich am Rande einer Katastrophe.

Man muß hier klar sehen, daß die Situation sowohl durch das trügerische und verwirrende Verhalten des Vize-Präsidenten als

auch durch die freiwillige Blindheit des Unternehmens gegenüber einem Problem so geworden ist. Wäre eine der beiden Parteien dieses süchtigen Systems aus dem Krankheitsprozeß ausgestiegen, wäre das ganze Suchtsystem zusammengebrochen. In diesem Fall war der Süchtige solange sicher, wie die Co-Abhängigen an ihrer Verleugnung festhielten. Im Grunde genommen waren sich die Co-Abhängigen der Vorgänge gar nicht bewußt, oder sie deckten sie, während der Süchtige zunehmend an einer fortschreitenden Krankheit litt und die Hilfe, die er brauchte, nicht bekam.

Es sind nicht nur die hochtechnisierten Unternehmen mit ihrem Streß und ihrer Konkurrenz, die mit dieser Krankheit konfrontiert werden. Selbst Berufsgruppen, deren Aufgabe die Behandlung von Süchtigen ist, finden sich genau in die Sache verstrickt, die sie als Experten eigentlich aufdecken sollten. Ein gutes Beispiel dafür ist das psychiatrische Behandlungszentrum in einem Krankenhauskomplex einer Großstadt, das wir vor einigen Jahren berieten.

Ursprünglich war man mit der Bitte an uns herangetreten, eine Einschätzung der Organisation vorzunehmen und mit dem Behandlungsteam des psychiatrischen Zentrums zu arbeiten. Das Zentrum bestand seit ungefähr drei Jahren und hatte zunehmend mit Problemen in der Organisationsstruktur und mit dem Personal zu kämpfen. Im Verlauf der Interviews, die wir für die Einschätzung durchführten, wurde deutlich, daß eine der Hauptpersonen im Team eine »trockene« Alkoholikerin war, die sich nicht in Genesung befand. Diese Person, Sue, hatte sich wegen Alkoholismus behandeln lassen und benutzte keine chemischen Mittel mehr, nahm aber an keinem Genesungsprogramm teil und vollzog keine Systemveränderung auf persönlicher Ebene. Sie funktionierte wie eine aktive Süchtige, selbst als sie nicht mehr trank, was der Definition der »trockenen Betrunkenen« oder »trockenen Alkoholikerin« entspricht. Woher wußten wir, daß es sich bei dieser Frau um eine »trockene Betrunkene« handelte?

Uns waren folgende Verhaltensweisen aufgefallen: Zunächst war sie zutiefst unehrlich. In dem Behandlungszentrum war sie ganztags beschäftigt und hatte zusätzlich zwei weitere Ganztagsjobs in anderen Teilen der Stadt. Das stellten wir fest, als wir aufdeckten, daß keiner, nicht einmal der Verwalter wußte, was sie mit ihrer Zeit tat und wo sie sie verbrachte. Bei der Befragung

von Patienten fanden wir heraus, daß sie ihre Verabredungen und Verpflichtungen nur selten einhielt und kaum anwesend war.

Während einer Reihe von Interviews mit dem Rest des Teams erzählten die Mitarbeiter sehr persönliche Dinge über den Verwalter des Zentrums. Bei weiteren Nachforschungen und Fragen, woher sie denn diese Dinge wußten, kam heraus, daß sie sie nicht aufgrund eigener Erfahrung wußten, sondern daß Sue sie mit der Weitergabe an uns beauftragt hatte. Sue war in eine zweite Ebene von Unehrlichkeit verstrickt. Sie lehnte es ab, persönlich mit uns über ihre Sorge um den Verwalter zu sprechen. Statt dessen schleuste sie Informationen durch andere ein, die ihre Besorgnis nicht einmal teilten. Es war deutlich, daß sie mit der von ihr verbreiteten Information nicht in Verbindung gebracht werden sollte, da vieles darauf zielte, die Integrität des Verwalters in Frage zu stellen.

Tratsch und Klatsch waren im Betrieb im Überfluß vorhanden. Bei dem Versuch, die Quelle der Gerüchte herauszufinden, stießen wir immer wieder auf dieselbe Person, Sue. Dieser Prozeß hielt das Team in einem ständigen Aufruhr, da es fortwährend versuchte, mit einer Flut von Gerüchten umzugehen. Die Mitarbeiter beteiligten sich an endlosen Treffen untereinander, bei denen sie versuchten aufzuklären, was vor sich ging. Viel von ihrer freien Zeit war mit dem Gerüchte-Management angefüllt, und so blieb wenig Zeit, um sich mit beruflichen Themen der Behandlung auseinanderzusetzen. Darüber hinaus blieb keinerlei Aufmerksamkeit oder Energie für Sue übrig, so daß man ihr Verhalten nicht als das erkennen konnte, was es wirklich war: süchtig. Sie brachte das System durcheinander und hielt die Menschen in einem machtlosen Zustand fest, so daß sie sich mit nichts anderem als der allgemeinen Konfusion beschäftigen konnten. Als gute Co-Abhängige hatten sich die anderen außerdem entschieden, über die tatsächlichen Vorgänge lieber ahnungslos zu bleiben.

Schließlich benutzte Sue einen sehr gut bekannten und verbreiteten Suchtprozeß, um eine Konfrontation zu vermeiden. Es wurde sehr bald deutlich, daß die Berater um die süchtige Funktionsform im psychiatrischen Zentrum wußten und insbesondere wegen Sue, ihrer Krankheit und deren Auswirkungen auf das Zentrum beunruhigt waren. Ziemlich zu Beginn ließ Sue verlauten, sie hätte einen Persönlichkeitskonflikt mit den Beratern. Das fanden wir

sehr interessant, da wir uns kaum mit ihr ausgetauscht hatten, sondern eigentlich die meiste Zeit mit Zuhören und Interviews verbrachten. Wahrscheinlich sind nur Süchtige dazu in der Lage, einen sofortigen und tiefen Persönlichkeitskonflikt zu haben, der auf wenig oder gar keiner Interaktion mit der Person beruht! Der Sinn des erfundenen persönlichen Konflikts bestand darin, die Glaubwürdigkeit der Berater in Zweifel zu ziehen und dadurch unsere Einschätzung der Vorkommnisse im Unternehmen fragwürdig erscheinen zu lassen.

Als wir diesen erdachten Persönlichkeitskonflikt sowie andere beobachtete Verhaltensweisen zur Sprache brachten, verkündete Sue »entweder sie oder wir« (dramatisch!) und bot an, auf der Stelle zu kündigen, wenn man nicht uns als Berater entließ. Das Zentrum und der Verwalter, die seit Monaten nach einem Weg gesucht hatten, um das Arbeitsverhältnis mit ihr zu beenden, waren froh über ihr Angebot und nahmen Sue beim Wort; ihre Kündigung wurde sofort akzeptiert.

Das Verhalten von Sue zeigt eine weitere, für Süchtige typische Technik auf. Sie schaffen eine ich/wir – du/ihr – Situation, in der die Beteiligten glauben, sie müßten Partei ergreifen. Es handelt sich hier um eine Form des dualistischen Prozesses, den wir bereits zuvor erwähnt haben. Als Sue die Situation so konstruierte, daß es nur ein entweder sie oder wir gab, ließ sie einen Dualismus entstehen, bei dem die Co-Abhängigen sofort das Gefühl hatten, sie müßten sich auf eine Seite schlagen. Die Panik in ihren Gesichtern war deutlich sichtbar. Sue agierte aus ihrer Krankheit heraus und schaffte damit eine unmögliche Situation. Da die Berater Außenseiter waren, galt die Loyalität Sue. Was sollten sie tun?

Glücklicherweise erkannten wir sofort den Dualismus des Partei-Ergreifens, der hier inszeniert wurde. Da wir wußten, daß es ein Trick des Suchtprozesses war, weigerten wir uns mitzuspielen. Als Berater konzentrierten wir uns wieder auf die Bedürfnisse der Organisation und die von Sue. Wir nutzten diese Gelegenheit, um für Sue eine Rückfallbehandlung vorzuschlagen und machten ihren Verbleib in der Firma von dieser Behandlung abhängig. Sue entschied sich dagegen. Der Verwalter akzeptierte die Kündigung, und wir richteten unsere Aufmerksamkeit wieder auf die Anliegen des Zentrums und des Teams. Als Berater hatten wir unsere Besorgnis für die Organisation und für Sue gezeigt. Wir glauben, daß

wir bei Unkenntnis in den Suchtprozeß hätten aufgesaugt und darein verstrickt werden können.

In diesem Fall hatte eine Angestellte sich entschieden, lieber die Firma zu verlassen, als gesund zu werden. Außerdem ist er ein gutes Beispiel für die enorme Macht des Süchtigen, die er ausübt, wenn er andere Menschen in sein Suchtverhalten mit einbezieht. Die anderen Teammitglieder hatten Geheimnisse für sich behalten, Geschichten herumerzählt und Sue davor bewahrt, die Konsequenzen ihres Verhaltens zu spüren. Sie haben sich wie gute Co-Abhängige in einer Organisation, die sich nicht in Genesung befindet, verhalten.

Man beachte, wie heimtückisch der Prozeß dieser Krankheit ist. Dieselben Leute, deren tägliche Aufgabe es war, Behandlung und Begleitung bei der Genesung zu gewähren, waren genauso tief in der Krankheit versunken wie diejenigen, die zu ihnen zur Behandlung kamen. Ihr Wissen und ihr Handwerkszeug half ihnen nichts, solange sie bereit waren, mit Sue in den Krankheitsprozeß einzusteigen. Wir wollen die Geheimniskrämerei, von der die Süchte umgeben sind, mit der Haltung gegenüber einer anderen Krankheit, wie zum Beispiel Krebs, vergleichen. Wir sind viel eher offen und bereit, uns über jemanden mit einer Herzerkrankung zu unterhalten, nach seinen Fortschritten zu fragen oder danach, ob er Hilfe braucht, und die Behandlung ganz allgemein zu unterstützen. Wir machen weder die Person noch die Krankheit unsichtbar. Bei Süchten dagegen zeigen wir viel weniger Bereitschaft einzugreifen, offen zu sein und das Problem anzusprechen. Unserer Meinung nach hängt diese Zurückhaltung mit dem Suchtsystem selbst zusammen, welches die Verleugnung als wichtige Form der Abwehr benutzt, um nicht sehen und anerkennen zu müssen, was vor sich geht. Solange etwas im Verborgenen bleibt, ist es mächtig.

Durch dieses Beispiel und durch viele andere kamen wir zu der Überzeugung, daß keiner gegen diese süchtigen Verhaltensweisen immun ist, egal, welchen Lebensstil er führt oder welche Ausbildung er hat. In zwei der oben genannten Situationen gab es genügend Offenheit im System, um Personen in Schlüsselpositionen schließlich als Süchtige zu erkennen und ihre Macht, das Unternehmen vollkommen zu untergraben, zu verringern. In geschlossenen Gruppen oder Unternehmen mit ausgeprägten hierarchischen oder autoritären Führungsstrukturen sind die Führungsleute

weniger angreifbar. Folglich kann ihre Krankheit noch verheerendere Auswirkungen haben.

Vor zehn Jahren hatten wir als Berater einen schwerwiegenden Fall an einem sehr ungewöhnlichen Ort – einem Kloster in Süddeutschland. Aufgrund der Autoritätsstruktur des Klosters, die von jahrhundertealter Lehre gestützt wurde, hatte der leitende Mönch, der Abt, die komplette Verantwortung für die Mönche der Abtei, angefangen beim Ältesten bis hin zum Jüngsten. Der Abt hatte einen Beirat, der ihm bei Entscheidungen zur Seite stand, aber bei der eigentlichen Leitung des Klosters hatte der Abt die höchste Autorität.

In dieser besonderen Situation war vor uns bereits ein Team von Beratern da. Sie hatten versucht die Organisationsstruktur zu verändern und sahen sich an allen Ecken und Enden blockiert. Sie gaben zu, daß sie von, wie sie sagten, »süchtigen Verhaltensweisen« überwältigt waren und hilflos und daher an uns weiterverwiesen hatten.

Wir fanden ein System vor, das in völliger Auflösung begriffen war. Zunächst war der Abt ein aktiver Süchtiger, ein heimlicher Trinker. Zusätzlich waren noch mehrere Männer im Kloster aktive Süchtige. Wir deckten Drogen-, Alkohol- und Sexsucht auf und fanden auch viele unter ihnen, die ärztliche oder psychologische Hilfe brauchten.

Oft wurden wir bereits an der Tür mit sogenannten »Geschichten von neuen Katastrophen« empfangen. Einen Bruder mußte man wegschicken, weil er einen Schüler mißbraucht hatte; mehrere Mönche litten an schweren Depressionen und körperlichen Erkrankungen. Über diese Krisen berichtete man ruhig und fast ohne jedes Gefühl. Alle wußten über sie Bescheid, und man erzählte sie uns wie aus einem Nebel heraus.

Da das System so geschlossen und krankes Verhalten so massiert auftrat, waren die einzelnen dazu übergegangen, diese Verhaltensweisen als Gruppennorm zu betrachten; man erwartete nichts anderes mehr. Obwohl es ihnen nicht gefiel und es sie erschütterte, nahmen sie es doch wie gegeben hin. Der ethische Verfall wucherte überall, begleitet von Depressionen und körperlichen Erkrankungen. Einige Männer schüttelten den Kopf, während sie sprachen. Sie brachten damit zum Ausdruck, wie machtlos sie sich fühlten, ihr eigenes Verhalten oder das der anderen zu verändern.

Der Alkoholismus des Abts hatte in dem Kloster eine Form der Fehlfunktion entstehen lassen, wie es bei allen Süchtigen passiert, wenn sie ihre Rolle in Organisationen oder in ihrem Privatleben ausleben. Es ist zum Beispiel typisch für Alkoholiker und Süchtige, daß sie ungünstige finanzielle Entscheidungen treffen. Oft ist es wichtiger für sie, gemocht zu werden, als einwandfreie Steuerbelege aufzuweisen, wie wir das in dem vorangegangenen Beispiel von dem Rechnungsprüfer sehen konnten, der vierzig Autos kaufte. Er war sicher in der Stadt beliebt. In diesem Fall hier betrieb das Kloster zur finanziellen Unterstützung ein Geschäft, das sich aber am Rande des Bankrotts befand. Anstatt etwas Unbeliebtes zu tun, wie etwa, das Geschäft zu schließen, unterhielt der Abt es mit Geldern aus dem Kloster. Bei unserer Ankunft liefen sie bereits Gefahr, ihr gesamtes Vermögen zu verlieren. Aber nur wenige wußten davon, weil die Bücher kaum jemandem zugänglich waren.

Die Situation ähnelte der in Familiensystemen in der Sucht. Da der Abt der »spirituelle Vater« der Mönche war, verhielten sie sich ihm gegenüber tatsächlich auch aus dieser Vater-Sohn Perspektive. Zusätzlich zu familiären Rollen beobachteten wir drei weitere Umgangsformen zwischen den Männern, die alle für das Suchtsystem typisch sind. In ihrer Beziehung zu dem alkoholsüchtigen Abt war folgendes zu beobachten: erstens, ein blindes Folgen: mit ihm ist alles in Ordnung, mit dem Betrieb ist alles in Ordnung ...; zweitens, ein verwirrtes Umherhasten und Gespräche untereinander, um herauszufinden, was vor sich geht, ohne den Abt direkt zu konfrontieren, und drittens, ein Ausagieren.

Nach dem Muster der Alkoholikerfamilie übernahmen verschiedene Mitglieder verschiedene Rollen: Einige wurden zu Heldenkindern, die sich um andere kümmerten und versuchten, gut zu sein und das Kloster funktionsfähig zu erhalten. Andere waren die schwarzen Schafe. Sie waren Unruhestifter, die Aufmerksamkeit auf sich zogen und dadurch vom Abt ablenkten. Wieder andere waren die stillen Kinder, die sich von den Schwierigkeiten fernhielten, sich isolierten und ihre eigene Welt schafften und das Gefühl hatten, daß sie niemals in die Vorkommnisse im Kloster verwoben sein könnten. Einige der stillen Kinder verließen das Kloster und schufen dadurch eine räumliche Distanz zwischen sich und der Gruppe. Und schließlich gab es die Clowns, die Spaßma-

cher, die dafür sorgten, daß es nicht zu ernst wurde. Sie pflegten ein reges Gesellschaftsleben und hatten das Gefühl, es würde schon alles gut werden, wenn man sich selbst nicht zu ernst nähme und viel betete. Sie lenkten von den Schwierigkeiten ab und halfen den anderen, sich zeitweise gut zu fühlen.

In einem so geschlossenen und autoritären System war es sehr unwahrscheinlich, daß die Gruppe selbst intervenieren würde, und was noch dazukam, war, daß zu viele Mitglieder der Gruppe selber Alkoholiker waren. Aufgrund ihrer Selbstbezogenheit durch ihre eigene Krankheit waren sie nicht dazu in der Lage, über sich selbst hinaus zu sehen. Andere waren völlig in ihre Co-Abhängigkeit verstrickt. Das ganze System funktionierte im Grunde genommen wie ein Suchtsystem. In einem solchen System ist eine Intervention von außen gewöhnlich der Weg zu Veränderung und Bewußtsein. Das geschah zunächst durch die Berater und dann durch eine Intervention aus den Reihen der Kirche. Der dort amtierende oberste Abt hatte vollkommen die Kontrolle übernommen. Man verkaufte die Besitztümer, und das Geschäft wurde geschlossen, und es ist nicht klar, ob die Abtei überhaupt weiter existieren kann.

Wenn Menschen viel Macht haben, können sie auf ihre »Anhänger« starken Einfluß ausüben. Wir berieten eine Kirche, deren Pfarrer an der Sexsucht litt. Einige Leute fühlten sich bei seinen versteckten sexuellen Andeutungen unbehaglich und erlebten sie als unangemessen. Andere fühlten sich nicht wohl mit ihm, da sie den Eindruck hatten, daß sein Verhalten sexuell und daher peinlich für sie war.

Die Kirche funktioniert oft selbst als eine süchtige Organisation, ganz besonders bei Themen wie Sexualität, und zieht daher häufig Männer wie diesen Pfarrer an. Die Struktur des Systems, in dem er arbeitete, steckt in Bezug auf die Sexualität in einem Dualismus fest. Der Dualismus besteht darin, daß Sexualität und alles, was mit ihr zusammenhängt, einerseits unterdrückt wird, während man andererseits geradezu von ihr besessen ist. Das heißt mit anderen Worten, daß die Kirche, indem sie sexuellen Themen gegenüber so repressiv ist, übermäßiges Interesse an ihnen hat und sich um sie kümmert. Es wird hier deutlich, daß Sex solange ein wichtiges Thema bleibt, wie man in dem Dualismus gefangen ist; man bewegt sich ständig zwischen der Scham und dem »nein, niemals«, der Unterdrückung und der Obsession hin und her. Immer, wenn

der Pfarrer versuchte, seine Sucht zu unterdrücken, schwenkte sein Verhalten auf die andere Seite des Dualismus um, und er ertappte sich dabei, wie er in schmutzige Witze und sexuelles Ausagieren abglitt.

Obwohl sich viele Gemeindemitglieder mit ihm und seinem Verhalten unwohl fühlten, bestanden sie darauf, ihn zu schützen. Sie taten das aus mehreren Gründen, die alle mit ihrer Co-Abhängigkeit zusammenhingen. Als gute Co-Abhängige zogen sie es vor, ihre eigene Wahrnehmung der Situation hintenan zu stellen. Sie hatten Angst, ihre Gefühle und Beobachtungen mitzuteilen, weil sie dabei riskieren würden, daß jemand anderes sich unwohl fühlen könnte. Richtige Co-Abhängige hassen jede Form von Unannehmlichkeiten und vermeiden es ganz besonders, »jemanden anderen sich schlecht fühlen zu lassen«. (Man beachte die Selbstbezogenheit dieser Haltung, als ob der Co-Abhängige die Macht hätte, einen anderen auf eine bestimmte Art und Weise fühlen zu »lassen«.)

Seine Rolle als Pfarrer nahm ihm die Möglichkeit, genauer beäugt zu werden, wie wir es mit anderen eventuell machen würden. In gewisser Hinsicht wurde von ihm erwartet, daß er über allen Dingen steht und nicht menschlich ist. Außerdem lag es in der Natur der Arbeit des Pfarrers, daß er auf eine bestimmte Art isoliert war. Er arbeitete allein und nahm nur selten an fortlaufenden Gruppen teil, wo man sein Verhalten über einen längeren Zeitraum hätte genauer beobachten können.

Mittlerweile leidet der Pfarrer unter der Situation. Er führt ein Leben im Verborgenen und hat viele Ängste, die ihn von einer guten Arbeit in der Kirche abhalten. Auch die Gemeinde leidet, da sie nicht den Gottesdienst bekommt, den sie gerne hätte und bräuchte. Letzten Endes behält jeder das Geheimnis für sich und leugnet die tatsächlichen Ereignisse. Schließlich verliert dabei jeder.

In einer Suchtorganisation sind alle Verlierer, da die Suchtkrankheit eine ansteckende Krankheit ist, heimtückisch, fortschreitend und tödlich. Die einzelnen erleben ihre Krankheit in der Beziehung mit anderen. Das Beispiel sollte verdeutlicht haben, daß selbst der Versuch, sich auf Leute, die krank sind, nicht einzulassen, eine Form der Teilnahme an der Krankheit ist. Wir werden zu einem Teil der Krankheit, sobald wir versuchen, zu leugnen oder zu ignorieren, was vor sich geht.

Vermutlich würde man unsere Beispiele von leitenden Personen

in Suchtorganisationen aus der Sicht traditioneller Organisationsdynamiken anders betrachten. Viele dieser Fälle könnte man als Problem der Veränderung, Teilnahme, Führung, der Inkompetenz im Management oder als Persönlichkeitskonflikte definieren. Nachdem wir jedoch um das Suchtsystem wußten und Kenntnisse darüber hatten, wie es funktioniert und welchen Einfluß der einzelne Süchtige hat, entwickelten wir eine neue Sichtweise.

Wir begannen, für die holografische Sicht des Problems Verständnis zu entwickeln und zu begreifen, warum einige Lösungen in der Vergangenheit nicht immer funktioniert haben. Manchmal werden leitende Angestellte in wichtigen Positionen, die einige der von uns beschriebenen Merkmale haben, entlassen. Aus unserer Erfahrung war die Entlassung zunächst hilfreich, denn sie führte erst einmal zu einer Erleichterung. Dann aber bemerkten wir, daß die Gruppe sich kaum anders verhielt, auch nachdem der Manager nicht mehr da war. Das lag daran, daß die Co-Abhängigen zurückblieben, auch wenn der Süchtige selbst weg war. Sie hielten das System aufrecht, indem sie ihre Krankheit weiter praktizierten.

Aus diesen Erfahrungen schlossen wir, daß alle Teile des Systems behandelt werden müssen, wenn es zu einer wahrhaften und tiefgreifenden Veränderung kommen soll. Leitende Angestellte und Personen in Schlüsselpositionen haben einen sehr großen Einfluß, der sich noch vervielfacht, wenn das System selbst immer süchtiger wird. Für den einzelnen Süchtigen in der Organisation ist es wichtig, daß er eine Behandlung bekommt. Sie bedeutet Fortschritt und führt zu einer wichtigen Veränderung. Aber auch das ganze System muß behandelt werden, was dann zu effektiven Veränderungen auf allen Ebenen der Organisation führt.

Wir denken, es ist klar ersichtlich, daß die Organisation zutiefst in Mitleidenschaft gezogen wird, wenn eine wichtige Person aus der Sucht heraus funktioniert. Wir wollen nun zeigen, wie auch andere, in gleicher Weise wie Süchtige, ihre dysfunktionalen persönlichen und familiären Muster wiederholen und so verursachen, daß die Organisation in süchtiger Weise funktioniert.

Wie man seine Krankheit in die Organisation hineinträgt oder Die Realität von Reproduktion

In diesem Kapitel wollen wir ansprechen, auf welche Art und Weise der Süchtige, das Erwachsene Kind eines Alkoholikers und der Co-Abhängige Verhaltensweisen, die sie in ihren Familien oder in anderer süchtiger Umgebung erlernt haben, in der Organisation wiederholen, wenn sie sich nicht aktiv in Genesung befinden. Aber zuerst werden wir kurz einige Begriffe und Statistiken betrachten.

Definitionen

Wie wir bereits erwähnten, ist ein Süchtiger eine Person, die machtlos einer Substanz oder einem Prozeß in ihrem Leben gegenüber ist, was so weit gehen kann, daß das fortschreitende Versinken in der Sucht zum Tode führt. Alle Süchte sind tödlich, wenn auch Sucht die einzige Krankheit ist, bei der Genesung garantiert wird, wenn der Süchtige mit einem Genesungsprogramm beginnt.

Man weiß nicht genau, wieviele aktiv Süchtige es in den Vereinigten Staaten gibt. Selbst die Schätzung der Anzahl genesender Alkoholiker ist unklar und beruht nur auf einer Vermutung, da deren Programm anonym ist und wir keine genauen Statistiken haben. Man muß bedenken, daß sich alle vorhandenen Statistiken nur auf Alkoholiker beziehen; es gibt keine Statistiken über Drogen-, Eß-, Sex-, Arbeits- oder Beziehungssüchtige.

Ein Erwachsenes Kind eines Alkoholikers (im folgenden nur »Erwachsenes Kind« genannt) ist jemand, der in einer Familie aufwuchs, in der ein Elternteil oder beide Eltern Alkoholiker waren oder in der alkoholische oder süchtige Muster wiederholt wurden. Erwachsene Kinder müssen als Erwachsene nicht unbedingt selber süchtig sein, aber es besteht die Möglichkeit. Sie tragen spezifische emotionale Probleme und Persönlichkeitsstörungen mit sich herum, die sich auf ihr Leben auswirken. Die Identifikation dieser Persönlichkeitsmerkmale ist noch ziemlich neu, und die erste Organisation Erwachsener Kinder von Alkoholikern (EKA) existiert erst seit ein paar Jahren.

Es gibt verschiedene Statistiken über Erwachsene Kinder in den

Vereinigten Staaten. Robert Goldberg setzt die Zahl bei 28 bis 34 Millionen oder bei 15 Prozent der amerikanischen Bevölkerung an. Wir glauben, daß diese Schätzung viel zu niedrig ist.

Die Bezeichnung des Co-Abhängigen ist weitreichender als die des Süchtigen oder des Erwachsenen Kindes. Wegscheider-Cruse, die wir bereits zitierten, ist der Meinung, daß jeder ein Co-Abhängiger ist, der Alkoholiker-Eltern oder -Großeltern hat, sich in einer Liebes- oder Ehebeziehung mit einem Alkoholiker oder einem Süchtigen befindet oder aus einer emotional repressiven Familie kommt. Die Schätzung der Co-Abhängigen in den Vereinigten Staaten gehen bis zu 96% der Bevölkerung.

Ausgehend von dieser Definition kann man annehmen, daß jedes Erwachsene Kind auch ein Co-Abhängiger ist. Jeder Co-Abhängige ist aber nicht notwendig ein Erwachsenes Kind. Süchtige können sowohl Erwachsene Kinder als auch Co-Abhängige sein, sind es aber nicht zwangsläufig (obwohl man davon ausgeht, daß bei den meisten Süchten die Krankheit der Co-Abhängigkeit zugrunde liegt). Viele Süchtige haben mit der Sucht angefangen, die am deutlichsten sichtbar ist, und sehen sich schließlich der Co-Abhängigkeit gegenüber, mit deren Genesungsprozeß sie nun auch beginnen müssen. Es ist offensichtlich, daß der Suchtprozeß von Familie zu Familie weitergegeben wird.

Menschen, die in einer süchtigen Familie aufwachsen, kommen nicht unversehrt davon, sondern tragen die Merkmale mit in alle Beziehungen und alle Bereiche ihres Lebens hinein, was wiederum zu einer illusionären Weltsicht führt. Das schlägt sich in der enorm hohen Anzahl von Menschen, die an Sucht erkrankt sind, in den Statistiken nieder. Diese Statistiken bewirken, daß Autorinnen wie Schaef unmißverständlich behaupten können, daß Süchtige mittlerweile die Norm in der Gesellschaft sind. Bei diesen Menschen handelt es sich nicht um ein isoliertes Problem irgendwo am Rande, das nichts mit der Gesellschaft im Ganzen zu tun hat. Sie sind tatsächlich die Norm.

Uns ist zum Beispiel bekannt, daß Alkoholiker einige der zu Hause gezeigten Verhaltensweisen am Arbeitsplatz wiederholen – sie lügen, schüchtern andere ein, treffen falsche Entscheidungen und sind vergeßlich. Wie wir im vorigen Kapitel sehen konnten, konzentriert sich am Arbeitsplatz die ganze Aufmerksamkeit auf sie, und ihre Fähigkeit, Chaos zu erzeugen, ist einfach umwerfend.

Erwachsene Kinder haben spezifische Probleme am Arbeitsplatz. Robert N. Goldberg beschreibt die Charakteristika, mit denen sich fast alle Erwachsenen Kinder irgendwann während ihrer Karriere auseinandersetzen müssen.[40] Wir benutzen hier seine Kategorien, verwenden aber eigene Beispiele.

Perfektionismus/Selbstkritik

Goldberg stellt fest, daß Erwachsene Kinder jede Arbeit perfekt machen müssen. Sie nehmen sich bereits den kleinsten Fehler übel. Ihre Selbstkritik ist so ausgeprägt, daß sie Lob nicht anerkennen, weil sie das Gefühl haben, es könne unmöglich wahr sein. Sie neigen dazu, ungeheuer viele Überstunden zu machen, um sicherzustellen, daß die Projekte zufriedenstellend ausgeführt werden. In den Jahren bevor es Schreibmaschinen mit Korrekturtasten gab, wußten wir von Sekretärinnen, die eine ganze Seite noch einmal tippen würden, wenn sie nur einen Fehler machten, anstatt Korrekturflüssigkeit zu verwenden. Wir wissen auch von einem Juraprofessor, der darauf bestand, daß die Antworten der Studenten bei einem Examen genau 1000 Worte haben mußten, nicht mehr und nicht weniger. Man kann sich vorstellen, wieviel Zeit die Studenten darauf verwandten, sich auf den Inhalt der Fragen zu konzentrieren! Hier zeigt sich die Wiederholung der Krankheit am Arbeitsplatz.

Arbeitssucht

Viele Erwachsene Kinder tendieren dazu, sich zu überarbeiten. Einige tun das, um Gefühle der Unsicherheit und Unterlegenheit auszugleichen und machen immer etwas mehr, als nötig wäre. Andere sind nicht dazu in der Lage, den Forderungen von Chefs und Mitarbeitern gegenüber nein zu sagen. Goldberg stellt die Hypothese auf, daß viele Erwachsene Kinder es vorziehen, sich auf das zu beschränken, was sie am besten können; und Erwachsene Kinder sind besser bei der Arbeit als in persönlichen Beziehungen, die sie als schwierig und beängstigend erleben. Erwachsene Kinder können die hingebungsvollsten Arbeiter in einem Unternehmen sein und trödeln nur selten. Die meisten Unternehmen schätzen diese Hingabe und ihre Produktivität. Während sie sich jedoch bei

der Arbeit hervortun, sind sie auf emotionaler Ebene gewöhnlich am Absterben.

Rigidität im Denken

Erwachsenen Kindern mangelt es an Flexibilität; ihr Denken ist gewöhnlich dualistisch. Sie denken in schwarz-weiß- oder richtig-falsch-Kategorien. Ihre Rigidität in Verbindung mit ihrem Perfektionismus führt sie zu dem Glauben, daß es nur eine einzige richtige Lösung für alles gibt. Alternativen gegenüber sind sie selten aufgeschlossen. Die Zusammenarbeit mit ihnen kann unerträglich sein, weil sie verbal oft ihre Zustimmung zu etwas geben und dann doch ihre eigenen Pläne verfolgen. Ihr Motto heißt: »Ich werde es so machen, wie ich es will.« Der Vize-Präsident eines Kreditunternehmens vertraute uns an, daß er Stunden mit seinem unmittelbaren Vorgesetzten in einer Konferenz verbrachte und danach Verrenkungen anstellte bei dem Versuch herauszufinden, wie er es auf »seine Art« machen und gleichzeitig den Anschein erwecken könnte, daß er sein Versprechen gegenüber dem Manager einhielt. Er übte seine Krankheit am Arbeitsplatz aus.

Der Umgang mit Krisen

Erwachsene Kinder verhalten sich in Krisen gewöhnlich meisterhaft. Tatsächlich sind sie am gelassensten, wenn alles auseinanderbricht. Das hängt wahrscheinlich damit zusammen, daß sie ihre Kindheit in Suchtfamilien verbrachten, wo Unvorhersehbares und Krisen an der Tagesordnung waren. Sie wußten nie, ob der betrunkene Elternteil ihnen mit Gewalt, Zärtlichkeit oder völliger Abweisung gegenübertreten würde. Sie haben gelernt, unter den außergewöhnlichsten Bedingungen ruhig zu bleiben. Wenn ihr Zuhause gewalttätig war, mag ihre Fähigkeit, die Ruhe zu bewahren, sie am Leben erhalten haben.

Diese Fähigkeit, Ruhe in einer Krise zu bewahren, ist am Arbeitsplatz eine bewundernswerte Qualität. Leider wird diese Krisenorientiertheit für Erwachsene Kinder zu einer Lebensform. Sie haben Probleme mit ihrer Ruhe. Der Geschäftsführer eines Handwerksbetriebes erzählte uns, daß er sich in ruhigeren Zeiten in der Firma leblos fühlte, und gelegentlich war er sich bewußt, daß er Konflikte hervorrief und Krisen am Laufen hielt, um Aufregung zu schaffen. Da viele Erwachsene Kinder ihre Gefühle »eingefro-

ren« haben, bedarf es extremer Bedingungen, um sie überhaupt etwas fühlen zu lassen; folglich inszenieren sie oft einen »großen Knall«. Da sie an die feinen Nuancen von Gefühlen in Ruhezeiten nicht gewöhnt sind, können sie nur die intensiven Gefühle wahrnehmen.

Teamarbeit
Im Zeitalter der Teamarbeit in Unternehmen ist es für Erwachsene Kinder schwer, sich anzupassen. Eigentlich wäre es ihnen lieber, wenn man sie in Ruhe ließe; sie sind keine »Teamspieler«. Viele Erwachsene Kinder haben in ihren Familien nie die elementaren Regeln der Kooperation gelernt. Die Familie hat nur selten als eine Einheit funktioniert, und die Kinder sind isoliert und alleingelassen aufgewachsen. Tatsächlich war die Teilnahme am Familienleben eine Quelle von Schmerz und Angst. Das Alleinsein war dagegen sicher. Folglich bringen Erwachsene Kinder kaum oder wenig Fähigkeiten und Erfahrung in Bezug auf Zusammenarbeit an den Arbeitsplatz mit.

Goldberg nennt drei wesentliche Gründe dafür, daß Erwachsene Kinder schlechte Teammitglieder sind: erstens, sie haben Schwierigkeiten zuzuhören und zu kommunizieren; zweitens, es fällt ihnen schwer, Kritik zu üben oder anzunehmen; drittens, sie haben ein starkes Bedürfnis nach Kontrollierbarkeit.[41] Die Rigidität und der Perfektionismus, die wir weiter oben bereits beschrieben haben, lassen eine Persönlichkeit entstehen, die das Kommando übernehmen will; entweder sie gibt den Ton an, oder sie lehnt eine Verantwortung vollkommen ab.

Wir fanden auch heraus, daß Erwachsene Kinder in Teams sehr unberechenbar sein können. Manchmal fühlen sie sich im Übermaß verantwortlich und tragen die Hauptlast im Team, ein anderes Mal geben sie die Verantwortung vollkommen ab. Die enge Arbeitsbeziehung in Teams reißt scheinbar alle ihre ungelösten Familienprobleme an, bereitet ihnen Unbehagen und löst oft extreme Schwankungen in ihrem Verhalten aus.

Als Supervisoren können Erwachsene Kinder harte Chefs sein. Es ist schwierig, für sie zu arbeiten, und sie verlangen als Arbeitgeber eine Menge. Da sie ein großes Kontrollbedürfnis haben, fällt es ihnen nicht leicht zu delegieren. Ihr Bedürfnis, gemocht zu werden, verleitet sie dazu, zuweilen doppelte Botschaften zu geben.

Ein Angestellter in einem Raumfahrtunternehmen sagte über einen vorgesetzten Manager: »Er gibt mir eine Arbeit, die ich übernehmen soll, aber ich weiß, daß es nie wirklich meine sein wird. Obwohl er sagt, es sei ›mein Baby‹, schaut er mir ständig über die Schulter.«

Erwachsene Kinder sind in Familien aufgewachsen, in denen sie sich nie auf ihre Eltern verlassen konnten. Sie sind ständig enttäuscht worden. Das ist wahrscheinlich der Grund für ihr mangelndes Vertrauen anderen Angestellten gegenüber und für ihr Bedürfnis nach Kontrolle.

Wie wir bereits erwähnten, haben Erwachsene Kinder hohe Erwartungen an sich selbst und sind harte »Antreiber«. Diese Energie tragen sie auch in die Beziehungen mit anderen hinein. Da sie nur wenig mit ihren eigenen Gefühlen in Berührung und sich ganz sicher nicht der Gefühle anderer bewußt sind, merken sie nur selten, welche Auswirkungen ihre Forderungen auf ihre Mitarbeiter haben.

Als Supervisoren haben sie selten Probleme mit dem Job, aber fast immer mit dem Personal. Sie können in ihrer Position als Manager eine solche Feindseligkeit hervorrufen und solche Reibereien entstehen lassen, daß sich alle Beteiligten entsetzlich fühlen. Das führt dazu, daß sie meinen, in ihren Beziehungen zu ihren Angestellten gescheitert zu sein, sich zurückziehen und versuchen, mit unpersönlichen Regeln und Vorschriften zu leiten.

Als Angestellte haben Erwachsene Kinder Schwierigkeiten mit Autorität. Manager und Supervisoren werden als Ersatzeltern angesehen, und sie suchen unbewußt nach dem, was sie von den eigenen Eltern nie bekommen haben. Der Aufruhr aus ihrem Zuhause, ihrer Kindheit, wirkt sich auf ihre Reaktionen gegenüber Vorgesetzten aus. Da Erwachsene Kinder nie wußten, wie sich die Eltern verhalten würden, geraten sie in Panik, wenn der Chef sie zu sehen wünscht.

Die meisten Dinge, die Erwachsene Kinder von ihren Chefs erwarten, können sie in der Arbeitswelt nicht bekommen. Sie hätten gerne Aufmerksamkeit, Ermutigung und Anerkennung für sich selbst, nicht nur für die Arbeit, und sie würden den Chef gerne als den perfekten Elternteil sehen, den sie nie hatten. Verhält der Chef sich nicht diesen Erwartungen gemäß, wird ihm mit unverhohlener Feindseligkeit und Zurückweisung begegnet. Lei-

der werden Chefs häufig Objekte für Projektionen vieler ungelöster Familienprobleme sein, solange das Erwachsene Kind nicht noch einmal zurück in die Vergangenheit geht, um sie zu verstehen und von ihnen zu genesen.

Erwachsene Kinder legen ihren Chefs gegenüber oft ein dualistisches Verhalten an den Tag: Entweder sie beten sie an, geben alle ihre Macht ab, versuchen allen ihren Wünschen gerecht zu werden und das Lieblingskind zu sein; oder sie verweigern die Zusammenarbeit und werden zum bockigen Kind. Nur selten handeln sie so, wie man es als »normal« ansehen würde. Sie stellen zum Beispiel keine Fragen, wenn sie etwas nicht verstehen, äußern nicht ihre Meinung, wenn sie denken, sie hätten eine bessere Idee, wie man etwas tun könnte, und setzen keine vernünftigen Grenzen, um deutlich zu machen, was sie bereit sind zu übernehmen. Wir möchten nochmals betonen, ihr Problem besteht nicht in der Ausführung ihrer Arbeit. Bei Aufgaben tun sie sich hervor; es sind die menschlichen Beziehungen und die Begrenztheit ihrer Zeit und ihrer Energie, die ihnen ein Rätsel sind.

Wenn wir uns den Mitteln zuwenden, mit denen Co-Abhängige ihre dysfunktionalen Systeme in Organisationen wiederholen, können wir sehen, daß sie in vielem mit den Merkmalen der Erwachsenen Kinder übereinstimmen, zugleich aber auch eine Konstellation von Verhaltensweisen aufweisen, die für sie einzigartig ist.

Co-Abhängige am Arbeitsplatz

In der Organisation verhält sich der Co-Abhängige gegenüber dem Süchtigen genauso, wie er es in der Familie tun würde. Co-Abhängige neigen dazu, den Süchtigen zu schützen, und werden ihn decken, wenn man seine Leistung bezweifelt oder wenn er Termine nicht eingehalten hat. Sie sind, ebenso wie Erwachsene Kinder, ängstlich in Gegenwart von Autoritäten, aber Co-Abhängige sind eher entgegenkommend und versuchen, es ihnen recht zu machen, während Erwachsene Kinder sich widersetzen und aufsässig werden. Co-Abhängige vermeiden Konflikte um jeden Preis. Wenn nur irgend möglich, möchten sie nicht Teil eines Konfliktes sein, da sie tatsächlich furchtbare Angst vor Konflikten

haben. Sie sind gute Friedensstifter und versuchen ständig, andere zusammenzubringen.

Co-Abhängige haben eine ungewöhnlich hohe Toleranzgrenze für unklare Situationen und Krisen. Da beides die Norm in ihrem alltäglichen Leben war, beziehen sie ihre Bedeutung und ihre Identität daraus, Sachen geradezubiegen und Spannungen zu lindern. In ihren Familien war Verwirrung für sie etwas Normales, und sie erwarten das gleiche in der Organisation.

Das beste Beispiel für Co-Abhängige sahen wir bei der Beratung eines multinationalen Konzerns. Während der ersten Kontakte mit dem Vize-Präsidenten der Abteilung fühlten wir uns irgendwie unwohl. In der Unterhaltung mit ihm wurde deutlich, daß er sich nicht erinnern konnte, was er vor zehn Minuten gesagt hatte. Dieser Gedächtnisverlust ließ uns kaum hoffen, daß er Verpflichtungen erfüllen würde oder sich überhaupt daran erinnerte, daß er welche eingegangen war. Wie mußte das wohl auf sein Personal wirken? Da wir wußten, daß Vergeßlichkeit eines der Merkmale eines Süchtigen ist, waren wir gewarnt und gingen vorsichtig vor.

Unser Verdacht bestätigte sich, als wir einige Zeit in seinem Büro verbrachten. Bei jedem unserer Besuche dort bemerkten wir eine Menge Schnapsflaschen auf und hinter seinem Schreibtisch. Da es kein Unternehmen war, das viele gesellige Veranstaltungen zuließ, war uns klar, daß wir es tatsächlich mit einem aktiven Alkoholiker zu tun hatten. Wir brachten unsere Befürchtungen bei einigen seiner Mitarbeiter vor. Sofort konnten wir beobachten, wie sich ihre Co-Abhängigkeit aktivierte, sie erzählten uns, er sei ein guter Mann und ein feiner Mensch (worüber wir keineswegs anderer Meinung waren). In der Vergangenheit sei er einfach bloß mißverstanden worden und brauche jetzt nur eine Chance zu zeigen, wozu er in der Lage sei. Das Verhalten der Mitarbeiter war ein weiterer Hinweis für uns. Warum verhielten sie sich so schützend? Und warum mußten sie das tun? Diese Form des Verhaltens finden wir oft bei süchtigen, co-abhängigen Zuständen, wobei das Verhalten der Co-Abhängigen genauso diagnostizierbar ist wie das der Süchtigen. Dieser Mann wurde später als Folge der Verleugnung in seiner Abteilung sogar befördert.

Die Reaktion der Mitarbeiter war ein gutes Beispiel für die Krankheit der Co-Abhängigkeit und dafür, wie sie auf subtile Weise das Suchtsystem unterstützt. Als wir den Alkoholismus des

Vize-Präsidenten ansprachen, lenkten die Mitarbeiter von seiner Krankheit ab und machten darauf aufmerksam, daß er ein guter Mensch sei. Dagegen hatten wir nichts einzuwenden: Er war ein guter Mensch mit einer Krankheit, die einer Behandlung bedurfte. So wie man bei den Anonymen Alkoholikern sagt: »Du bist nicht ein schlechter Mensch, der gut wird, sondern ein kranker Mensch, der gesund wird.« Indem sie die Aufmerksamkeit auf sein Gut-Sein lenkten, taten sie verschiedene Dinge:

Zunächst verankerten sie sich fest in ihrem Verleugnungssystem; sie weigerten sich, die Vorgänge zu sehen, und bewegten sich dabei selber in das Krankheitssystem hinein. Als zweites ermöglichten sie es dem Vize-Präsidenten, mit seiner Krankheit fortzufahren, einer Krankheit, die fortschreitend und tödlich ist; sie deckten und entschuldigten ihn unter dem Vorwand, sich um ihn zu sorgen. Ihr letztes Argument bestand darin, daß es nicht christlich sei, eine Intervention bei dem Mann vorzunehmen. Sie hatten das Gefühl, es wäre nicht fürsorglich. Ihre Fürsorge bestand darin, ihm etwas abzunehmen. Ihnen war nicht klar, daß wirkliche Fürsorge darin bestanden hätte, ihm beim Benennen seiner Krankheit zu helfen, die ihn immer mehr beeinträchtigte.

Co-Abhängige haben ziemlich merkwürdige Ansichten über Fürsorge. Sie würden sich lieber in einer Art und Weise um jemanden kümmern, die zum Tode der Person führt, als das Risiko einzugehen, die Wahrheit zu sehen und auszusprechen und ihn dabei möglicherweise zu kränken. Eigentlich schützen sich die Co-Abhängigen dabei selbst vor einem eventuell folgenden Konflikt. Ein weiteres Problem besteht für sie darin, daß sie eine neue Rolle finden müssen, sobald der Süchtige mit seiner Genesung beginnt und nicht mehr ihren »Schutz« braucht, und daß sie den Blick auf sich selbst richten müssen. Sie werden sich dann mit ihrer eigenen Krankheit auseinandersetzen müssen und mit dem Verlust der Belohnung, die sie dafür bekamen, stark und unentbehrlich zu sein.

Nicht alle Co-Abhängigen stehen in Beziehung zu nur einem Süchtigen. Co-Abhängige können ihre dysfunktionalen Familienmuster und ihre Umgangsweise mit verschiedenen Situationen auch dann wiederholen, wenn kein Süchtiger als Empfänger für ihr Verhalten zur Verfügung steht. Das hängt damit zusammen, daß die co-abhängigen Muster auf eine dysfunktionale Weise für sie

funktional sind. Es ist ihre Form des Seins in der Welt, ihre Identität.

Bei einem Workshop für Sekretärinnen in einer Firma, die medizinisches Zubehör herstellt, konnten wir den allesdurchdringenden Charakter von Co-Abhängigkeit erleben. Die Frauen – es gab keine männlichen Sekretäre in dem Betrieb – hatten sich bereits selbst als Co-Abhängige indentifiziert, so daß es in der Gruppe nicht das normalerweise vorhandene Problem der Verleugnung gab. Dennoch hatten einige Sekretärinnen das Gefühl, es sei in Ordnung, immer »nett« zu sein. Sie äußerten oft, daß doch »keiner eine gehässige Frau mag«. Irgendwann während des Workshops teilten wir uns in kleinere Gruppen mit jeweils etwa zwölf Teilnehmerinnen auf, und verschiedene Mitglieder unseres Teams begleiteten diese Gruppen.

In einer dieser Gruppen bemerkte die Begleiterin, daß die Sitzfläche ihres Stuhles ausgeleiert war und sich allmählich immer mehr dem Boden näherte. Im Spaß äußerte sie das der Gruppe gegenüber. Sie sagte, »ich scheine im Boden zu versinken«. Sofort sprangen zwölf Frauen von ihren Stühlen auf und fingen an, im Zimmer umherzuhasten – einige liefen in den Flur, um nach einem Ersatzstuhl zu suchen; andere stürzten auf die Begleiterin zu, um ihr zu helfen; und wieder andere boten ihr ihren Stuhl an. Zu diesem Zeitpunkt bat die Begleiterin alle, inne zu halten und zu schauen, was sie taten. Der kaputte Stuhl hatte ihnen gerade eine gute Lektion in co-abhängigem Verhalten gegeben.

Wie es für Co-Abhängige typisch ist, hatten diese Frauen mehrere Vermutungen angestellt. Sie hatten nicht auf die tatsächlichen Worte der Begleiterin gehört, sondern selbst entschieden, was sie wollte: einen anderen Stuhl. Selbst die Frauen, die ihre Worte gehört hatten, stellten Vermutungen darüber an, was gut für sie wäre. Als gute Co-Abhängige wußten sie, was die Begleiterin brauchte, noch bevor diese es selbst wußte. Und die Frauen wurden sofort aktiv und taten das, wovon sie glaubten, es würde der Begleiterin gefallen. (Co-Abhängige mögen es, gemocht zu werden; sie suchen nach Wegen, um zu gefallen.) Während all dieser Aktivitäten wurden die Bedürfnisse der Begleiterin unwichtig; man dachte nicht einmal daran, sie danach zu fragen, ob sie wirklich einen anderen Stuhl haben wollte und ob sie unbequem saß. Unter dem Deckmantel der »Nettigkeit«, der »Uneigennützig-

keit« und der »Rücksichtnahme auf andere« machten sie die Person, für die sie eigentlich etwas tun wollten, unsichtbar.

Die Begleiterin erklärte, daß sie keinen anderen Stuhl haben wolle, sie hätte lediglich eine Beobachtung gemacht. Sie hätte das Gefühl, daß der Stuhl für die Zeit ihrer Anwesenheit in Ordnung war, und wenn sie einen anderen Stuhl bräuchte, würde sie sich selbst einen holen oder jemanden anderen darum bitten.

Die Gruppe war verblüfft, daß die Begleiterin gar keinen anderen Stuhl wollte, und recht beeindruckt davon, daß sie alle die gleiche Reaktion gezeigt hatten. Außerdem fingen sie an zu bemerken, wie oft sie über andere »die Macht ergriffen«, indem sie verdrehten, was Leute sagten. Sie erkannten, wie oft sie ihre Chefs interpretierten und Vermutungen anstellten, was sie wollten. Sie konnten ein ganz klein wenig von dem Grad der Selbstbezogenheit erfassen, die sich unter dem Deckmantel von Selbstlosigkeit verbirgt. Einige gaben zu, daß sie eher das Bedürfnis hatten, der Begleiterin zu helfen als anderen Teilnehmerinnen der Gruppe. Da sie die Begleiterin als eine Autoritätsfigur sahen, wollten sie sie beeindrucken und ihr gefallen. Es läßt stark vermuten, daß das »anderen dienlich sein« oft weniger altruistisch ist, als es erscheint. Es konzentriert sich selektiv auf Autoritätspersonen.

Wir erwähnten bereits Robert Subbys neun Regeln des dysfunktionalen süchtigen Familiensystems. Diese Regeln finden wir oft in gleicher Weise am Arbeitsplatz:

Erstens, es ist nicht in Ordnung, über Probleme zu sprechen; zweitens, Gefühle sollten nicht offen ausgedrückt werden; drittens, Kommunikation ist am besten, wenn sie indirekt ist; viertens, sei stark, gut, im Recht und perfekt; fünftens, mache uns stolz; sechstens, sei nicht selbstsüchtig; siebtens, mache die Dinge so, wie ich es dir sage, und nicht so, wie ich sie tue; achtens, es ist nicht in Ordnung, zu spielen oder spielerisch zu sein; neuntens, wecke keine schlafenden Hunde.

Einige dieser Regeln sahen wir in einer »Mental Health«-Agentur an der Westküste umgesetzt. Ein Abteilungsleiter belästigte weibliche Angestellte sowie Patientinnen und machte ihnen auf unterschiedliche Weise unsittliche Anträge. Er versprach den Frauen des Personals Gehaltserhöhungen und günstige Beurteilungen, wenn sie mit ihm schliefen. Wiesen die Frauen seine Begünstigungen zurück oder wollten jene, die sich bereits darauf

eingelassen hatten, die Beziehung abbrechen, drohte er mit Entlassung. Als einige dieser Frauen sich darüber bei dem leitenden Direktor der Agentur beschwerten, redete er ihnen aus, gegen den Mann Klage zu erheben mit der Begründung, es sei gerade eine schwierige Zeit für die Agentur. Er beschwichtigte die Frauen mit Versprechungen – er würde sich »um diesen Mann kümmern« – und beschwor sie, doch nur warten zu können, der Mann sei bereits »auf dem Wege nach draußen«. Und dabei rang er ihnen das Versprechen ab, am Arbeitsplatz nicht über dieses Thema zu sprechen.

Mehrere von Subbys Regeln sind hier bereits ersichtlich: Es war nicht in Ordnung, offen über das Problem zu sprechen oder Gefühle auszudrücken. Überdies lief jegliche Kommunikation zwischen den Frauen und dem Abteilungsleiter über Dritte, nämlich über den leitenden Direktor der Agentur. Dadurch war der Abteilungsleiter nie mit der ganzen Wucht der Gefühle der Frauen konfrontiert und mußte sich nicht mit ihnen auseinandersetzen. Hinter der Forderung an die Frauen, auf eine Anklage zu verzichten, stand der Wunsch nach starken, guten, richtigen und perfekten Co-Abhängigen. Dabei wurde der Ruf des Abteilungsleiters und der Agentur über die Bedürfnisse der Frauen gestellt. Wenn die Frauen sich konform der Regeln verhalten, wird man sie nicht für selbstsüchtig halten. Sie haben die Sache auf sich beruhen lassen, und der leitende Direktor konnte stolz auf sie sein, auf ihre Selbstbeherrschung und ihre Kooperationsbereitschaft.

Hier wird deutlich, wie verführerisch es für einen Co-Abhängigen oder jeden anderen ist, der mit diesen Regeln aufgewachsen ist, diese Regeln zu befolgen. Das, worum der leitende Direktor sie gebeten hatte, fühlte sich für einige dieser Frauen »richtig« an – sie waren mit solcherart Regeln groß geworden und betrachteten sie als normal.

Unglücklicherweise entlud sich die Spannung über dem Direktor, als einige belastende Briefe des Abteilungsleiters öffentlich bekannt wurden. Mit der Aussicht auf ein drohendes Verfahren gegen die Agentur mußte der Direktor schnell handeln und kündigte dem Abteilungsleiter sofort (vielleicht aus Krisen-Orientiertheit heraus).

Immer wenn Co-Abhängige sich weigern, mit einer Situation fertig zu werden, und leugnen, was wirklich vor sich geht, steuern

sie in die Krise. In diesem Fall reagierte der leitende Direktor in einer für Co-Abhängige typischen Form, nämlich entweder zu kontrollieren oder wegzugehen (in diesem Fall, den anderen zu entlassen, Anm. d. Übers.). Die Kontrollversuche des Direktors versagten kläglich, so daß er die Verantwortung buchstäblich abgab und die Krise überstand, so gut es eben ging. Gleichzeitig benutzte er die Krise als eine willkommene Entschuldigung dafür, sonst nichts weiter zu tun. Er hatte bei dem Abteilungsleiter, der offensichtlich ein Sexsüchtiger war, bereits die Chance verpaßt zu intervenieren und bot den Angestellten und Klientinnen auch keinen Schadenersatz an. Der Abteilungsleiter verschwand also und agiert seine Krankheit jetzt wahrscheinlich mit anderen Klientinnen woanders aus. Die weiblichen Angestellten haben das Vertrauen in ihren leitenden Direktor verloren, und das ganze System hat eine Möglichkeit verpaßt, die Themen beim Namen zu nennen, zu intervenieren und über Aspekte der Suchtkrankheit und der Co-Abhängigkeit in Organisationen etwas zu lernen.

Der gute Co-Abhängige ist ein Meister darin, Situationen aufrechtzuerhalten, die eigentlich schon längst zusammengebrochen sein müßten. Erinnern Sie sich daran, daß der unterstützende Co-Abhängige in einer Alkoholikerfamilie derjenige ist, der den Süchtigen davor bewahrt, die Konsequenzen seines Verhaltens zu spüren. Der Co-Abhängige sorgt dafür, daß die Situation erträglich bleibt, aber der Preis dafür ist für alle Beteiligten zu hoch.

Wir hatten zum Beispiel das Pech, einen unserer Workshops in einem Erholungszentrum auf den Bahamas zu veranstalten, das einem ausgewachsenen Co-Abhängigen gehörte und von ihm geleitet wurde. Wir kamen bei dem als »malerisch« beschriebenen Zentrum an und fanden einen Ort vor, der buchstäblich eine Bruchbude war. Die Bedingungen waren miserabel, Ratten liefen im Gruppenraum herum, Türen fielen aus den Angeln, und überall war es dreckig. Natürlich begannen die Teilnehmer unseres Workshops und das Team einiges an elementarstem Service und Versorgung zu verlangen, wie zum Beispiel Toilettenpapier. In wahrer Co-Abhängigenmanier stimmte der Direktor allen unseren Forderungen zu und erfüllte dann keine.

Co-Abhängige glauben, daß man sie in Ruhe läßt, wenn sie nur ja sagen, und daß sie sich dann keine Gedanken mehr über ihre Versprechungen machen müssen. Sie sagen häufig ja, wenn sie nein

meinen, da sie gefallen möchten und Konflikte vermeiden wollen. Es ist ihnen kaum bewußt, daß Menschen normalerweise nur den Dingen zustimmen, die sie auch ausführen können, deren Umsetzung sie planen und bei denen sie dann auch ihr Wort halten. Die Erfahrung eines Co-Abhängigen läßt den Süchtigen Hunderte von Versprechungen machen und sie täglich brechen. Dieser Prozeß des fortwährenden Ja-Sagens, ohne ein Vorhaben dann auch tatsächlich auszuführen, ist für ihr Erleben typisch.

Tatsächlich war der Leiter des Erholungszentrums kaum in der Lage, den meisten unserer Wünsche gerecht zu werden. Da er aber nicht riskieren konnte, den Ärger der Gruppe auf sich zu ziehen, log er und machte sich rar. Er sagte unserer Gruppe nicht, daß er ihre Bedürfnisse nicht befriedigen könne, und nahm ihr dadurch die Möglichkeit, sich mit der Realität auseinanderzusetzen und für sich selbst zu sorgen. Es handelt sich hier um Co-Abhängigkeit auf der individuellen Ebene; aber diese Geschichte hat auch noch eine Organisationsebene.

Es stellte sich heraus, daß der Direktor dieses Zentrums eine finanzielle Partnerschaft mit sieben Geschäftsleuten eingegangen war, die Geld bereitgestellt hatten, um das Land und die Gebäude zu erwerben. Natürlich konnten sie, nachdem der Ort in einem so baufälligen Zustand war, nicht darauf hoffen, daß sie ausreichend Kunden anziehen würden, um ihre Ausgaben zu decken, oder gar Geld für notwendige Veränderungen auftreiben könnten. Die Partner waren nicht bereit, noch mehr Geld zu investieren; und so manövrierte sich der Direktor bei dem verzweifelten Versuch, Geschäfte zu machen, in die Lage, potentielle Kunden über den Zustand des Zentrums zu belügen. Folglich brachte er sich nahezu um dabei (seine Gesundheit und seine finanzielle Situation waren beide bedroht), herumzulaufen und den Ort vor dem Zusammenbruch zu bewahren und den rechtmäßigen Ansprüchen der Gäste zu entsprechen.

Solange, wie er an diesem Verhalten festhielt, ließ er seine Partner darüber im unklaren, was mit ihrer Investition in Wirklichkeit geschah. Es gibt viele Unternehmen, die lieber schließen sollten, anstatt aussichtslos weiterzumachen. Das hier war ganz sicher auch ein solches. Für den Direktor zahlte sich das Ganze aus, da alle Partner ihn praktisch als Märtyrer sahen, als netten Typ und als jemanden, ohne den sie nicht auskommen konnten. Er war

unentbehrlich. Bei weiteren Reisen in die Gegend des Erholungszentrums haben wir festgestellt, daß er verhärmt und in den letzten drei Jahren offensichtlich dramatisch gealtert ist. So sieht das Leben eines Co-Abhängigen aus.

Ein weiteres Beispiel, auf das wir stießen, war eine Gruppe von Co-Abhängigen, die den Manager eines Unternehmens in einer Schlüsselfunktion vermeintlich schützten, aber das Resultat sah ganz anders aus. Dieser Betrieb war ein internationales Unternehmen der Dienste am Menschen. Es gab einen Abteilungsleiter, der von Tag zu Tag exzentrischer wurde, so daß die gesamte Abteilung darunter zu leiden hatte. Nach der Aussage von Leuten, die ihn zu Hause und bei der Arbeit erlebten, glich sein häusliches Verhalten dem am Arbeitsplatz, und seine Frau machte das gewöhnlich einfach so mit. Bei der Arbeit lief es jedoch nicht so gut. Im Laufe eines Jahres waren vier Sekretärinnen gekommen und gegangen, und die Abteilung beklagte sich über sein Verhalten (was nie direkt mit dem Mann besprochen wurde). Bei einer Analyse dieser Situation wurde uns klar, daß der Chef tief in den Sucht-Prozeß verstrickt war. Die meisten Individuen in der Organisation waren übereingekommen, daß sie ihn nicht fallen lassen und ihn seinem Schicksal überlassen würden.

Als wir uns die Situation genauer betrachteten, stellten wir fest, daß die Position dieses Mannes in der Organisation so bedeutend war und seine Macht in den Netzwerken außerhalb so sicher, daß ihm kaum als Konsequenz seines Verhaltens der Verlust seiner Stelle drohte. Aus organisationsbedingten Gründen war es nicht möglich, ihn zu versetzen oder ihm zu kündigen. Überdies war er persönlich sehr unsicher, und das System der Verleugnung um seine Sucht herum war außerordentlich solide. Er war jeglichen persönlichen Veränderungen gegenüber völlig abgeneigt. Hier spielten die Co-Abhängigen eine wichtige Rolle.

Anstatt mit dem Manager zu arbeiten, beschlossen wir, uns auf den Rest der Abteilung zu konzentrieren. Die Co-Abhängigen waren hinreichend mißgelaunt, so daß sie sich öffneten, um ihren Anteil am Problem zu sehen. Sie fingen an, ihr Verhalten zu verstehen und die Rolle, die sie als Co-Abhängige spielten. Sie betrachteten ihr System der Verleugnung in Hinsicht darauf, daß es seine Krankheit unterstützte. In der letzten Phase begannen sie, ihr Verhalten gegenüber dem Abteilungsleiter zu verändern. Ein Bei-

spiel für diese Veränderung zeigte sich in der Zeit, als die Steuern fällig waren, normalerweise eine Zeit mit großem Streß für alle Beteiligten. Dann wurde der Chef besonders herrisch, neigte dazu, aus seinem Büro zu stürmen und unzumutbare Forderungen an die Sekretärinnen zu stellen. Solange die Sekretärinnen sich ihres co-abhängigen Verhaltens nicht bewußt waren, hasteten sie umher, stimmten jedem Wunsch zu und blieben länger, um die Steuerarbeiten zu machen, die bereits vor Wochen hätten erledigt sein sollen. Sie brachten niemals ihren Ärger oder ihre eigenen Bedürfnisse zum Ausdruck. Nach unserer Beratung ließen sie ihn nun einfach stehen, wenn er anfing zu schreien, bestanden darauf, daß sie vorher informiert wurden, wenn Überstunden anstanden, und lehnten es in der Regel ab, sich auf die Konfusion, die ihr Chef verbreitete, einzulassen. Dieser merkte allmählich, daß er seine direkten Mitarbeiter nicht einschüchtern konnte, und sein Verhalten veränderte sich etwas.

Auch wenn er immer noch süchtiges und exzentrisches Verhalten zeigt, so ist doch ein Teil des Systems gesünder geworden. Die Leute in seinem Umfeld erholten sich von ihren Symptomen wie Migräne, Depressionen, Schlaflosigkeit und Streß, die mit der Arbeit in Zusammenhang stehen. Es ist anzunehmen, daß dieser Mann keine Gruppe von Mitarbeitern mehr haben wird, die bereit wäre, ihn zu decken, wenn sein Verhalten zu ernsthaften Schwierigkeiten führt. Obwohl das Team noch nicht kräftig genug ist, um eine tatsächliche Veränderung bei diesem Mann zu bewirken, haben wir doch das Gefühl, es könnte möglich werden, und wir werden diese Möglichkeit weiter mit ihnen erörtern.

Ein schönes Beispiel für institutionalisierte Co-Abhängigkeit war unsere Erfahrung bei der Beratung eines nationalen Dienstleistungsunternehmens. Wir sollten beobachten, wie in der Organisation Entscheidungen getroffen wurden. Unsere Aufgabe war es herauszufinden, ob Entscheidungsprozesse den Pluralismus förderten und alle Leute mit einbezogen wurden, insbesondere Frauen und Minderheiten, oder ob unnötige Konflikte produziert und bestimmte Gruppen ausgeschlossen wurden.

Als wir die Ergebnisse der Studie vorlegten, die zeigten, daß der Entscheidungsprozeß tatsächlich einen bedeutenden Anteil der Mitglieder der Organisation ausschloß und Konflikte vermehrte, wurden sie zunächst begrüßt, dann aber zur Seite gelegt. Das Ko-

mitee, das uns beauftragt hatte, ließ wissen, daß es über unsere Ergebnisse nicht schockiert war und daß unsere Empfehlungen einfühlsam waren und das Problem genau trafen. Darüber hinaus hatten sie das Gefühl, daß die Empfehlungen sich im Rahmen der Aufgaben und Verpflichtungen der Organisation bewegten. Sie meinten jedoch, daß das System nicht alle Veränderungen hinnehmen könnte, die notwendig wären, um den Empfehlungen in ganzem Umfang Folge zu leisten und die volle Mitbestimmung aller Mitarbeiter zuzulassen.

Hier bestand das co-abhängige Element darin, daß die Leute in leitenden Positionen, in denen Entscheidungen getroffen werden müssen, nicht bereit waren, den Ärger der noch Mächtigeren in der Organisation hervorzurufen, nur damit das Unternehmen seinen eigenen Aufgaben und seinem Zweck treu bleiben kann. Für uns war es interessant, daß das Komitee nicht nach unseren Ergebnissen handelte, denn die Organisation veränderte gerade zu diesem Zeitpunkt auf einschneidende Weise seine gesamte Struktur.

Es ist charakteristisch für Co-Abhängige, insbesondere für solche, die Entscheidungen treffen müssen, harten Standpunkten auszuweichen. Obwohl die Philosophie der Organisation sie unterstützt, verabscheuen sie die Mißbilligung durch andere sowie den Konflikt, den bedeutsame Veränderungen mit sich bringen. In Unternehmen, die sich in Genesung vom Suchtsystem befinden, sowie in gesunden Organisationen sind die Menschen in leitenden Positionen bereit, wirksame Entscheidungen auch dann zu treffen, wenn sie unbeliebt sind. Sie beziehen ihr Selbstwertgefühl nicht nur daraus, daß andere sie mögen, sondern auch daraus, das zu tun, was sie für richtig halten.

Ein Ort, an dem man am leichtesten und deutlichsten sehen kann, wie die Familienregeln am Arbeitsplatz funktionieren, ist das Familienunternehmen. In einem solchen Geschäft ist die Dynamik sogar noch stärker.

Wir kennen eine kleine Kette von Eisenwarenläden, die einer Familie gehört und von ihr betrieben wird und deren Vorstand sich vor allem aus Familienangehörigen zusammensetzt. Die Familie ist seit Jahren dysfunktional und kaum dazu in der Lage, ihre alltäglichen Angelegenheiten zu regeln. Jetzt sehen wir, wie sie sich im Unternehmen die gleichen Rollen zuweisen und einnehmen wie im Familiensystem. Sie übertragen das ganze dysfunktio-

nale Verhalten auf eine andere Ebene, auf die des Unternehmens und des Vorstands. Bei der Beobachtung ihrer Vorstandssitzungen gab einer unserer Berater zu, daß er nicht wußte, ob er sich bei einer Vorstandssitzung oder einer Schlägerei befand. Der Inhalt war ein anderer; der Kontext war ein anderer; und der Prozeß blieb der gleiche. Selbst die Rollen aus der Familie blieben die gleichen.

Der aus dem Suchtsystem stammende Prozeß der Versprechungen wurde bei der Entscheidung der Familie, eine GmbH zu gründen, deutlich. Es war ihnen bewußt, daß sie eine schwierige Familie waren, dennoch glaubten sie, daß ein neues Projekt ihnen die Chance geben würde, es doch miteinander »zu schaffen«. Sie beschlossen, das Geschäft mit der GmbH anders anzugehen und wollten Fehler der Vergangenheit nicht wiederholen. Man beachte, wie vertraut sich das anhört; dies ist die Geschichte eines Süchtigen, der sagt: »Morgen wird alles anders sein.«

Zunächst lenkte sie die Begeisterung über den Aufbau eines neuen Geschäfts von ihren persönlichen Problemen ab. Sie wurden von einer Welle von Optimismus getragen. Nachdem diese anfängliche Phase vorbei war, ging es um das harte Geschäft, und die ewigen dysfunktionalen Muster kehrten zurück. Leider war hier jetzt der Einsatz größer, da jeder einen bedeutenden Geldbetrag zu dem Unternehmen beigesteuert hatte. Das Geschäft an sich wurde zum Spiegel der Familie und befand sich in großen Schwierigkeiten, als man nach uns rief.

Wir glauben, daß dies ein gutes Beispiel dafür ist, daß es nicht ausreicht, den Wunsch nach Veränderung von Mustern zu haben. Dysfunktionale Familienmuster sind Teil der Krankheit des Suchtsystems; es handelt sich dabei um Muster, die nicht einfach aufgrund von Wünschen oder mit gutem Willen verschwinden.

In einem anderen Familienunternehmen, das bereits seit zwei Generationen bestand, haben alle Männer wichtige Positionen inne, und alle Frauen werden systematisch ignoriert. Folgerichtig gibt es nur eine Frau, die mit dem Familienunternehmen überhaupt noch in Verbindung steht. Diese eine Frau gehört zu den Hauptaktionären, wird aber nie über deren Treffen informiert. Immer wenn es um Angelegenheiten des Unternehmens geht, wenden sich die Brüder an den Ehemann der Schwester und weigern sich, mit ihr persönlich zu verhandeln. Als sie kürzlich bei

einem Treffen der Aktionäre erschien (eines, von dem sie eigentlich nichts wissen sollte), war es ihren Brüdern und ihrem Vater äußerst unangenehm, und sie wiesen ihr einen eher dekorativen Job bei einem neuen Projekt zu.

Hier handelt es sich um ein Beispiel für eine dysfunktionale Familie, die darüber hinaus auch frauenfeindlich ist. In dieser Familie stehen die Geschäftspraktiken, die seit Generationen in der dysfunktionalen Familie wurzeln, in ständiger Wechselbeziehung zur Familiendynamik, was dazu führt, daß die familiären Bindungen meistens brüchig und unglücklich sind.

An diesen beiden Beispielen ist ersichtlich, warum ein neuer Bereich in der Beratung von Familienunternehmen entstanden ist. Bei dieser Form der Beratung ist es absolut unerläßlich, daß man erkennt, daß sich die dysfunktionalen Familienmuster immer wieder in dem Unternehmen reproduzieren. Beachtet man den hohen Prozentsatz dysfunktionaler Familien, sollte man diesen Mustern gegenüber immer aufmerksam sein. Tatsächlich sind Familienunternehmen das beste Beispiel dafür, was wir mit unter dem Prozeß verstehen, bei dem sich die Sucht-Krankheit am Arbeitsplatz wiederholt. Wenn Menschen nicht aktiv von ihren süchtigen Mustern genesen, bleibt ihnen nichts anderes übrig, als sie überall zu wiederholen.

Manchmal beginnt die Organisation selbst mit den süchtigen Mustern, und die strahlen dann zurück in die Familie. Daran wurden wir kürzlich erinnert, als wir über die Scheidung eines Industriellen und seiner Frau nach weniger als einem Ehejahr lasen. Offensichtlich hatte die Braut sich geweigert, eine ruhige, traditionelle Ehefrau zu sein, zufrieden damit, an der Seite ihres Mannes zu stehen. Der Industrielle, der es gewohnt war, Anweisungen zu geben und der »Herr im Haus« zu sein, schreckte vor dem Verhalten seiner neuen Frau zurück. Fast ohne eine Vorwarnung überreichte er ihr die Scheidungspapiere. Es handelt sich hier um einen Mann, der dachte, er könne eine Ehe so wie ein Unternehmen führen. »Wenn man eine Frau mit einer liberalen Einstellung hat, kann man ihr nicht einfach Anweisungen geben, als handle es sich um einen Kerl, der in der Produktion Scheibenwischer installiert«, sagte ein Freund der Familie. »Sein Problem besteht darin, daß er versucht, sie wie eine Angestellte zu behandeln, nicht wie eine Partnerin.«

Da das Suchtsystem überall in unserer Gesellschaft ist, können wir in seine Mechanismen sowohl am Arbeitsplatz als auch in der Familie tief verstrickt werden. Diese Muster wirken wechselseitig aufeinander. Einige Menschen sind mehr von ihrem Leben in Organisationen beeinflußt, andere mehr von ihren Familien. Diese Beobachtung war wichtig für unsere Arbeit mit Organisationen und Einzelpersonen. Vor Jahren hatte Schaef, die damals eine große Psychotherapiepraxis betrieb, festgestellt, daß es ein Hauptproblem in der Beziehung zwischen Mann und Frau wäre, wenn die Männer versuchten, in ihren Ehen die gleichen, hoch angepriesenen Fertigkeiten an den Tag zu legen, die in ihren Unternehmen so erfolgreich waren. Diese Bestrebungen wirkten sich immer verheerend auf die Beziehung aus.

Auch Frauen, die in Unternehmen arbeiten, handeln nach den gleichen Mustern, die Schaef registriert hatte. Wir stellten fest, daß unsere Beobachtungen nicht auf einem geschlechtsspezifischen Problem beruhten. Männer und Frauen versuchten gleichermaßen, die Fertigkeiten, die sie in süchtigen Organisationen gelernt hatten, auch außerhalb der Organisation anzuwenden, und es stellte sich immer heraus, daß genau diese Fertigkeiten in ihren Familien und persönlichen Beziehungen das Gegenteil bewirkten.

Jahrelang hatten wir geglaubt, daß es sich um ein typisches Paar- und Paartherapie-Thema handelt. Erst nachdem wir das Konzept der Suchtorganisation entwickelt hatten, erkannten wir die tatsächliche Reichweite des Problems, und wir erkannten auch die wechselseitige Beziehung zwischen Privat- und Berufsleben.

Die Organisation als Suchtsubstanz

Wir begannen, in unseren Workshops und Trainingsgruppen von unseren Beobachtungen zum Suchtprozeß in Organisationen zu erzählen. Diese Berichte waren immer sehr aufregend. Häufig wurde die Gruppe ganz still, wenn wir die Charakteristika von Süchtigen, Erwachsenen Kindern und Co-Abhängigen am Arbeitsplatz beschrieben. Ihre Augen hellten sich auf, man nickte mit den Köpfen, und ein Blick des Erkennens breitete sich auf ihren

Gesichtern aus. Am Ende unseres Vortrages sagten die Leute dann zum Beispiel: »Sie haben meinen Arbeitsplatz beschrieben; ich habe das Gefühl, als ob Sie mit mir zusammen dort gewesen wären.« Wir haben von diesen Gruppen viel gelernt; oft gaben sie Beispiele und führten unsere Ideen anhand ihrer eigenen Erfahrung mit Organisationen weiter aus.

Eine Zeitlang beschrieben wir immer wieder Suchtmerkmale und glaubten, daß die Organisation einfach nur ein weiterer Bereich war, in dem Suchtverhalten auftauchte. Wir hatten die Auswirkungen von Sucht auf den einzelnen und auf Familien beobachtet, studiert und persönlich erfahren. Es erschien uns logisch, daß Organisationen einfach nur eine andere Umgebung zur Verfügung stellten, in der die Menschen ihre Krankheit ausagieren konnten und in die sie durch die eigene Krankheit und die anderer verstrickt waren.

Kürzlich begannen wir zu erkennen, daß es neben der Organisation als einem Ort für Suchtverhalten noch etwas gab: In vielen Fällen war die Organisation selbst die Suchtsubstanz. Sie war also beides, der Rahmen und die Substanz. Diese Erkenntnis eröffnete uns eine völlig neue Perspektive auf die Sucht-Organisation und führte uns auf eine weitere Verständnisebene, sowohl in Bezug auf Süchte als auch auf Organisationen. In diesem Kapitel wollen wir beschreiben, wie die Organisation als Suchtsubstanz fungiert; dabei benutzen wir die Arbeitssucht als ein wichtiges Beispiel.

Nichts ist in und aus sich selbst heraus süchtig machend. *Alles* kann zur Sucht werden, wenn es in unserem Leben eine zentrale Rolle bekommt, so daß man das Gefühl hat, das Leben ohne die Substanz oder den Prozeß sei nicht mehr möglich. Organisationen fungieren in dem Leben vieler Menschen als die Suchtsubstanz. Wir haben festgestellt, daß für viele Leute der Arbeitsplatz, der Job, die Organisation der Mittelpunkt ihres Lebens ist. Da die Organisation an die erste Stelle in ihrem Leben gerückt ist und sie sich vollkommen auf sie konzentrieren, verlieren sie andere Aspekte ihres Lebens immer mehr aus den Augen und geben allmählich ihre Gefühle, ihr Wissen und ihren Glauben auf.

In den sechziger Jahren war der »company man«, »Unternehmens-Mann«, jemand, der sich vollkommen mit dem Unternehmen identifizierte. Wir wußten seit Jahren von diesem Phänomen, aber wie konnte die Organisation selbst zu einer Suchtsubstanz im

Leben einiger Angestellter werden? Wir standen vor einem Phänomen, das mindestens einen Schritt über den Unternehmens-Mann hinausging.

Eines der wichtigsten Mittel, mit der die Organisation selbst zur Suchtsubstanz wird, besteht in Versprechungen, die sie jedem Angestellten macht. Erinnern wir uns daran, daß es der Zweck von Versprechungen ist, jemanden aus der Gegenwart wegzuführen. Dieser Prozeß veranlaßt die Person, sich von ihrem Wissen wegzubewegen, und unterstützt es, daß man außerhalb seiner selbst nach Antworten, Sicherheit und Selbstwertgefühl sucht.

Die Organisation macht viele Versprechungen. Sie verspricht, daß man vorwärts kommt. Sie verspricht Macht, Geld und Einfluß. Sie verspricht Erfolg und Ansehen, wenn man sich auf eine bestimmte Art und Weise verhält. Man kann sogar gemocht werden und »dazugehören«.

Fast alle Versprechungen der Organisation hängen mit denen der Gesellschaft zusammen. Es sind die gleichen: Macht, Einfluß und Geld. Sie stehen für das gute Leben, so wie es von der gegenwärtigen Kultur und der Werbung definiert wird. Das ist verführerisch.

Das Versprechen auf ein gutes Leben lenkt unsere Konzentration auf die Zukunft, in dem Glauben, daß alles besser wird, wenn es jetzt auch gerade nicht so gut ist. Die Zukunftsorientiertheit des Versprechens ist einer der Prozesse in der Organisation, die uns davon abhalten, das gegenwärtige Geschehen im System zu betrachten und es als das zu erkennen, was es tatsächlich ist: süchtig. Die Leute haben oft das Gefühl, daß sie in einer Organisation festsitzen. Anstatt auf ihre Gefühle zu hören, scheint es leichter für sie zu sein, sich auf das Wochenende zu freuen, auf einen Urlaub oder die Pensionierung. Indem die Organisation uns immer wieder Versprechungen präsentiert, bleibt sie in unserem Leben zentral, kontrolliert unsere Gegenwart und »lockt« uns in eine Suchtbeziehung zu ihr.

Einige Organisationen versprechen Dinge, nach denen sich Menschen in ihren Familien gesehnt, die sie aber niemals bekommen hatten, wie zum Beispiel Anerkennung, Bestätigung, die Entwicklung sozialer Fähigkeiten und Zuwendung. »Wir sind eine große, glückliche Familie«, sagte der leitende Angestellte eines Software-Unternehmens. »Freitag abends treffen wir uns. Wir

spielen zusammen Ball. Wir kennen die Partner untereinander. Wir helfen uns gegenseitig.« Wir sagten: »Oh, und was machen Sie, wenn jemand sich nicht treffen will und aus der Reihe tanzt?« »Die bleiben meist nicht lange«, erwiderte der leitende Angestellte.

Es handelte sich hier um eine Organisation, in der die Angestellten am besten angepaßt waren, die aus dysfunktionalen Familien stammten und bereit waren, die Firma zu ihrer Familie zu machen. Wer keine Familie hatte, kam zu der Auffassung, daß Familie aus den Aktivitäten bestand, die in der Organisationsfamilie veranstaltet wurden. Dieses Modell nahmen sie wieder mit zurück in ihre Herkunftsfamilien. Wer sich aber nicht so wohl dabei fühlte, in die offenen Arme des Unternehmens aufgenommen zu werden, wessen Partner und Kinder sich weigerten, an Picknicks teilzunehmen und T-Shirts von der Firma zu tragen, fühlte sich immer unwohl, wurde normalerweise nicht freiwillig befördert oder verließ sie ganz.

Wer auf die Firma rechnete und daran glaubte, daß sie eine Familie war, war tatsächlich einem sehr verführerischen Versprechen auf den Leim gegangen. Denn was für eine Familie kann ein Unternehmen überhaupt sein?

Es ist eine »Familie«, in der die Mitgliedschaft davon abhängt, ob man sich an die ziemlich rigiden Regeln hält und sich entsprechend der aufgestellten Normen benimmt. Diese Unternehmensform ist eine »Familie«, deren Hauptfunktion die Kontrolle ist. Folglich wird man in der »Familie« akzeptiert, wenn man lernt, die richtigen Dinge zu tun und sie dann auch tatsächlich tut (genauso, wie in der Sucht-Familie). Das Wichtigste, was man durch das Versprechen der Organisation, eine Familie zu sein, lernt, ist, daß die Bedingung für die Mitgliedschaft darin besteht, nicht man selbst zu sein und nicht seinem eigenen Weg zu folgen. Weiterhin lernt man, sich nach außen zu orientieren und ständig aufmerksam auf das zu achten, was man braucht, um in der Gunst der Firma zu stehen und Bestätigung zu bekommen. Es ist ein Versprechen, das auf Kontrolle basiert und davon abhängt, daß man seine eigenen Bedürfnisse negiert.

Ein weiterer Bereich, in dem wir das Versprechen der Organisation erleben können, ist der ihrer Aufgabe und ihrer Ziele. Alle Organisationen haben eine Aufgabe; es handelt sich dabei um die Rechtfertigung ihrer Existenz in der Öffentlichkeit. Vermutlich

orientieren sich alle Angestellten an der Bewältigung der Aufgaben und des Ziels. Unternehmen mit unklaren Aufgaben strampeln sich oft hilflos ab, weil sie nicht wissen, warum sie existieren oder welche Bedeutung ihre Arbeit hat.

Obwohl wir mit unzähligen Organisationstypen gearbeitet haben, meinen wir, daß die »helfenden« Berufe in Krankenhäusern, Schulen, Beratungsstellen, Kirchen und Gemeindeeinrichtungen die größten Schwierigkeiten mit dem Versprechen haben, eine Mission zu erfüllen. Viele Menschen fühlen sich zu den helfenden Berufen hingezogen, weil sie sich mit den erklärten Zielen der Organisation, der sie sich anschließen, identifizieren und ernsthaft an sie glauben. Das gleiche gilt für die Berufe, mit denen sie sich identifizieren. Dennoch unterscheidet sich das, wozu sie sich verpflichten, ziemlich stark von dem, was sie dann tatsächlich erleben.

Als Beispiel wollen wir eine Gruppe von Krankenschwestern nehmen, mit denen wir in einer Großstadtklinik gearbeitet haben. Während unserer Beratung mit ihnen wurde deutlich, daß sie über ihre Arbeit im unklaren waren und daß sie verärgert waren. Die Konfusion und der Ärger kamen offensichtlich daher, daß sich ihre Vorstellung von ihrer Tätigkeit nicht mit ihrer tatsächlichen Arbeit deckte. Wir baten sie in einem Experiment, die erklärten Ziele des Krankenhauses aufzuschreiben. Sie notierten Förderung von Gesundheit und Wohlbefinden, Interesse an den Bedürfnissen der Menschen, beste medizinische Versorgung und Entwicklung neuer Formen des Heilens. Mit diesen Zielen waren alle einverstanden. Dann baten wir sie, die unausgesprochenen Ziele des Krankenhauses zu nennen. Es waren: der Stadt nicht auf der Tasche zu liegen, den Verwaltungsbeamten des Krankenhauses eine politische Karriere zu ebnen, den Ruf des Krankenhauses zu erhalten und höhere staatliche Fördermittel.

Zwangsläufig verbrachten die Beschäftigten die meiste Zeit damit, die unausgesprochenen Ziele zu verfolgen. Sie hatten ihren Dienst im Krankenhaus begonnen, um für ihre erklärten Ziele zu arbeiten, aber nun taten sie es für die verdeckten Ziele. Kein Wunder, daß sie durcheinander, frustriert und verärgert waren. Man hatte ihnen etwas vorgegaukelt. Die Macht des Versprechens besteht darin, daß seine Einlösung möglich erscheint, und zwar gerade in dem Maße, um die Leute bei der Stange zu halten.

Dieser »Schwindel« traf auch auf den Dienstleistungsbetrieb zu,

von dem wir weiter oben berichtet haben. Dessen erklärtes Ziel war es, alle Leute in Entscheidungen mit einzubeziehen. In Wirklichkeit waren die versteckten Ziele »rühre nicht daran«, »führe keine weitreichenden Veränderungen im System durch«, »fordere nicht, daß wir uns unseren erklärten Prinzipien des Pluralismus entsprechend verhalten«.

So braucht man sich nicht zu wundern, daß Menschen in den helfenden Berufen oft erschöpft und depressiv sind. Sie schließen sich einer Organisation mit einer bestimmten Aufgabe an und verbringen dann die meiste Zeit mit anderen Dingen. Wie man sieht, hat ihr tatsächliches Tun häufig überhaupt nichts damit gemein, warum sie eigentlich zu Helfern wurden.

Die Organisation wird zur Suchtsubstanz für ihre Angestellten, wenn diese dem Versprechen der Mission auf den Leim gehen und nicht darauf achten, wie das System wirklich funktioniert. Die Organisation wird zu einer Suchtsubstanz, wenn ihr Handeln durch eine hochtrabende Mission entschuldigt wird. Wir haben festgestellt, daß die Erhabenheit der Mission in Wechselbeziehung steht zum Grad des Auseinanderfallens von erklärten und verborgenen Zielen. Besteht dieser Mangel an Kongruenz, ist es sehr wahrscheinlich, daß die Organisation ein rigides System der Verleugnung aufweist mit der Begleiterscheinung, sich für die Besten zu halten.

Schaef erklärt, daß Grandiosität, der Glaube, die Besten zu sein, eines der Merkmale des Suchtsystems ist. In diesem Fall ist mit Grandiosität auch das Herausstreichen der eigenen Wichtigkeit gemeint. Grandiosität bewirkt, daß die Mission hochtrabend und häufig unerreichbar bleibt. Wir fanden heraus, daß die helfenden Berufe sich oft weigern, ihren erklärten Sinn und Zweck der Realität anzupassen. Unserer Meinung nach hängt das zum Teil damit zusammen, daß sie unfähig sind, sich mit dem Schmerz und der Frustration auseinanderzusetzen, die sie erleben, wenn tatsächliche Veränderung nur geringfügig möglich ist. Ein weiterer Grund ist wahrscheinlich, daß die von ihnen angestrebten Verbesserungen sich nur in kleinen Schritten vollziehen: Schließlich arbeiten sie mit menschlichen Wesen zusammen. Die Grandiosität der Mission ist ein »Fix«. Sie kann uns darin bestätigen, daß wir wichtig sind und bedeutsame Arbeit leisten. Das ist ihr Zweck.

Wir wissen von einem weiteren Unternehmen, dessen erklärte

Mission darin besteht, sich um die Gesundheitsversorgung der Armen zu kümmern. Als die Presse von ihren wenig beeindruckenden Leistungen berichtete, rechtfertigten sie es damit, daß ihre Mission eigentlich den spirituell Armen gewidmet sei und nicht den materiell Armen. Das ist ein schnelles Reaktionsvermögen, eine selbsttäuschende Erklärung, ein »Schwindel«.

Süchtige sind vollendete Schwindler, und zunächst bleibt ihr Schwindel unentdeckt; leider enden sie meistens damit, auch sich selbst zu betrügen und ihre eigenen Lügen zu glauben. Das Versprechen einer Mission funktioniert genauso. Alleine die Tatsache, Ziele zu *haben*, kann oft genügen, Angestellte in dem Glauben zu wiegen, daß in der Organisation alles in Ordnung sei. Die Mission ist so etwas wie ein unentbehrlicher Gegenstand. Solange sie sich in ihrem Schrein befindet, kann der Organisation nichts passieren, selbst wenn sie offensichtlich entgegen ihrer erklärten Mission handelt.

Immer wenn das Versprechen einer Mission eine Pufferfunktion bekommt zwischen den Menschen, die in der Organisation arbeiten, und dem, was tatsächlich in ihr vor sich geht, blüht der Suchtprozeß: Ein brauchbares Mittel, das auf die Angestellten höchst integer wirkt, ist so zu einer Suchtsubstanz geworden. Eine Form, wie die Angestellten auf diesen Suchtprozeß reagieren, ist die, ihre Wahrnehmungen und ihr Denken zu verändern und so sich selbst zu täuschen. Sie versuchen sich einzureden, daß die erklärte Mission der Organisation tatsächlich in die Praxis umgesetzt wird, selbst wenn alles, war sie bei ihrer Arbeit sehen und fühlen, dagegen spricht. Wenn Organisationen als Suchtsubstanz fungieren, liegt es in ihrem Interesse, die Vision einer Mission zu fördern. Solange die Angestellten in ihrem Bann sind, ist es unwahrscheinlich, daß sie ihre Aufmerksamkeit auf bestehende Widersprüche richten. Um in der Organisation bleiben zu können, haben sie sich entschlossen, stumm und blind zu sein. Die Mission ist für die Arbeiter eine machtvolle Quelle der Identifikation. Sie entspricht ihren Werten und stellt eine Art von philosophischer Orientierung für sie dar. Die Mission wird zu einem Bindeglied zwischen ihnen und der Organisation.

Neben der Mission gibt es weitere konkretere Prozesse, mit deren Hilfe Angestellte an die Firma gebunden bleiben. Es sind solche, durch die die Organisation eine zentrale Rolle im Leben

der Angestellten einnimmt. Belohnungen für entgegengebrachte Loyalität sind weitere Mittel, mit denen die Organisation zum Suchtvertreter oder zum »Fix« werden kann.

Es ist zunächst einmal nicht verkehrt, der Organisation gegenüber loyal und treu zu sein. Das ist für eine gute Arbeitsbeziehung sogar wesentlich. Dennoch wird die Loyalität zum »Fix«, wenn jeder einzelne sich ausschließlich darauf konzentriert, die Organisation zu stützen. Die Firma wird zu einer selbsterwählten Suchtsubstanz, wenn sie ein Ersatz dafür wird, das eigene Leben zu leben. Die Organisation besitzt überdies Möglichkeiten, ihre zentrale Rolle im Leben der Angestellten immer weiter auszubauen. Dies geschieht vor allem durch Prozesse wie Begünstigungen, Prämien, Arbeitszeit und Belohnungen.

Wir wollen hier betonen, daß wir nicht gegen besondere Leistungen oder Rentenpakete für Mitarbeiter sind. Wir glauben, daß sie wichtig und notwendig sind und daß es für viel zu wenig Mitarbeiter angemessene Leistungen gibt. Es geht hier nicht um die Leistungen an sich, sondern darum, wie die Organisation oder ein einzelner sie dazu benützen, Mittelpunkt im Leben der Mitarbeiter zu sein. Dadurch wird verhindert, daß die Leute sich weiterentwickeln und tun, was für sie selbst wichtig ist. Werden die Vergünstigungen zu einem Kontrollfaktor im Leben des Mitarbeiters, so gerät die Organisation in die Rolle eines Sucht-Agenten: Sie macht sich die Abhängigkeit des Mitarbeiters zunutze und läßt Konkurrenz anderer Arbeitgeber um Loyalität und Kreativität des Mitarbeiters nicht zu.

Ein Teilnehmer eines unserer Männer-Workshops gab uns ein gutes Beispiel dafür, wie besondere Leistungen süchtig machen können. Dieser Mann, der die meiste Zeit seines Lebens in einer größeren Industriestadt verbracht hat, war entgeistert darüber, daß andere Männer in der Gruppe Dinge sagten wie: »Ich war lange genug an meinem derzeitigen Arbeitsplatz, ich muß mich jetzt etwas anderem zuwenden« oder: »Ich fühle mich bei meiner Arbeit nicht gefordert und bin gelangweilt, ich sehe mich nach einer anderen Stelle um« oder: »Ich denke, es ist an der Zeit, daß meine Familie und ich weiterziehen und einen neuen Teil des Landes kennenlernen«. Der Mann war, wie gesagt, schockiert. Er sagte, in den Kreisen, in denen er verkehre, denke eigentlich niemand daran, den Job zu wechseln. Sie blieben bis zur Rente bei derselben

Firma. Der Grund dafür sei, daß sie ihre Ansprüche nicht verlieren wollten. Zufriedenheit bei der Arbeit, sich bei der Arbeit wohl zu fühlen, spielte bei ihrer Entscheidung, nicht die Firma zu wechseln, gar keine Rolle. Sie bräuchten die besonderen Leistungen: dafür lebten sie. Und sie könnten es sich nicht erlauben, die Organisation zu verlassen, wenn das den Verlust dieser Leistungen bedeutete. Es wäre unvorstellbar, daß sie in der Mitte ihres Lebens Veränderungen in ihrem Berufsleben vornehmen oder in Betracht ziehen würden. Was sie in Wirklichkeit aber gerne täten.

Viele Leute, die wir interviewt haben, sind durch ihre Arbeit völlig ausgebrannt. Sie sind zum Beispiel krank, vorzeitig gealtert oder einfach nicht dazu in der Lage, in ihrem Bereich kreativ zu sein. Die meisten von ihnen würden beruflich gerne etwas anderes tun. Fordern wir sie dazu auf, behaupten sie, sich das nicht erlauben zu können. Die eigentliche Botschaft sollte man nicht überhören: Sie scheuen zum Teil das Risiko, ganz lebendig zu sein.

Leistungen fördern die Abhängigkeit. Wenn die Mitarbeiter beim Verlassen einer Firma alle Leistungsansprüche verlieren, ist das Unternehmen mit Leuten belastet, die gegen es arbeiten, weil sie eigentlich nicht dort bleiben wollen, aber Angst haben wegzugehen. Um dableiben zu können, müssen sie, die weder tot noch lebendig sind, zu Zombies werden. Die Organisation ist so zu einem Agenten der Sucht geworden.

Wie jede andere Sucht werden die besonderen Leistungen und Prämien zum kontrollierenden Faktor im Leben der Angestellten. »Ihren Fix zu bekommen« steht bei ihnen an erster Stelle. Wir haben einen Bekannten, der als Vertreter von Kopierern arbeitet, einem Bereich mit hoher Konkurrenz. Jeden Monat setzt er sich sein eigenes Verkaufsziel, und sein Team setzt ein Gesamtziel. Dadurch soll der einzelne und die Gruppe immer höhere Verkaufszahlen erreichen. Es gibt beträchtliche Belohnungen in Form von Prämien, Partys und sogar Urlaubsreisen. Die Belohnungen sind dazu da, die Vertreter zu motivieren, immer mehr Produkte zu verkaufen. Unser Freund sagt lachend, daß er manchmal merkt, wie er Produkte an Kunden verkauft, von denen er weiß, daß sie sie nicht brauchen, nur um das persönliche Pensum und das des Teams zu erfüllen. Wir wissen, daß Süchtige vor nichts zurückschrecken, um ihren »Fix« zu bekommen. Ihr Verhalten ist in starkem Maße selbstbezogen und unmoralisch.

Die Belohnung durch besondere Leistungen funktioniert genauso: Der »Fix« oder die Belohnung rücken an die erste Stelle, und die ethischen Grundsätze geraten in den Hintergrund. Es ist das, was passiert, wenn man mit seiner Moral und Spiritualität nicht in Berührung ist. Es ist das, was die Anonymen Alkoholiker als moralischen Verfall bezeichnen. Die Organisation ist zur Quelle dieses moralischen Verfalls geworden, indem sie sich im Leben der Angestellten unentbehrlich macht. Dies geschieht durch ihre Struktur der Prämien, durch Vergünstigungen und durch die Arbeitszeit. Die Organisation wird dadurch zur Suchtsubstanz.

Als wir über die Auswirkungen der Organisation als Suchtsubstanz nachdachten, setzte sich eine Frau mit uns in Verbindung, die als Beraterin eines großen Unternehmens gearbeitet hatte. Wir erzählten ihr von unserer Erkenntnis, daß die Organisation als Suchtsubstanz fungieren könnte. Da sie in dem Unternehmen mit vielen aktiven Süchtigen in Genesung arbeitete, waren wir gespannt, wie sie auf die Bedeutung dieser Idee für ihre Firma reagieren würde.

»Oh, ja«, sagte sie. »An meinem Arbeitsplatz geschehen alle diese Dinge, die sie beschreiben, und sogar noch mehr.« Wir baten sie, das weiter auszuführen. Sie beschrieb uns, was eines Tages geschah, als sie mit Kopfschmerzen zur Arbeit kam und sich etwas niedergeschlagen fühlte. Sie bat ihre Supervisorin um einige Aspirin. Die Supervisorin hatte keine; statt dessen bot sie ihr etwas an, was sich »Greenies« nannte. Unsere Freundin nahm die Tabletten und fühlte sich sofort besser; genauer gesagt, sie fühlte sich »high«. Bei ihren Nachforschungen stellte sie fest, daß alle Supervisoren diese »Greenies« hatten und angehalten waren, sie an alle Angestellten auszuteilen, die irgendwelche Beschwerden hatten. »Greenies« waren Amphetamine, »Speed«. Zufällig war unsere Freundin eine Alkoholikerin und Eßsüchtige in Genesung. Wäre sie eine Drogenabhängige in Genesung gewesen, hätte das Angebot von »Greenies« sie gefährdet. Wie sich herausstellte, hatte man ihr bei ihrer Arbeit Drogen angeboten, weil es eben der Unternehmenspolitik entsprach.

In diesem Fall stellt die Organisation beides zur Verfügung: Sie selbst ist Suchtsubstanz und bietet den Angestellten Suchtsubstanzen an, damit sie sich gut fühlen. Betäubte Menschen sind weniger kritisch und weniger bewußt. Sie sind auch weniger aufmerksam.

Wenn man sich nicht mehr unwohl fühlt oder Kopfschmerzen hat, kann man es vermeiden, sich zu fragen, warum diese Gefühle eigentlich da waren. Die entsetzlichen Ausmaße dieser Krankheit sind leicht zu erkennen, wenn eine Organisation verhaltensverändernde Drogen an Angestellte verteilt, von denen einige vielleicht sowieso schon Mißbrauch damit betreiben.

Manchmal kann die Organisation selbst einen »Fix« benutzen, um der »Fix Nummer eins« in unserem Leben zu bleiben. Das haben wir aus der Erfahrung unserer Freundin gelernt; es öffnete uns erneut die Augen dafür, wie allgegenwärtig und akzeptiert das Suchtsystem in Organisationen ist.

Wir wollen nun den Hauptmechanismus betrachten, der bewirkt, daß die Organisation zur Suchtsubstanz im Leben des einzelnen werden kann. Natürlich ist die Arbeit das wesentliche Bindeglied zur Organisation. Eine tödliche Form der Arbeit in Suchtorganisationen nennt man die Arbeitssucht. Unsere Untersuchungen über Arbeitssucht waren sehr aufschlußreich. Es hat uns das Ausmaß von Verleugnungen bei einer besonders heimtükkischen Form der Suchtkrankheit gezeigt.

Die absichtliche Unkenntnis über Arbeitssucht zeigte sich durch den Bericht einer Frau während eines unserer Trainingsseminare. Sie ist eine Alkoholikerin in Genesung und geht in ihrer Familie ganz offen damit um. Sie hatte versucht, mehr über ihre Herkunftsfamilie zu erfahren, um die Wurzeln ihres Alkoholismus zu erkennen. In einem Gespräch mit ihrer Mutter sagte sie: »Mutter, bin ich die einzige Alkoholikerin in der Familie?« Ihre Mutter antwortete sofort: »Natürlich, alle anderen arbeiten hart.« Sie *war* die einzige Alkoholikerin, sie war *nicht* die einzige Süchtige.

Um Verständnis für die Arbeitssucht zu wecken, muß man eine fast undurchdringliche Mauer der Verleugnung durchbrechen. Als wir nach Informationen über Arbeitssucht suchten, entdeckten wir, daß es Tausende von Artikeln über Streß und Ausgebrannt-Sein gab. Im Zentrum dieser Artikel stand Streß-Reduzierung durch Sport, Diät und Veränderungen des Lebensstils. Wir suchten in verschiedenen Universitätsbibliotheken und fanden nur zehn Bücher über Arbeitssucht, wovon lediglich zwei sich ernsthaft mit diesem Thema beschäftigten. Wir waren skeptisch. Wie konnte ein Thema, das eindeutig zu unserer Gesellschaft gehört, und ein Begriff, den jeder kennt, nur so wenig untersucht sein?

Und warum beschäftigten sich die Untersuchungen in erster Linie mit der Behandlung der Symptome und nicht mit dem zugrunde liegenden Krankheitsprozeß selbst?

Wir fanden immer mehr Belege dafür, daß die Gesellschaft Arbeitssucht unterstützt und fördert. Wir hatten zum Beispiel das Gefühl, daß viele Zeitschriften für Karrierefrauen, wie ›Working‹, ›Woman‹ oder ›Savoy‹ für die arbeitssüchtige Frau Reklame machten. Artikel über Frauen, die ihre erste Million schon verdient hatten, bevor sie dreißig waren, sind Artikel über Superwesen, die Unternehmen gegründet haben, täglich joggen und schwimmen, sechzig Stunden pro Woche im Büro sitzen, Familie und Kinder haben, sich abends noch Arbeit mit nach Hause nehmen und auch an den Wochenenden arbeiten. Für die Leserschaft gibt es immer wieder Variationen dieses einen Themas: »Wenn du so arbeitest, wirst du weiter kommen.«

In den Interviews solcher Zeitschriften sagen die Frauen über sich selbst: »Ich bin eine Arbeitssüchtige, und ich liebe es.« Bei welcher Sucht könnte man so etwas behaupten? Man stelle sich einen gut gekleideten leitenden Angestellten vor, der in einem Interview erklärt: »Ich bin ein aktiver Alkoholiker, und ich liebe es.« Oder jemanden mit Bulimie oder Magersucht, der sagt: »Es fühlt sich toll an, wenn ich mich zehnmal täglich übergebe – das kann ich nur empfehlen.«

Nur ein System, das sich dafür entschieden hat, freiwillig den Auswirkungen dieser Krankheit gegenüber blind zu sein, und das Meister im Verleugnen ist, kann für Arbeitssucht als einen nacheifernswerten Zustand werben.

Wir betrachten Arbeitssucht als einen Suchtprozeß, bei dem das Suchtmittel die Arbeit ist. Der Arbeitssüchtige wird von dem Prozeß der Arbeit abhängig und benutzt sie als einen »Fix«, um vorwärtszukommen, erfolgreich zu sein, Gefühle zu verhindern und schließlich zu vermeiden, lebendig zu sein. Wie alle Süchte wirkt sich die Arbeitssucht negativ auf die Familie und die persönlichen Beziehungen auch in der Arbeit aus. Sie ist eine fortschreitende Krankheit, die zum Tode führt, wenn sie nicht behandelt wird. Die Nebeneffekte der Arbeitssucht wie Streß sind wahrscheinlich schlimmer als die körperlichen Auswirkungen von Alkoholismus, was bedeutet, daß einige Arbeitssüchtige zum Beispiel frühzeitig sterben können.

Die Arbeitssucht ist jedoch sehr trickreich. Wenn Arbeitssüchtige am tiefsten in ihre Krankheit verstrickt sind, fühlen sie sich am lebendigsten, auch wenn sie dabei umkommen könnten. Während unserer Interviews mit Arbeitssüchtigen fanden wir heraus, daß der »Fix« nicht unbedingt in der Arbeit selbst besteht, sondern in einem Adrenalin-Schub, der mit der Arbeit einhergeht. Viele Arbeitssüchtige beschreiben den Energieschub, den sie durch ihre Arbeit bekommen. Sie setzen diesen Schub damit gleich, sich »lebendig und energiegeladen zu fühlen«. Den gleichen Schub bekommen sie nicht, wenn sie einen Familienurlaub machen oder einen Abend mit Freunden ausgehen. Tatsächlich erleben sie völlige Enttäuschung und Depressionen, wenn sie nicht arbeiten oder an Arbeit denken.

Menschen, die nicht nach Arbeit süchtig sind, machen zwischendurch Pausen und haben Zeiten, in denen sie Erfolge genießen, sich ausruhen und Zeit mit Freunden verbringen. Für die Arbeitssüchtigen ist die Aussicht auf diese Unterbrechungen entsetzlich, da sie nicht als Zeiten von Entspannung und Ruhe erlebt werden. Es geht hier um Zeiten, wo man nicht mit dem »Fix« der Suchtsubstanz in Berührung ist und sich in einer Umgebung bewegt, die sich nicht durch Arbeit kontrollieren läßt.

Streßforscher meinen, daß Streß lebensbedrohlich sei, da der Körper ständige Adrenalin-Stöße nicht aushalten könne. Adrenalin ist eine Substanz, die es uns erlaubt, in akuten Krisensituationen schier unmögliche körperliche Leistungen zu vollbringen. Streßforscher behaupten, daß das moderne Leben den Körper »austrickst«, so daß er glaubt, es läge ständig eine Krise vor. Das Ergebnis ist, daß wir täglich erstaunliche Mengen von Adrenalin produzieren.

Die Streßforschung stellt uns eine interessante Beobachtung für die Arbeitssucht zur Verfügung. Viele Arbeitssüchtige richten sich nach den Empfehlungen der Streßforscher und treiben täglich Sport und ernähren sich richtig. Diese »Gesundheit« führt dazu, daß sie noch härter arbeiten und auf diese Art ihre Sucht aufrechterhalten können. Ist es nicht interessant zu sehen, wie dieses Verhalten dem eines Alkoholikers gleicht, der alles tun wird, um seinen Alkoholvorrat zu schützen? Das Heimtückische daran ist, daß die Aktivitäten zum Streßabbau vortäuschen, sie würden die Gesundheit fördern, während sie es den Arbeitssüchtigen in Wahrheit

ermöglichen, ihre Sucht weiter auszubauen – sie lenken sie von ihrer Sucht ab und dienen für sie selbst und für andere als »Schwindel«. Es scheint so, als ob die Streßforschung mit ihren Seminaren in Wahrheit das Suchtsystem aufrechterhält.

Die Sucht nach Arbeit ist auch für die Familie und für persönliche Beziehungen sehr zerstörerisch. Wenn man den Geschichten von Erwachsenen Kindern zuhört, die in Familien mit einem arbeitssüchtigen Elternteil aufgewachsen sind, gleichen sie sehr denen von Erwachsenen Kindern von Alkoholikern. Eine Frau berichtet aus ihrer Erfahrung:

»Alles drehte sich um die Arbeit meines Vaters. Wenn wir zu ausgiebig spielten oder Krach machten, wurden wir ruhiggestellt, weil Vater entweder arbeitete oder schlief. Wenn es mit der Arbeit schlecht lief, war er schlecht gelaunt, ärgerlich und destruktiv. Wenn es gut lief, war er vergnügt. Wir beobachteten ihn ständig, um herauszufinden, was für einen Tag er gehabt hatte, damit wir uns angemessen verhalten konnten. Wir sahen ihn nur selten. Manchmal blieb er über Nacht in der Stadt, bei großen Projekten war er über Wochen weg. Arbeit war eine Entschuldigung, mit der er sich über alles hinwegsetzte; Familienfeiern, Pläne und Urlaub richteten sich alle nach den Anforderungen der Arbeit. Wir konnten uns nie auf irgend etwas verlassen. Mein Vater hatte seine Arbeit geheiratet, und sie war so aufregend wie eine Geliebte. Ich glaube nicht, daß meine Mutter oder unsere Familie im Leben meines Vaters an zweiter Stelle standen, ich glaube, wir haben für ihn überhaupt nicht existiert. Ich wuchs damit auf, ungeheuer viel Zeit damit zu verbringen, an meinen Vater zu denken, habe ihn aber nie wirklich kennengelernt. Dafür hasse ich ihn, und ich vermisse ihn sehr.«

Betont werden muß auch, daß der Zweck der Arbeitssucht nicht ist, viel Geld zu verdienen. Der eigentliche *Prozess der Arbeit* ist der »Fix«, nicht das Ergebnis. Wie jede andere Sucht auch macht sie sich im Leben des einzelnen breit, sie wird vorrangig und führt zu dem Verlust der Wahrnehmung anderer Realitäten. Das hängt damit zusammen, daß der Suchtprozeß zu einer eigenen Realität wird. Er ist ein geschlossenes System. Es zahlt sich in vielerlei Hinsicht aus, wenn die Organisationen Arbeitssucht fördern. Am deutlichsten wird das an einem Stamm von Mitarbeitern, die sich ganz dem Unternehmen verschrieben haben.

Kürzlich aßen wir mit einem jungen Mann zu Mittag, der gerade dabei war, eine Karriere bei einem bedeutenden Modedesigner zu beginnen. Er schien erleichtert, einige Zeit mit uns verbringen zu können. Als wir ihn nach seinem Job fragten, sagte er, er könne ihn nur als aufreibend beschreiben. Er sagte, er müsse sehr lange arbeiten und es gäbe viel Druck. Keiner in der Firma nähme sich je Zeit für eine Mittagspause. Obwohl die Mittagspause im Personalbogen festgeschrieben war, sagte er, daß man als faul gelte und nicht daran interessiert sei voranzukommen, wenn man auch nur eine halbe Stunde Mittag mache. In diesem Unternehmen bestand die einzige Form der Anerkennung für einen jungen Designer darin, nicht zum Mittag zu gehen und auch während des Tages keine anderen Pausen zu machen. Arbeitssucht ist die Eintrittskarte in die Gruppe.

Wir fanden heraus, daß Arbeitssüchtige häufig noch andere Süchte haben. Ihre Hauptsucht ist die Arbeit, und ihre sekundären Süchte können die nach Alkohol, Essen, Drogen oder jede andere der zuvor beschriebenen Prozeß- oder Substanzsüchte sein.

Arbeitssüchtige schützen ihren Vorrat, indem sie die Aufmerksamkeit von ihrer Hauptkrankheit, der Arbeit, weglenken. Die sekundären Süchte dienen als Krücken und zur Vernebelung und lassen damit das System der Verleugnung intakt. Das hält sie davon ab, sich auf das eigentliche Problem zu konzentrieren. Darüber hinaus erfordert die Arbeitssucht ein gewisses Maß an Bewußtheit, um die Arbeit zu tun und dabei erfolgreich zu sein. Die Rolle der Sekundärsucht besteht darin, genau das zu ermöglichen, das Bewußtsein aber dumpf zu halten, so daß man den physischen und psychischen Schmerz bei der Arbeit nicht bemerkt.

Das Verhalten eines arbeitssüchtigen Lehrers entsprach diesem Phänomen: Am Ende einer Woche war er durch seine Hingabe an die Arbeit und sein übermäßiges Engagement in Schulaktivitäten völlig ausgelaugt. Ebenfalls zum Ende der Woche türmten sich in ihm die Fragen, warum er weiter für die Schule arbeitete, warum seine Vorstellung von Erziehung mit der des Direktors nicht übereinstimmte, welcher Form der Erziehung man überhaupt zustimmen sollte und so weiter. Dies sind in der Tat wichtige Fragen, nicht nur für diesen Lehrer, sondern für das Schulsystem selbst.

Am Ende der Woche beschäftigte sich der Lehrer nicht mit seinem inneren Durcheinander oder besprach es mit seinen Kollegen;

er ging trinken. Er verbrachte den Freitagabend und den größten Teil des Wochenendes in einer leichten Benommenheit. Am Montag war er dann wieder in der Schule, seine Fragen waren unterdrückt, und das Muster wiederholte sich Woche um Woche.

In gewisser Hinsicht ist dieses Muster ideal für Organisationen, die Mitarbeiter wollen, die nur ein Rädchen im Getriebe sind. Dieser Mann steckt alle seine Kräfte in das System und stellt nie irgendwelche unbequemen oder herausfordernden Fragen. Eine gesunde Organisation greift auf Ideen der Angestellten zurück und begreift Konflikte und Reaktionen als eine reiche Quelle für fortwährende Veränderung. In seinem Arbeitsbereich ist dieser Mann bestenfalls einer, der nichts beiträgt, und seine engstirnige Hingabe bewahrt ihn davor, sich selbst oder dem System zum Problem zu werden. Seine sekundäre Sucht, das Trinken, bewahrt ihn davor, seine Arbeitssucht zu erkennen. Darüber hinaus ist seine primäre Sucht sozial so akzeptiert, daß es andere davon abhält, ihn als das zu sehen, was er wirklich ist – ein aktiver Süchtiger, ein Mann in Not und ein Mann, der an einer fortschreitenden, tödlichen Krankheit leidet.

Unsere Interviews und Erfahrungen mit Arbeitssüchtigen haben zu dem Ergebnis geführt, daß die süchtige Organisation die Arbeitssucht braucht und folglich arbeitssüchtiges Verhalten belohnt. Weiterhin haben wir gefolgert, daß die Arbeitssucht unter den Süchtigen sozial am meisten akzeptiert ist, da sie sich als so produktiv erweist: Sie zeigt sozial-produktive Ergebnisse. Viele Leute haben auf unsere Beschreibung der Arbeitssucht mit Bemerkungen reagiert wie: »Es ist nicht das gleiche wie mit Alkoholikern, die sich selbst und ihre Lieben zerstören; Arbeitssüchtige sind produktive Mitglieder der Gesellschaft.«

Wir müssen davon ausgehen, daß es für einige Organisationen und für einige Leute in Ordnung ist, ihr Leben und das ihrer Nächsten zu zerstören, solange man etwas Brauchbares in der Gesellschaft produziert. Und ein Arbeitssüchtiger tut das selbstverständlich. Es ist aufschlußreich, noch einen anderen Verlauf des Suchtprozesses in Aktion zu betrachten. Im Suchtsystem kommt es vor, daß eine Person oder Idee ganz und gar abgelehnt wird, wenn auch nur irgend etwas an ihr nicht in Ordnung ist. Auch die Umkehrung trifft zu. Wenn man also nur einen Pluspunkt an der Arbeitssucht finden kann, dann ist der ganze Prozeß »gut«.

Da wir mit vielen kirchlichen Organisationen gearbeitet haben, fällt es uns schwer, die Rolle der Kirche bei der Unterstützung von Arbeitssucht außer acht zu lassen. Sowohl theologisch als auch in der Praxis sieht die Kirche in einem guten Christen jemanden, der hart arbeitet. Der gute Märtyrer ist der typische Co-Abhängige, der selbstlos für andere arbeitet und niemals auf seine eigenen Bedürfnisse achtet. Wir haben von Designer-Drogen gehört; die Arbeitssucht könnte man sowohl für die Kirche als auch für nichtkirchliche Unternehmen als Designer-Droge bezeichnen.

Wir glauben, daß die Verleugnung der Arbeitssucht so verbreitet ist, weil dieser Sucht eine Abhängigkeit zugrunde liegt, mit der keiner konfrontiert werden will; es geht hier um die Bindung an ein System, das auf Wirtschaftlichkeit basiert, an den Kapitalismus, und an eine soziale Struktur, die dieses System unterstützt. Wir sind der Meinung, daß die Arbeitsmoral der Protestanten und anderer christlicher Konfessionen beides, den Kapitalismus und die Gesellschaftsstruktur, unterstützt.

Wir waren erstaunt, welche Rolle die Arbeitssucht bei dem Verlust spiritueller Werte in der Gesellschaft und in Organisationen spielt. Süchte führen zum Verlust der Spiritualität und dazu, daß man die Verbindung zu seiner eigenen Moral verliert. Es war interessant für uns zu sehen, daß viele Arbeitssüchtige das Eintauchen in die Arbeit als Bewußtseinsveränderung beschreiben, ganz ähnlich der, die man unter Drogen erlebt. Wir fanden bald heraus, daß dieser veränderte Zustand während der Arbeit das »Adrenalin-High« war. Als wir weiter nachforschten, stellten wir fest, daß er tatsächlich wie eine stimmungsverändernde Droge wirkt und einen von der Realität der Gegenwart wegführt. Auf diese Art wird ein Gefühl der Transzendenz hergestellt. Es handelt sich dabei um eine Illusion, die das Individuum in dem Suchtprozeß festhält und es nach immer mehr verlangen läßt. Bedauerlicherweise verursacht dieses Gefühl der Transzendenz den Verlust der Spiritualität – nährt gleichzeitig aber die Illusion, daß es etwas der Spiritualität Verwandtes sei.

Die süchtige Organisation fördert Arbeitssucht. Sie ist dort als die »sauberste« der Süchte gern gesehen. Anders als Drogenabhängige oder Alkoholiker fehlen die Arbeitssüchtigen kaum einen Tag; was passieren könnte, ist, daß sie einfach tot umfallen. Bei Arbeitssüchtigen kann man sich ebenso wie bei Erwachsenen Kin-

dern und Co-Abhängigen darauf verlassen, daß sie immer noch zusätzliche Aufgaben übernehmen; sie lassen einen nur selten sitzen.

Alle Erfahrungen, von denen wir hier gesprochen haben – das Versprechen der Organisation, die Mission, die besonderen Leistungen, das Austeilen von Drogen an Angestellte und die Unterstützung der Arbeitssucht – sind Mittel, mit denen die Organisation sich zum Mittelpunkt im Leben der Angestellten macht und zum Suchtvertreter wird. In jedem Beispiel trafen wir auf Menschen, die immer abhängiger von der Organisation wurden und nicht mehr ohne sie auskommen konnten. Wir mußten also folgern, daß die Organisation tatsächlich selbst zur Suchtsubstanz geworden war.

Die Organisation als Süchtige

Die vierte Form, in der Süchte sich im Rahmen von Organisationen bemerkbar machen, ist weitverbreitet und wirkt sich in vielerlei Hinsicht auf andere Bereiche aus. Wir müssen uns absolut darüber im klaren sein, daß *Organisationen selbst süchtig sind* und daß sie sich wie jeder andere Süchtige auch verhalten. Zu diesem Ergebnis kamen wir durch unser Wissen über Süchtige.

Denn zusätzlich zu den bereits beschriebenen Merkmalen und Prozessen wissen wir, daß es sich bei Süchtigen um Menschen handelt

- die ihr Leben nicht mehr meistern können und die machtlos ihrem Suchtverhalten gegenüberstehen;
- die sich immer tiefer in den Suchtprozeß verstrickt haben;
- deren Leben von ihrer Sucht beherrscht wird und die den Sinn für Moral und persönliche Wertvorstellungen verloren haben;
- die im wesentlichen auf der Basis von Selbstbezogenheit, Illusion von Kontrolle, Unehrlichkeit und dualistischem Denken agieren;
- die sich immer mehr von der Gesellschaft, der Familie und von Freunden isolieren;

- die das Bedürfnis haben, ihre Umgebung und diejenigen, von denen sie abhängen, mehr und mehr zu kontrollieren, je größer ihr innerliches Chaos wird;
- deren Denken unklar ist, nahezu besessen von Wahnvorstellungen, und sich von normalem Denken unterscheidet.

Je mehr Zeit wir mit Organisationen verbrachten, von denen man bisher vage annahm, daß sie »in Schwierigkeiten oder dysfunktional« seien, um so klarer wurde uns, daß diese Organisationen im Prinzip die gleichen Verhaltensweisen zeigen wie der oben beschriebene Süchtige. Wir glauben, daß Veränderungen und Transformation in der Organisation nicht möglich ist, wenn die Beteiligten nicht erkennen, daß sie süchtig sind und sich dementsprechend verhalten. In dieser Erkenntnis liegt der Schlüssel zur Transformation auf Organisationsebene. Die Kompliziertheit der Organisation als Süchtige liegt darin, daß der Arbeitsplatz ein Hologramm darstellt, daß sich auf der Organisationsebene das wiederholt, was wir schon auf der individuellen Ebene sahen: Die süchtige Organisation ist ein Spiegelbild der Menschen, die sich in ihr bewegen, und der Gesellschaft, in der sie eingebettet ist.

Aus unserer Arbeit mit Süchtigen wissen wir, daß es durch psychologische Hilfe zu einer vorübergehenden Besserung kommen kann, aber ihre Krankheit ist fortschreitend, und sie müssen sich schließlich doch aktiv mit der Krankheit auseinandersetzen, um zu genesen. Psychologische Methoden greifen zu kurz und helfen nur an der Oberfläche. Ist eine Organisation selbst süchtig, so ist es notwendig, daß man diese Tatsache zunächst erkennt und mit ihr arbeitet, bevor man mit irgendwelchen anderen Formen der Organisations-Entwicklung beginnt.

Dieses Kapitel erforscht das Konzept der Organisation als Süchtige. Es befaßt sich eingehend mit Organisationsvariablen wie Kommunikation, Denken, Management und Personalprozessen sowie mit strukturellen Komponenten. Durch dieses Modell haben wir herausgefunden, daß die zugrundeliegende Krankheit doch die gleiche wie beim einzelnen bleibt, wenn auch die Form des Süchtig-Seins von Organisationen anders ist. Hier muß man ansetzen, wenn es zur Genesung kommen soll.

Da Kommunikation grundlegend und zentral für das Funktionieren der Organisation ist, ist sie für jede Form von Fehlfunktion sehr anfällig. In vielen Organisationen geben die Leute zu, daß sie Probleme mit der Kommunikation haben. Das können wir bestätigen. Kommunikation in dysfunktionalen Organisationen ist gewöhnlich miserabel, aber das ist eher ein Symptom eines größeren, weiterreichenden Problems. Wir wollen einige für die süchtige Organisation typische Formen der Kommunikation betrachten.

Kommunikation in der süchtigen Organisation ist häufig *indirekt*, und zwar auf vielfältige Weise: Leute, die das Gefühl haben, sie hätten Konflikte miteinander, weigern sich, die Konflikte offen mit der betreffenden Person anzusprechen. Sie sind auch nicht bereit, über diese Konflikte in einer Gruppensituation zu sprechen. Statt dessen meiden sie die Gruppe, erzählen anderen irgendwelche Geschichten und verbringen ungeheuer viel Zeit damit, ihre Position zu rechtfertigen. Sie diskutieren den Konflikt mit Leuten, die ihnen zuhören und die oft nicht anders können, als zuzuhören. Es ist uns bewußt, daß es verführerisch ist zu meinen, daß Menschen eben einfach so sind. Das stimmt jedoch nicht: Es handelt sich einfach um die Art und Weise, wie Leute das Funktionieren in einer Sucht-Gesellschaft gelernt haben.

Indirektheit herrscht nicht nur in Bezug auf Konflikte. Die Kommunikation ist im allgemeinen *vage, unklar und ineffektiv*. Sie ist in einer süchtigen Organisation oft dadurch gekennzeichnet, daß es eine ungeheuere Produktion an schriftlichen Mitteilungen gibt. Wir haben einmal einen Mann eines Wartungsdienstes beobachtet, der für die Auslieferung von Material sieben Dollar ausgelegt hatte, die er nun zurückbekommen wollte. Er verbrachte eine Stunde damit, zu acht verschiedenen Personen zu gehen, um sich die Anweisung unterschreiben zu lassen, damit man ihm sein Geld auszahlte. Komplexe Abläufe verdecken oft die Unfähigkeit zu kommunizieren.

Schriftliche Mitteilungen und Notizen werden in süchtigen Organisationen häufig dazu benutzt zu vermeiden, daß man sich bei unangenehmen Themen gegenübertreten muß. Manchmal stellen Notizen in größeren Unternehmen die Hauptform der Kommunikation dar und bewirken Gefühle von Isolation. Da man Süchtigen

nicht zutrauen kann, daß sie klar miteinander kommunizieren und sich daran erinnern, was gesagt wurde, sind die Notizen zu einer Notwendigkeit geworden und zweckmäßig.

Triangulation (Kommunikation über Dritte) ist ein charakteristischer Prozeß der süchtigen Kommunikation. Wenn Joe Sue eine Botschaft übermitteln möchte, dann ruft er sie nicht an, spricht nicht mit ihr und schickt ihr keine direkte Notiz. Außer bei Routinemitteilungen nutzt Joe die Triangulation, weil er nicht in direkten Kontakt mit Sue kommen möchte. Er hat keine Lust, sich ihrer Enttäuschung, ihrer Zurückweisung oder ihren Fragen auszusetzen. Joe ist sich bewußt, daß er Gefühle hat, wenn er Sue direkt gegenübersteht. Anstatt sich mit diesen Gefühlen auseinanderzusetzen, vermeidet er sie lieber und bittet jemand anderen, seine Arbeit zu tun. Dieser andere wird in dem Augenblick zum Co-Abhängigen, indem er einwilligt, das zu übernehmen, was Joe selber machen müßte. Joe wird dadurch von der Zusammenarbeit, der Vermittlung und allem Weiteren abhängig. Wir sind uns darüber im klaren, daß die Kommunikation in einem großen Unternehmen nicht immer direkt sein kann. Darum geht es hier nicht. Wir sprechen von den Fällen, in denen direkte Kommunikation effektiver und hilfreicher wäre.

In süchtigen Organisationen gibt es viel *Tratsch*. Manchmal kommt es zum Tratsch aus Mangel an Kommunikation. Denn gibt es keine funktionierende direkte Kommunikation, erfährt man über jene von Veränderungen, die den Tratsch kennen. Sein Sinn liegt sowohl darin, für Aufruhr zu sorgen oder Emotion zu kappen, als auch, sich einen Platz an der Macht zu sichern. Gewöhnlich führt Tratsch zu Lähmung, da die Quellen nicht verraten werden dürfen und die eigentliche Information immer unklar ist. Tratsch trägt dazu bei, wirkliche, direkte und effektive Kommunikation zu verhindern. Er baut Spannung ab und vermittelt ein Gefühl von Intimität. Letzten Endes ist er kurzlebig.

Geheimnisse funktionieren ganz ähnlich wie Klatsch und Tratsch. Der Unterschied ist der, daß sie gewöhnlich aus zuverlässigen Quellen stammen. In einer süchtigen Organisation gibt es viele Geheimnisse. Geheimnisse bestehen normalerweise »aus gutem Grund«: Entscheidungen über Geld, Gehälter und Personal sind oft geheim. Geheimnisse sind Informationen, die nicht allen zugänglich sein sollen. Unserer Bekannten wurden häufig Ge-

heimnisse aus dem Betrieb anvertraut. Sie fühlte sich immer privilegiert, an diesen Geheimnissen teilzuhaben; es erzeugte ein Machtgefühl bei ihr. Sie glaubte, daß »Wissen Macht sei«, selbst wenn sie mit der erhaltenen Information nichts anfangen konnte. Es gibt bei den Anonymen Alkoholikern einen Spruch, der besagt, daß Familien immer nur so krank sind, wie die Geheimnisse, die sie haben – das gleiche gilt für Organisationen. Geheimnisse schaffen Uneinigkeit und Spannung und sind machtvoll. Es ist schwer, sie für sich zu behalten, sie fördern Unehrlichkeit, bedrohen das Vertrauen und schaffen so etwas wie »In«-Gruppen. Organisationen, die genesen, versuchen, weniger Geheimnisse zu haben, und arbeiten im Idealfall daraufhin, daß es keine mehr gibt.

Eine weitere Form der Kommunikation in süchtigen Organisationen ist etwas, das Chris Argyris *»fachmännische Inkompetenz«* nennt.[42] Dieser Ausdruck bezieht sich auf das Phänomen, daß es leitende Angestellte gibt, die fähig in der Kommunikation sind, sehr engagiert sind und Respekt genießen und die ihr Kommunikationsgeschick dazu benutzen, vorhandene Probleme zu vertuschen.

Diese leitenden Angestellten haben häufig Treffen, um die beste Lösung für ein Problem zu finden und Strategien zu entwickeln. Aber wenn sie sich treffen, hat es den Anschein, als ob sie sich ständig im Kreis bewegen. Sie fertigen auf Flipcharts endlose Listen mit Tagesordnungspunkten an, setzen Schwerpunkte für die wichtigsten Themen, und letzten Endes fühlen sich alle erschöpft und haben kaum etwas erreicht. Argyris behauptet, daß diese leitenden Angestellten zwar Fähigkeiten besitzen, diese aber dazu benutzen, um Ärger und Konflikte bei den Treffen zu vermeiden; folglich sagen sie nicht, was sie wirklich meinen, und sind nicht offen dafür herauszufinden, ob ihre Vermutungen über die Fähigkeit der Gruppe, mit Konflikten umzugehen und sie zu nutzen, zutreffen. Ihr Kommunikationsgeschick verhindert bei den Treffen die Lösung von wichtigen Problemen.

Das Vermeiden von Konflikten und schwierigen Themen kann sich institutionalisieren und schafft ein Milieu in der Firma, das es nicht zuläßt, daß man geradeheraus redet und ehrlich und direkt ist. In der süchtigen Organisation wird kaum oder gar nicht direkt kommuniziert. In ihr herrscht Verwirrung und Chaos. Nach Argyris führen vier simple Schritte zum Chaos.[43] Der erste Schritt ist

der, eine offensichtlich zweideutige Erklärung abzugeben, die der Empfänger genauso erlebt, aber nicht kritisch beleuchtet. Im zweiten Schritt leugnet man jegliche Unstimmigkeit der Mitteilung. Als nächstes erklärt man gerade die Zweideutigkeit und Unstimmigkeit als indiskutabel und schließlich das Indiskutable seinerseits als indiskutabel.

Argyris glaubt, daß das Chaos Teil einer systematischen Verteidigungsroutine ist. Je mehr die Routine zur Norm wird, um so mehr handeln die Menschen in der Organisation danach. Bei solch einem System können die Beschäftigten wechseln, aber die Routine bleibt.

Wir stimmen mit Argyris überein, daß die Kultur des Chaos in Organisationen intakt bleibt und zum System wird. Wir denken jedoch, daß er die eigentliche Ursache dieser Stabilität übersieht. Wir glauben, daß sie damit zusammenhängt, daß die Organisation zu einem süchtigen System geworden ist und daß der Suchtprozeß der *Routine der Verteidigung* zugrundeliegt. Wenn man mit Süchtigen arbeitet, merkt man leicht, daß dieses Verhalten eindeutig ein Charakteristikum der Sucht ist.

So weit zum Kommunikationsprozeß in süchtigen Organisationen. Jetzt wollen wir zum *Inhalt* der Kommunikation kommen. Süchtige Organisationen verstehen es geschickt, bedeutsame Kommunikation zu unterdrücken. Unter bedeutsamer Kommunikation verstehen wir jede Information, die die Beschäftigten effektiver machen, die zu strategischen Entscheidungen führen und die Veränderungen in der Organisation ermöglichen. Die Prozesse, die wir beschrieben haben, dienen dazu, bedeutende Informationen zurückzuhalten und den Zugang zu dem, was tatsächlich vor sich geht, zu erschweren. Folglich nimmt man sich bei Konferenzen für profane Ankündigungen mehr Zeit als für wichtige Entscheidungen. Bedeutende Inhalte setzen sich in süchtigen Organisationen einfach nicht durch. Wir behaupten nicht, daß dies bewußt oder gar aus Bösartigkeit geschieht. Wir sagen lediglich, daß das Blokkieren von wichtigen Informationen in süchtigen Organisationen vorhanden ist.

Auch *der Ausdruck von Gefühlen* ist in süchtigen Organisationen nicht zugelassen. Über Gefühle wird in diesen Unternehmen einfach nicht gesprochen, und eingefrorene Gefühle sind institutionalisiert. Zeigt jemand Gefühle, wird das als unangemessen an-

gesehen. Eine geläufige Bemerkung lautet dann: »Reiß dich zusammen.« Es herrscht der Glaube, daß man unstabil ist, wenn man Gefühle ausdrückt, was die Sicherheit am Arbeitsplatz gefährden könnte.

In der süchtigen Organisation sind sich die Menschen entweder *nicht* mehr ihrer Gefühle *bewußt* oder sie *unterdrücken* jegliche Gefühle und Bedürfnisse. Gefühle oder Bedürfnisse zu haben würde als Kontrollverlust angesehen werden. Wir stoßen oft auf leitende Angestellte, denen nicht bewußt ist, wann sie freie Zeit benötigen. In diesen Organisationen gilt es als unangemessen, wenn ein leitender Angestellter bemerkt, ein anderer Mitarbeiter brauche offensichtlich Urlaub. Das ist ein gutes Beispiel für den Mangel an Intimität in der süchtigen Organisation und für die fehlende Bereitschaft, Gefühle anzuerkennen.

Wenn wir Intimität sagen, meinen wir nicht sexuelle oder auch emotionale Intimität. Wir meinen die Bereitschaft, sich selbst zu erkennen und sich von anderen kennenlernen zu lassen. William Ouchi beschreibt Intimität als einen Faden, der Menschen miteinander verbindet, die sich nahestehen und sich gegenseitig unterstützen. Er hat beobachtet, daß Intimität in der amerikanischen Gesellschaft sehr selten ist und daß wir uns der Idee widersetzen, daß man Nähe am Arbeitsplatz erreichen kann. Wir haben unser Leben so eingeteilt, daß persönliche Gefühle am Arbeitsplatz keinen Raum haben. Interessanterweise ist die Unfähigkeit, Intimität herzustellen und zu erhalten, ein Hauptmerkmal eines Süchtigen. Wir glauben nicht, daß unsere Unternehmen diesen Mangel an Intimität zufällig reflektieren.

In der süchtigen Organisation macht das Verbot, die Person zu sein, die man ist, Intimität fast unmöglich. Auf der anderen Seite versucht die süchtige Organisation dieser Tatsache entgegenzuwirken, indem sie Begegnungen und Workshops organisiert, in denen die Leute sich sagen, was sie aneinander mögen und nicht mögen, und sich im »Kommunikationsgeschick« üben. Unabhängig davon, wieviele solcher Workshops die Firma unterstützt, ist Intimität trotzdem nicht möglich, da der einzelne und das System Teil derselben Krankheit sind. Wir wissen, daß diese Krankheit weiterbesteht, solange man persönlich und institutionell nicht mit sich in Kontakt ist; ein schneller »Kommunikations-Fix« mag kurzzeitig Erleichterung bringen, aber er zielt am Problem vorbei.

Die süchtige Organisation hat ein sehr enges Verständnis davon, was als Information als akzeptabel gilt. Die meisten Informationen, die weitergegeben werden, müssen *logisch* und *rational* sein.

Wir stießen auf dieses Problem durch die Aussagen von Wissenschaftlern und Ingenieuren, die auf dem vom Unglück verfolgten Raumschiff »Challenger« gearbeitet hatten. Offensichtlich hatten einige von denen, die am dichtesten an dem Projekt dran waren, genügend Informationen, um über die Funktionsfähigkeit des Raumfahrzeuges beunruhigt zu sein. Andere hatten bloß »das Gefühl«, daß es nicht starten sollte. Die NASA jedoch hatte die Ahnung und Intuition der Belegschaft nicht als zuverlässige Informationen betrachtet, die eine Entscheidung gerechtfertigt hätten, ihre Pläne zu ändern. Gefühle, Intuitionen und Vorstellungen betrachtet man als illegitim und unkontrollierbar, sie sind ebenso wie Intimität einfach nicht akzeptabel. Information muß mittels indirekter, triangulierter und rechtfertigender Kommunikationsformen erfolgen. Ironischerweise herrscht der Glaube, daß Gefühle und Intimität kontraproduktiv sind, die Arbeit blockieren. Wir wissen seit einiger Zeit, daß wirklich süchtige Organisationen sichtbar depressiv und entropisch sind und Schwierigkeiten haben, ihren Aufgaben außerhalb von Krisenzeiten gerecht zu werden.

Da es sich also in der süchtigen Organisation bei den akzeptierten Inhalten von Kommunikation um logische und rationale Äußerungen handelt, wollen wir ihre Denkprozesse betrachten, um besser zu verstehen, wie sie funktionieren.

Denkprozesse

Der *Verlust des Firmen-Gedächtnisses* oder *Vergeßlichkeit* sind herausragende Merkmale der süchtigen Organisation. Man sagt über Süchtige, daß sie nicht in der Lage sind, aus ihrem vergangenen Verhalten zu lernen, da sie kein Gedächtnis haben. Das ist einer der Gesichtspunkte der Krankheit. Süchtige Organisationen leiden unter dem gleichen Problem.

Die Vergeßlichkeit unter den Angestellten hängt sicherlich mit der Menge der Arbeit zusammen und damit, in welch verwirrender Weise Kommunikation stattfindet. Manchmal arbeitet das Gedächtnis sehr selektiv. Ein Mann, der für eine Maschinenfabrik

arbeitete, erzählte uns, daß er Teil eines Teams war, das die Verantwortung für die Marketingstrategien hatte. Sie trafen sich regelmäßig in einem Team von sieben Leuten. Im Laufe der Zeit fanden sie heraus, daß es gut wäre, auch den kleinen Aufgaben Aufmerksamkeit zu widmen, vergaßen darüber aber völlig die großen, wichtigen Projekte, sogar, wenn feste Termine vorlagen. »Ich weiß, es ist kaum zu glauben«, sagte er, »aber wir haben es einfach ausgeschaltet.«

So etwas ist in süchtigen Organisationen nicht ungewöhnlich. Kleine Aufgaben sind auf einmal einfach attraktiver. Es erscheint so, als könne man sie mit verringertem Aufwand schaffen, während große Aufgaben überwältigend sind und einfach ignoriert oder vergessen werden.

Dieser Typ von Vergeßlichkeit mag mit dem Fehler von Süchtigen, Co-Abhängigen und der süchtigen Organisation zusammenhängen, Aufgaben zu übernehmen, die sie nicht schaffen können, von denen sie aber glauben, sie sollten es. Im Falle des Managers, den wir gerade erwähnt haben, war sein Team mit Arbeit überladen, da es einen co-abhängigen Teamleiter hatte, der sich mehr Arbeit auflud, als er nur annähernd schaffen konnte. Anstatt sich im Team mit der Arbeitsbelastung zu beschäftigen, vermieden sie die Aufgabe, indem sie sie praktischerweise vergaßen.

Ein weiterer Aspekt der Vergeßlichkeit in Organisationen ist der, daß man aus vergangenen Erfahrungen und Fehlern nichts lernt. Gelegentlich erinnern wir Leute in unserer Funktion als Beraterinnen daran, daß sie einen Organisationsentwurf oder ein Projekt vorschlagen, das in der Vergangenheit bereits zu zweifelhaften Ergebnissen geführt hatte. Keiner erinnert sich daran. Manchmal sind Gruppen schon mitten in einem Projekt, wenn irgendeiner das Gefühl bekommt, daß »wir da schon mal durch mußten«. Erst wenn sie schon so weit sind, daß sie nicht mehr zurück können, sehen sie, daß sie alte Muster und alte Lösungen reproduzieren.

Süchtige Organisationen geraten in größte Schwierigkeiten, wenn sie sich nicht immer wieder die Prioritäten ihrer Aufgaben vor Augen halten. Sie verlieren die Verbindung zum Grund ihres Daseins, zu dem Beitrag, den sie zur Gesellschaft leisten wollen, oder zu dem, was sie sich vorgenommen haben. Obwohl es unverständlich erscheint, daß Organisationen so wenig mit sich in Ein-

klang sind, entsteht Verwirrung in der süchtigen Organisation oft daraus, daß die Firma eine neue Produktreihe oder Strategie verfolgt, die in der Theorie im Moment gut aussieht, ohne dabei zu beachten, in welchem Verhältnis sie zu ihrer eigentlichen Aufgabe und zu den Bedürfnissen der Verbraucher steht. Letztendlich müssen sie dann einen neuen Markt entwickeln. Süchtige Organisationen schielen ständig nach dem »schnellen Fix«, und sie springen auf alles auf, was eine zeitweilige Erleichterung oder gar Lösung verspricht, selbst wenn es mit der Mission nicht übereinstimmt.

Im ›Time Magazine‹ lesen wir von »Verbrechen in den oberen Etagen«. Große Unternehmen wurden verurteilt wegen »Behinderung der Justiz«, des Ausstellens von »illegalen Rechnungen«, Post- und Telefonbetrugs, verschwundener Bank-Fonds und wegen des Versäumnisses, größere Bargeld-Transaktionen zu melden.[44] Wir hören von Auseinandersetzungen um die Rechte der Arbeiter, die man nicht mehr als Zerstörung der Gewerkschaft »durch Anfänger« beschreiben kann, »sondern durch Könner«.[45] Dies sind Beispiele für den Verlust der Organisation an Moral und an jeglicher Verbindung zur eigentlichen Aufgabe.

Organisationen können sich das Bewußtsein für ihre Mission erhalten, wenn sie sich an ihre Geschichte erinnern und sie erzählen können. Ein solcher Prozeß erhält die Mission in der Belegschaft lebendig. Wenn jedoch sowohl die Beschäftigten als auch die Organisation keine Verbindung zu ihren Gedanken und Gefühlen haben, werden sie zunehmend empfindungslos. Das Ergebnis ist, daß sie immer weniger dazu in der Lage sind, sich auf Dinge außerhalb ihrer selbst zu konzentrieren, selbst wenn genau das der Sinn und Zweck des Unternehmens ist.

Der nächste Prozeß, den wir beschreiben wollen, läßt sich vielleicht am besten als *verdrehter Denkprozeß* beschreiben. Diese Form des Denkens verlegt sich ganz und gar darauf, Dinge *nach außen zu verlagern*. Es ist ein Prozeß, bei dem die Organisation davon ausgeht, daß es für Leute in Organisationen normal sei, ihre persönlichen Probleme an anderen in der Organisation auszulassen. Dieses Verhalten ist in der süchtigen Organisation akzeptabel; es richtet verheerenden Schaden an und trägt zur Verworrenheit bei.

Wir stoßen auf dieses Phänomen in Organisationen, in denen Personen in Schlüsselfunktionen Süchtige sind. Sie setzen sich mit

ihrer Suchtkrankheit nicht auseinander und tragen sie daher an ihrem Arbeitsplatz nach außen, verlagern sie.

Verlagerung kann man auf vielen Ebenen beobachten, angefangen bei dem Manager, der Schwierigkeiten mit seiner Frau hat und seine Gefühle an der Sekretärin ausläßt, bis hin zur Organisation selbst, die die Schuld für ein Verhalten, das zum Rückgang ihrer Produktivität geführt hat, auf andere Organisationen abschiebt. Der Zweck dieser Verlagerung besteht darin, Probleme einer anderen Person oder Sache in die Schuhe zu schieben, so daß man sich mit sich selbst als der eigentlichen Ursache nicht befassen muß. In Organisationen mit hohem Anteil an Süchtigen findet man Verlagerungen nach außen, weil die Gruppe ihre Geheimnisse oder ihren Vorrat symbolisch schützt. Diese Leute können es sich nicht erlauben zu sehen, was sie wirklich machen. Verlagerung führt dazu, daß man sich und andere nicht mehr respektiert. Unglücklicherweise ist sie so verbreitet, daß sie oft als Standard akzeptiert wird. Viele Angestellte sagen: »Na ja, so läuft das eben«, und finden sich damit ab, daß andere ihre Probleme auf sie abladen. Die Person, die ablädt, und die, die auffängt, tragen beide dazu bei, daß das System weiter existieren kann; beide müssen ihre Gefühle und das Objekt ihrer Gefühle verleugnen, damit die Verlagerung nach außen funktioniert.

Ein weiterer verdrehter Denkprozeß, den man in süchtigen Organisationen beobachten kann, ist die *Projektion*. Im wesentlichen bedeutet Projektion, daß man etwas, was in einem vor sich geht, nach außen trägt und dann so darauf reagiert, als ob es tatsächlich von außen käme und nicht von einem selbst. Wir kennen diese Art des Denkens von Alkoholikern und Paranoiden.

Wenn es in einer Organisation Projektionsverhalten gibt, hat sie es gewöhnlich institutionalisiert, Verantwortung abzugeben. Diese Organisation macht den Markt, die Wirtschaftslage und andere Unternehmen für alle ihre Probleme verantwortlich. Eine solche Firma ist bereit, es mit allen anderen aufzunehmen, nur nicht mit sich selbst. Verantwortung ist immer an Schuldzuschreibung gekoppelt, und die Organisation will sich einfach nicht mit sich selbst auseinandersetzen. Also kommen alle ihre Probleme von außen. Der Begriff süchtige Organisation ist gleichbedeutend mit »wenn nur nicht das und das ...«.

Der letzte verdrehte Denkprozeß des Suchtsystems, den wir hier

behandeln wollen, ist der *Dualismus*. Wir haben in diesem Buch bereits einiges über Dualismus gesagt. Hier wollen wir uns auf Aspekte konzentrieren, die für Organisationen wichtig sind.

Bei der Planung ist dualistisches Denken tödlich, da es die Wahlmöglichkeiten auf entweder – oder, womöglich auch mehrere entweder – oder einschränkt. Bei diesen verschiedenen Auswahlmöglichkeiten handelt es sich gewöhnlich um keine anderen als die ursprünglichen Positionen, die so lediglich getarnt sind. In süchtigen Organisationen ist Dualismus bei der Planung immer eine Form von Kontrolle und Wettstreit. Er bewahrt die Leute davor, eigene kreative Lösungen sowie die der anderen in Betracht zu ziehen, die eben gewöhnlich nicht voraussagbar und kontrollierbar sind.

Dualistisches Denken bildet Parteien und schafft Feinde. Es teilt Gruppen oder Individuen in Gute und Böse. Es vereinfacht Beziehungen, da es Mehrdeutigkeit und Subtilität nicht zuläßt. Organisationen, die nicht dualistisch denken, sind in der Lage zu erkennen, daß die Konkurrenz vielleicht über Wissen verfügt, von dem sie lernen könnten, und sie mögen tatsächlich in einigen Bereichen zusammenarbeiten. Dualistisches Denken verhindert diesen Wissenszuwachs. Statt dessen herrscht eine arrogante Form des Wissens, das unter dem Druck entsteht, *alles* wissen zu müssen.

Wir haben mit einem europäischen Unternehmen gearbeitet, das nur eine einzige Konkurrenz hatte. Dieses Unternehmen brauchte dringend ein neues Organisationsmodell. Wir schlugen vor, das Modell ihrer Konkurrenz in Betracht zu ziehen, da es gut funktionierte. Sie wiesen unseren Vorschlag zurück, ohne auch nur einen Augenblick zu zögern, da es darauf hinauslaufen würde zuzugeben, daß die andere Firma besser sei. Man hätte das andere Unternehmen in diesem Bereich ohne weiteres nachahmen können, da es über etwas verfügte, was funktionierte. Nun hinderte das dualistische Denken unseres Unternehmens sie daran, etwas zu benutzen, was gut war, nur weil sie das Gefühl hatten, sie verlören ihre Identität, wenn sie sich ein Organisationsmodell ausliehen. Sie dachten sich dann ein sehr kompliziertes Modell aus, mit dem sie sich bis heute herumplagen.

Dieses Beispiel verweist auf ein weiteres Resultat des Dualismus: Er erlaubt einem steckenzubleiben. Da unser Unternehmen an der entweder-oder-Mentalität, genauer an dem wir-die-Dualismus,

hängenblieb, war es nicht in der Lage, sich zu fragen, »Was brauchen wir als Firma, um in diesem Produktbereich effektiv zu sein?« Sie hätten nach innen schauen und damit beginnen müssen, sich allen Möglichkeiten gegenüber zu öffnen.

Die Frage, die sie sich hätten stellen müssen, gründet sich auf Bescheidenheit und Ehrlichkeit, wozu süchtige Organisationen nur selten in der Lage sind. Würden sie sich diese Frage stellen, würde die Antwort sie von der Illusion der Simplizität wegführen hinein in eine Welt der Komplexität und Vieldeutigkeit.

Dies sind nur einige Beispiele für die Kommunikationsarten und Denkmuster, wie wir sie in süchtigen Organisationen finden. Wir denken, daß das Management und die Personalsituation ebenfalls von der Krankheit bedroht sind. Wir wollen uns nun der Betrachtung dieser Bereiche zuwenden.

Management- und Personalprozesse

Verleugnung und Unehrlichkeit

Die Verleugnung verhindert, zu sehen und zu erkennen, was tatsächlich vor sich geht. Sie ist eine Form von Unehrlichkeit. Unehrlichkeit zielt auch darauf, sich selbst und andere zu belügen oder in die Irre zu führen.

Auf der Organisationsebene herrscht in einem Unternehmen Verleugnung, wenn es sich routinemäßig weigert, wahrzunehmen und zu berücksichtigen, was intern und auf dem Markt vor sich geht. Unternehmen, die dabei bleiben, Produkte zu vertreiben, die für die Umwelt schädlich sind, ignorieren die Wirkung, die sie auf die Käufer haben, und sind in ihrer Berichterstattung gegenüber Aufsichtsbehörden oft unehrlich. Die Katastrophe von Tschernobyl ist ein Beispiel dafür, wie eine ganze Nation in der Verleugnung steckt. Die Verantwortlichen können es sich nicht erlauben, wirklich zu wissen, was passiert ist, und belügen anschließend die ganze Welt. Es ist schon eine ungeheure Verleugnung, einen großen Atomreaktor überhaupt so nahe einer Wohngegend zu betreiben. Verleugnung hat aber nicht immer dieses Ausmaß. Man trifft sie auch im kleinen, bei internen Konflikten in einem Unternehmensbereich oder in einer Organisation, die seit Jahren am Rande des Ruins wirtschaftet und behauptet, das träfe jetzt nicht mehr zu.

Bevor Konzepte wie das MBWA (Management by walking around) populär wurden, wurden leitende Angestellte oft von den »gewöhnlichen Leuten« ferngehalten. Warum? Für das, was sie nicht sahen, waren sie auch nicht verantwortlich. Wir fanden heraus, daß es für eine Organisation unmöglich ist, sich nur »selektiver Verleugnung« zu bedienen. Verleugnung ist ein Prozeß, der das Unternehmen immer mehr durchdringt: Er kann damit beginnen zu leugnen, daß es einen unfähigen Manager gibt; in kurzer Zeit ist ein Verleugnungsprozeß in Gang, und man wird sich weigern, ihn als solchen zu sehen. Wir glauben, daß das mit der Organisation als Hologramm zusammenhängt und dem dortigen Suchtsystem als Spiegel der süchtigen Gesellschaft.

Neben der Verleugnung gibt es in Organisationen Unehrlichkeit, die, wenn sie zur Norm wird, von dem Glauben getragen ist, daß die Organisation mit Ehrlichkeit kaum überleben kann. In solchen Fällen geht Unehrlichkeit Hand in Hand mit Widerstand gegen Veränderungen auf allen Ebenen der Organisation. Man nimmt zum Beispiel, und wohl zu Recht, an, daß es unmöglich sei, die Organisation in ihrer bestehenden Form zu erhalten, wenn die Beschäftigten anfingen zu sagen, was sie wirklich fühlen und wollen. Süchtige Organisationen haben die Unehrlichkeit institutionalisiert.

Perfektionismus steht ebenfalls mit Unehrlichkeit und Verleugnung in Verbindung, da es nicht möglich ist, eine Illusion von Perfektionismus zu schaffen, ohne Informationen vorzuenthalten. Perfektionismus erfordert institutionalisierte Geheimnisse und Unehrlichkeit. Manchmal sind die Forderungen des Systems selbst so hoch, daß Unehrlichkeit sogar notwendig ist. In einer solchen Situation hält die Unehrlichkeit den Status quo aufrecht.

Wir kennen eine Herzabteilung in einer Universitätsklinik, die jedes Jahr sechs neue Studenten aufnimmt und davon ausgeht, daß nur drei von ihnen bleiben würden. Diese von Konkurrenz geprägte Umgebung übte so viel Druck auf die Studenten aus, daß sie aus Angst, man würde sie für dumm halten, oft sinnvolle Fragen nicht stellten. Außerdem vertuschten sie ihre Fehler und nahmen sich somit die Möglichkeit, aus Mißerfolgen zu lernen.

Die Klinik neigte dazu, unzumutbare Forderungen an junge Ärzte zu stellen, und förderte dadurch die Unehrlichkeit. In einem solchen System leiden nicht nur die Studenten, sondern, was noch

schlimmer ist, ihre Unehrlichkeit läßt Situationen entstehen, in der die Folgen ihrer Unwissenheit und ihr Mangel an Erfahrung schwerwiegend bis tödlich hätten sein können. Wir sollten nicht unterschätzen, wie weit die Auswirkungen von Unehrlichkeit in Organisationen gehen können.

Der systemische Charakter von Unehrlichkeit besteht darin, daß, sobald unehrliche Kommunikation und Praktiken sich in einer Organisation etabliert haben, sie als normal betrachtet werden. Folglich besteht die einzige Möglichkeit, in so einem System zu überleben und Fortschritte zu machen, darin, in den Prozeß miteinzusteigen. Es entsteht dann ein geschlossenes System mit mindestens zwei Kommunikationsebenen: Was man sagt und was man meint oder ausgesprochene und unausgesprochene Ziele. Man kann verstehen, wie erschöpfend es sein muß, in einem solchen System zu funktionieren. In Organisationen ist es unwahrscheinlich, daß Ehrlichkeit und Unehrlichkeit nebeneinander existieren können. Da die Unehrlichkeit in süchtigen Organisationen prächtig gedeiht, verlieren Gruppen und einzelne immer mehr ihre Fähigkeiten zu Ehrlichkeit und Direktheit, und das gesamte System leidet.

Isolation

Je mehr süchtige Organisationen sich in ihre Krankheit verstrikken, um so mehr isolieren sie sich. Zum einen hält die Isolation Außenstehende davon ab zu erkennen, was vor sich geht. Sie erlaubt der Organisation, unbeirrt daran festzuhalten, die eigene Realität als die einzige zu sehen. Organisationen geraten in die Isolation, wenn sie in ihre Planung Informationen von außen nicht miteinbeziehen. Das wird für multinationale Konzerne zunehmend zu einem Problem. Sie wissen, daß sie kulturellen, sozialen und umweltbezogenen Faktoren im Vorfeld ihrer Planung nachkommen müssen.

Manchmal benutzen dysfunktionale Manager die Isolation als Vorwand für Teambildung. Erinnern Sie sich an den Vizepräsidenten des Fortune-500-Unternehmens, der offensichtlich ein aktiver Alkoholiker war? Er hatte sich abgekapselt, so daß ein Eingreifen wegen seines Alkoholismus nicht möglich war. Zudem hatte er gebeten, seine Abteilung in ein anderes Gebäude zu versetzen, damit sie eine »ausgeprägtere Identität entwickeln könnten«. Tat-

sächlich war dieser Schritt zu mehr Autonomie eine Ablenkung von einem Manager und seiner Abteilung, die in großen Schwierigkeiten waren. Ihre Strategie bestand darin, es im Alleingang wieder in Ordnung zu bringen oder wenigstens ihre Funktionsunfähigkeit so geheim wie möglich zu halten.

Organisationen praktizieren Isolation, wenn sie nicht im Kontakt sind mit dem Verbraucher sowie der Gesellschaft im ganzen. Organisationen, die auf Profit ausgerichtet sind, sind meistens geschickter im Kontakt-Halten zum Verbraucher, weil ihr Marktanteil von ihm abhängt. Organisationen ohne Profit sind oft schon durch ihre Struktur daran gehindert, mit denen in engem Kontakt zu bleiben, die ihre Dienste in Anspruch nehmen.

Isolation bedeutet, daß man auf sich selbst beschränkt bleibt, ohne sich um die Angestellten oder das direkte Umfeld des Unternehmens zu kümmern. Die Partner einer angesehenen Kanzlei lehnten den Vorschlag eines Kollegen ab, an einem Abend in der Woche eine Rechtsberatung umsonst anzubieten. Sie hatten das Gefühl, daß sie hart genug arbeiteten und sahen keinerlei Bedarf dafür, sich auch noch freiwillig zur Verfügung zu stellen. Außer diesem einen glaubten die anderen Juristen, daß sie in ihrem Einzugsgebiet niemandem etwas schuldig seien. Sie hatten auch nicht das Gefühl, daß die Bedürfnisse der Armen irgend etwas mit ihnen zu tun hätten.

Selbstbezogenheit

Selbstbezogenheit hat mit dem Hang zur Isolation in Organisationen zu tun; wenn eine Organisation das Gefühl hat, sie sei der Mittelpunkt des Universums, sieht sie keine Notwendigkeit, zum Beispiel irgendwelche externen Informationen in ihre Planung miteinzubeziehen.

In Deutschland haben wir mit einem Mann gearbeitet, der von einer alten Bankiersfamilie abstammte, die seit Generationen am Bankgeschäft in Deutschland beteiligt war. Vor kurzem wurde seine Bank von einer amerikanischen Bank aufgekauft. Sofort änderte sich alles mögliche: In Deutschland beteiligen sich die Banken sehr stark am Leben ihrer Stadt, ihrer Kunden und ihrer Angestellten. Die deutschen Banken haben das Gefühl, sie hätten den Bürgern gegenüber Verantwortung. Sie sind in ihrer Gemeinde oft ein wichtiger Faktor. Die amerikanische Bank wollte nur Geld

verdienen und ließ von allen Verpflichtungen gegenüber der Stadt und den Kunden ab. Unser Freund verließ traurig das Bankwesen, da er das Gefühl hatte, daß es unethisch war, wie die Bank jetzt funktionierte, und daß sie die Gemeinde ausbeutete. Seine Bank hatte die zerstörerischen Merkmale einer süchtigen Organisation angenommen, und er mußte gehen.

Einige Beobachter würden behaupten, daß dies einfach nur ein Beispiel dafür ist, wie sich Veränderungen auswirken, und sie würden es auf dem Hintergrund traditioneller Organisationsentwicklung analysieren. Wir wissen jedoch, daß Selbstbezogenheit nur eines der Symptome eines weitreichenden Problems ist, dem Problem des Suchtprozesses in Organisationen. Selbst wenn nur eines von beiden, Selbstbezogenheit oder Isolation, in dem Unternehmen in Erscheinung treten würde, wären wir der Meinung, daß normale Veränderungen nicht zu solchen Ergebnissen führen würden. Wenn es eine Konstellation dieser oder anderer Merkmale gibt, müssen wir beachten, daß dem oberflächlich Sichtbaren ein eher systemisches Problem zugrundeliegt.

Urteilen und Werten

Urteilen und Werten sind Charakteristika des Süchtigen. Sie unterscheiden sich deutlich davon, eine Wahl oder handlungsbezogene Entscheidung zu treffen. Das Werten fügt einer Beobachtung oder einer Wahl die Elemente »schlecht« oder »gut« hinzu. Es besteht ein gewaltiger Unterschied, ob man sagt: »Ich mag das nicht« und: »Damit will ich nichts zu tun haben« oder ob man sagt: »Du bist schlecht« oder: »Das ist schlecht«. Werten und Urteilen erfordert, daß man sich von dem anderen distanziert und ihn beurteilt. Es handelt sich um einen nicht-teilnehmenden Prozeß. In dem Programm der Anonymen Alkoholiker gibt es den Ausspruch: »Du hast eine Krankheit; du bist nicht deine Krankheit.« Das bedeutet soviel wie: »Du bist ein guter Mensch, deine Krankheit ist nicht das, was dich ausmacht. Sie ist von dir losgelöst und etwas, was dich überkommt.«

Süchtige Organisationen treffen diese Unterscheidung nicht. Du bist, was du tust, und du bist deine Krankheit: Das liegt den Bewertungen von Personen und Organisationen zugrunde. Man beobachte, wie sehr das Bewerten einschränkt, wenn es eine Praxis im Umgang mit der Belegschaft ist. Es führt automatisch dazu,

viele Verhaltensmaßstäbe aufzustellen, um den Wert eines Menschen zu messen. Und das Bewerten in Unternehmen führt dazu, daß Mitarbeiterbeurteilungen gefürchtet sind, da die Angestellten abhängig von der Bewertung herauf- oder herabgesetzt werden. Die Wahrheit geht in wertenden Unternehmen häufig verloren. Wenn Firmen dazu in der Lage sind, den Wert einer Person von ihrem Verhalten zu trennen, dann können Informationen ohne Ansehen der Person für Wachstum und Veränderung genutzt werden. Das Werten und Urteilen in Organisationen verhindert Wachstum. Es hemmt die Entwicklung, fördert Stillstand und hält Menschen ständig in Alarmbereitschaft aus Angst, sie könnten beurteilt werden.

Bewerten grenzt die Kreativität in Organisationen erheblich ein, da das Wesen von Kreativität sich jeglicher Kontrolle entzieht. Kreativität hängt sowohl von Erfolg als auch von Mißerfolg ab. Angestellte, die sich bewertet fühlen, riskieren wenig und begrenzen sich in ihrer Kreativität. Einige der hochtechnisierten Unternehmen haben versucht, dieser Neigung zum Beurteilen zu entgehen und belohnen die Angestellten dafür, daß sie kreative Ideen einreichen, unabhängig davon, ob man sie umsetzt oder ob sie sich auch nur vernünftig anhörten. Auf diese Art und Weise, ohne Beurteilung, wird Kreativität gefördert.

Urteilen steht auch in Beziehung zum Tratschen. Wir haben festgestellt, daß es in Gruppen mit wenig oder gar keinen Werturteilen keinen Klatsch gibt, die Leute aber viel übereinander sprechen. Der Unterschied besteht darin, daß der Tratsch in einem urteilenden System nicht ohne Spitzen vor sich geht und oft das Ziel hat, jemanden zu verletzen oder zu diffamieren. Er ist voller Werturteile über die Person, von der gesprochen wird. Wenn Leute nicht werten, erkennen sie, daß andere Menschen wie sie selbst sind, und sie können die Wahrheit mit vorbehaltsloser Achtung und Fürsorge für den anderen aussprechen. In solch einer Umgebung gibt es nie die Andeutung, daß jemand gut oder schlecht sei, der andere ist einfach der, der er ist. Wenn man diese Tatsache in nicht-wertenden Gruppen erkennt und zu schätzen weiß, versiegt der Klatsch.

Perfektionismus
Einige Leute sind überrascht, daß Perfektionismus ein Merkmal der süchtigen Organisation sein soll. Sie wundern sich, wie solche Unternehmen Perfektionismus überhaupt anstreben können, wenn alles darauf hindeutet, daß sie sich in einem internen Chaos befinden. Trotzdem besteht ein Teil der Krankheit dieser Organisationen in dem Glauben, daß es möglich sei, Gott zu sein, so wie ihn das süchtige System definiert. Es ist ein Gott der Superlative: allgegenwärtig, allwissend und allmächtig. Die Erfahrung, die die Angestellten und das Unternehmen gleichermaßen machen, sieht folgendermaßen aus: versuchen, Gott zu sein, dann versagen, dann depressiv werden. Wenn Peters und Waterman raten: »Schuster, bleib' bei deinem Leisten«, meinen sie, man solle das tun, was das Unternehmen am besten kann, und nicht in neue grandiose Projekte einsteigen. Das bedeutet soviel wie: Versuche nicht, Gott zu sein, sei, wer du bist, das ist genug.

Perfektion ist ebenso wie Kontrolle eine Illusion. Um die Illusion von Perfektionismus aufrechtzuerhalten, muß man in ständiger Verleugnung leben und das Offensichtliche meiden. Wir sind nicht perfekt, wir sind einfach nur Menschen. Organisationen institutionalisieren ihren Perfektionismus zum Beispiel in Arbeitsplatzbeschreibungen. Wenn wir mit Organisationen arbeiten, bitten wir sie oft, sich ihre Arbeitsplatzbeschreibungen anzuschauen. Wir fanden heraus, daß in den meisten Arbeiten beschrieben werden, die von menschlichen Wesen einfach nicht ausgeführt werden können. Sie enthalten häufig viel mehr Ziele, als selbst fünf Leute erfüllen könnten, aber man präsentiert sie den Angestellten, als ob sie realistisch wären. Das trifft auch für Dienstleistungsunternehmen im sozialen Bereich zu. Sie stecken sich viel zu viele Ziele, die zudem zu hoch angesetzt sind, als daß sie je erreicht werden könnten. Wir finden in diesen Organisationen »die Linderung des Hungers auf der ganzen Welt«, »die Abschaffung von Rassismus«, »die Emanzipation aller Frauen in der Dritten Welt«. Die Illusion, Gott zu sein und perfekt zu sein, hält sich in diesen Gruppen hartnäkkig. Bei dem alles durchdringenden Charakter des Suchtsystems kann man wirklich von Größenwahn reden, sich solche Ziele zu stecken und sie erreichen zu wollen. Wir glauben, daß süchtige Organisationen den Prozeß von unerreichbaren und perfektionistischen Zielen fördern, weil es eine Möglichkeit ist, den Druck auf

die Zukunft zu verlagern, sich gut zu fühlen und sich nicht mit dem Hier und Jetzt auseinandersetzen zu müssen. Unglücklicherweise führt dieser Prozeß den einzelnen und die Organisation schließlich in die Depression.

Verwirrung und Krisenorientiertheit

Alle süchtigen Organisationen sind von Verwirrung gekennzeichnet. Die Verwirrung wird periodisch von Krisen unterbrochen, die dazu dienen, die Aufmerksamkeit zeitweilig von der anhaltenden Verwirrung abzulenken. Leitende Angestellte und Planer vermuten, daß man Krisen vermindern kann, wenn man die Verwirrung eindämmt. Leider betrachten sie beides voneinander getrennt.

In der süchtigen Organisation versucht jeder herauszufinden, was wirklich mit der Firma los ist, und jeder glaubt, daß es möglich sei, entsprechende Informationen zu bekommen. Natürlich sind solche Bemühungen sinnlos, da es häufig schon eine Illusion ist, daß überhaupt etwas vor sich geht. Es gibt in der süchtigen Organisation sehr wenig wirklich produktives Handeln; und wenn es das doch gibt, ist es mit ungeheuer viel Anstrengung verbunden; genau das versucht die Verwirrung und die Krisen-Orientiertheit zu verbergen.

»Herauszubekommen«, was in der Organisation vor sich geht, ist ein Prozeß, der dem ähnelt, den man bei den Anonymen Alkoholikern »stinkin' thinkin'« nennt. »Stinkin' thinkin'« beschreibt den verwirrten Denkprozeß eines aktiven Süchtigen. Sein Denken ist logisch, rational, gleichzeitig aber auch obsessiv und paranoid. Es unterscheidet sich qualitativ vom normalen Denken. Der Glaube, man könne das Chaos in der süchtigen Organisation entwirren ist »stinkin' thinkin'«, da man in demselben System steckt, das die Verwirrung verursacht. Es ist verrückt zu glauben, ein süchtiges System sei zu verstehen. Der Wunsch, etwas »herauszubekommen«, wird schließlich zwanghaft und führt zu nichts.

Verwirrung hält uns in der Vergangenheit. Man blickt immer wieder zurück, um zu verstehen, wie man in eine so vertrackte Situation geraten ist. Wir beraten mehrere Organisationen, die uns sagen: »Sie müssen die Geschichte des Problems kennen.« Natürlich stimmen sie bezüglich der Geschichte nicht alle überein. Von Konflikt-Beratern haben wir eine wichtige Lektion über das Verstehen der Geschichte eines Problems gelernt. Sie sagen, man solle

nie versuchen, über die Vergangenheit zu verhandeln. Nur wenige Leute werden über die Vergangenheit der gleichen Meinung sein. Jeder hat andere Erinnerungen, und jeder hält an irgend etwas fest, was vorbei ist. Statt dessen sollte man gegenwärtige und zukünftige Abmachungen aushandeln. Das gleiche trifft für süchtige Organisationen zu: Die Verwirrung bringt die Leute dazu, die Vergangenheit zu erforschen, wodurch sie zu beschäftigt sind, um zu sehen, was tatsächlich in der Gegenwart vor sich geht.

Die Funktion der Krise in der süchtigen Organisation ist etwas anders: Wie auch die Verwirrung hindert die Krise uns daran, unsere Arbeit effektiv zu tun, da wir Routinearbeiten liegenlassen, weil wir mit der Krise beschäftigt sind. Darüber hinaus hat die Krise die Funktion, Ersatz zu sein für etwaige Gefühle. In der süchtigen Organisation sind Gefühle nicht erlaubt, und die Menschen haben in der Regel ein totes Innenleben. Eine Krise schafft großen Aufruhr und intensive Gefühle. So liegt eine der Ursachen für das Schaffen von Krisen in Organisationen darin, Gefühle haben zu wollen. Eine weitere Funktion der Krise ist die, daß sie Menschen zusammenbringt, die sich in der alltäglichen Arbeit voneinander entfremdet haben. Eine Krise veranlaßt die Menschen, ihre Feindseligkeit für ein höheres Ziel in den Hintergrund zu stellen. Auf diese Weise schafft die Krise ein falsches Gefühl von Kollegialität. Es ist vorgetäuscht, nur vorübergehend und ein Ersatz für wirkliches Leben in einer gesunden Organisation. Es hinterläßt bei den Menschen die Illusion, daß sie eine Gruppe sind, weil sie sich in einer Krise zusammentun können. Die Organisation macht sich diese Illusion zunutze, um sich selbst zu erhalten.

Die Krisen-Orientiertheit hält das süchtige System intakt, unter anderem auch die Macht verschiedener Kontroll-Instanzen. In Krisen gestatten wir Leuten, die Macht zu ergreifen und ungewöhnliche Verfahrensweisen zu veranlassen. Krisen nähren sich aus der Illusion, daß man die Situation durch Kontrolle in den Griff bekommen könnte. Krisen werden dazu benutzt, drastische und unberechenbare Aktionen von seiten der Manager zu entschuldigen, und sie erhöhen die Toleranz einer Organisation süchtigem Verhalten gegenüber. Letztendlich vermindert die Krise die Fähigkeit eines Unternehmens, zu planen oder Verantwortung zu tragen. Die einzelnen Beschäftigten müssen sich in Krisen weniger verantwortlich zeigen als das Management, das alle Macht vereint,

um die Probleme zu meistern. Wenn Krise der Normalzustand ist, neigt das Management dazu, ständig ein Übermaß an Macht an sich zu reißen.

Verführung

Wir wollen die Verführung als Modell für unklare Beziehungen in süchtigen Organisationen erörtern. Verführung mit sexuellem Anklang hat sogar tiefergreifende Auswirkungen als das rein Sexuelle. Wir sehen Verführung als einen Prozeß, der Menschen von ihren eigenen Wahrnehmungen und ihrem Wissen um das, was richtig ist, ablenkt. Wenn Leute mit niedrigem Selbstwertgefühl eine Beziehung eingehen, versuchen sie von außen zu bekommen, was sie vermissen oder brauchen. Verführung benutzt den anderen als Objekt, um Intimität mit sich selbst und der Organisation zu vermeiden. Wir glauben, daß dies das Modell ist, nach dem sich Beziehungen in süchtigen Organisationen gestalten.

In der süchtigen Organisation finden sich die Menschen oft als »Trittbrettfahrer« wieder und lassen sich in Aktivitäten hineinziehen, die ihnen nicht entsprechen. Wir haben mit Leuten in großen Kosmetikfirmen gearbeitet, die an Treffen teilnehmen, die als »Ralleys« veranstaltet werden, um die Leute im Verkauf anzuspornen. Unsere Klientin glaubt an das Produkt, das sie vorführt; dennoch fühlt sie sich unbehaglich angesichts des Schulterklopfens, der Umarmungen und Küsse, des Rufens und Schreiens solcher Verkaufs-Ralleys. Sie hat das Gefühl, daß sie verführt wird und daß sie selbst und ihre Intelligenz ignoriert und nicht respektiert werden.

In Organisationen, in denen Verführung die Norm ist, haben die Leute das Gefühl, daß man von ihnen Dinge erwartet, die sie nicht tun wollen, oder daß man sie in Aktivitäten mithineinzieht, die ihnen Unbehagen bereiten. Die Organisation unterstützt verführerisches Verhalten, weil es keine Norm gibt, an der man die Angemessenheit von Aktivitäten messen könnte. Außerdem finden die Menschen nie einen Weg, wirklich eine Gemeinschaft zu bilden, wenn Verführung gefördert wird. Interessanterweise verhindert Verführung Intimität. Sie beschränkt sich auf oberflächliche Kontaktaufnahme, um jede wirkliche Begegnung zu vermeiden.

Co-Abhängige und Erwachsene Kinder haben häufig Probleme mit Grenzen. Es ist für sie schwierig zu wissen, wo sie selbst enden

und der andere beginnt. Das Ergebnis ist, daß sie glauben, normale Beziehung heißt entweder, von dem anderen aufgesaugt zu werden oder den anderen aufzusaugen: ein Dualismus. In einer solchen Umgebung blüht die Verführung. Sie kann als Ersatz dafür dienen, ehrlich darum bemüht zu sein, mit Gruppen und einzelnen in offener und klarer Weise umzugehen und eine Gemeinschaft zu bilden.

Partei ergreifen

Weiter oben haben wir den Dualismus als einen Prozeß der süchtigen Organisation beschrieben. Ein weiterer Prozeß ist, Partei zu ergreifen. Bei diesem Prozeß denken die Leute, daß von ihnen erwartet wird, sich bei Problemen auf die eine oder andere Seite zu schlagen. Sie müssen für die *eine* Person, die *eine* Idee oder das *eine* Produkt sein – oder für das *andere*. Es gibt kein Bewußtsein dafür, daß beides richtig sein könnte oder beides nicht richtig oder auch beides teilweise richtig oder gar, daß es mehr als zwei Seiten gibt. Wahlmöglichkeiten werden nicht gesehen.

In Organisationen, die so arbeiten, ist es verführerisch, Partei zu ergreifen, da Identität erzeugt wird sowie das Gefühl dazuzugehören. Und es ist gefährlich, sich aus diesem Prozeß herauszuhalten, da die soziale Norm der Organisation besagt, daran teilzunehmen. Es kostet viel Kraft, dieses Spiel nicht mitzuspielen.

Co-Abhängige und Erwachsene Kinder geraten in einer solchen Situation in Panik. In ihren konfliktgeladenen Herkunftsfamilien wurde immer erwartet, daß man sich auf eine Seite schlug, was zu der Erfahrung führte, daß man nur verlieren kann. Es jagt ihnen einen fürchterlichen Schrecken ein, das gleiche jetzt auch in Organisationen zu erleben; dennoch ist es ein vertrauter Prozeß und noch dazu einer, in dem Co-Abhängige und Erwachsene Kinder sehr geschickt sein können.

Manipulation von Verbrauchern

Wir wir später noch sehen werden, ist Kontrolle in die Struktur der süchtigen Organisation eingebettet. Kontrolle und Unehrlichkeit verbinden sich bei der Manipulation von Verbrauchern – ein gängiger Prozeß der süchtigen Organisation.

Organisationen fordern routinemäßig von Angestellten, Mängel an Waren und Funktionsfehler zu verschleiern (Geheimnisse be-

wahren). Die Organisation nimmt hier in zweifacher Weise an Unehrlichkeit teil: Sie stellt wissentlich ein mangelhaftes Produkt her, bringt es auf den Markt und fordert von den Angestellten fortwährendes Lügen.

Fernsehen und andere Medien werben für eine Menge von Produkten. Viele machen süchtig (Alkohol, Zigaretten, Kaffee) oder sind ungesund (gesüßte Getreideprodukte, konservierte Nahrung). Wir haben eine Wechselbeziehung zwischen Häufigkeit der Werbung und mangelnder Qualität des Produktes festgestellt. Die Medien wecken in den Verbrauchern ein Bedürfnis nach Produkten, die für sie oder ihre Kinder nicht gut sind. Die »Schulung des Volksgeschmacks« geht über die Vereinigten Staaten hinaus bis in die Dritte Welt. In einem der bestdokumentierten Fälle wurde bei Müttern aus der Dritten Welt für Babynahrung geworben, und man ermutigte sie, ihre Kinder nicht mehr zu stillen. Dazu traten Vertreter des Unternehmens an: in weißen Kitteln, ähnlich denen von Ärzten und Krankenschwestern. Die Mütter begannen, die Babynahrung zu verwenden, aber sie konnten es sich nicht leisten, ausreichende Mengen davon zu kaufen. Sie verdünnten die Nahrung mit verseuchtem Wasser, und in den Gebieten, in denen die Nahrung auf dem Markt war, schnellte die Rate der Kindersterblichkeit hoch. Dieser Fall ist nur ein Beispiel unter vielen, wie die Vereinigten Staaten ihre Verbraucher-Manipulation und folglich Krankheiten in andere Länder exportieren. Es ist etwas anderes, den Verbrauchern Produkte vorzustellen, die sie haben wollen, als wenn man sie davon überzeugt, Produkte zu kaufen, die sie nicht wollen oder brauchen und die gefährlich für sie sind.

In unserer Sichtweise der süchtigen Organisation baut sie eine co-abhängige Beziehung zum Verbraucher auf. Genauso wie der Süchtige und der Co-Abhängige sich gegenseitig brauchen, um im Suchtsystem zu bleiben, so braucht das Unternehmen den Verbraucher, um auf dem Markt zu bleiben. Wenn der Verbraucher das Produkt nicht von sich aus braucht, findet das Unternehmen einen Weg, um den Bedarf zu wecken, gewöhnlich durch unehrliche Werbung oder Marktstrategien.

Die Verbraucher haben plötzlich Wünsche und Bedürfnisse, derer sie sich zuvor nicht bewußt waren, kaufen das Produkt, und der Kreislauf beginnt. Immer, wenn eine Partei neue Forderungen stellt oder die Beziehung verändert, hat die andere Partei die Mög-

lichkeit auszusteigen oder auch, sich zu ändern. Verbrauchergruppen haben zum Beispiel Unternehmen bedrängt, keine schädlichen Konservierungsstoffe und Farben für Nahrungsmittel mehr zu benutzen. Die Firmen haben zugestimmt, aber in der Regel nur, um die Beziehung zum Verbraucher aufrechtzuerhalten und weiterhin ihr Geld zu bekommen.

Alle hier beschriebenen Prozesse sind Dimensionen des Suchtsystems auf Organisationsebene. Der einzelne Süchtige und Co-Abhängige funktioniert in seinem Privat- wie in seinem Berufsleben immer gemäß diesen Merkmalen. Die Organisation selbst nimmt eine »persona« an, die eine Zusammensetzung von Individuen ist, und sie ist sogar noch mehr als nur die Summe der einzelnen Teile. Viele der von uns beschriebenen Verhaltensformen existieren in Organisationen schon seit Jahren. Wir finden sie nicht nur bei den einzelnen Beschäftigten, sondern auf allen Ebenen. Oft betrachtet man sie auch als normal. Das ist einer der Gründe, warum sie so heimtückisch sind und warum man sie so schwer aufspüren und verändern kann. Wir wollen hier betonen, daß diese Vorgehensweisen nicht normal sind. Sie sind normal nur für eine Organisation, die zur Süchtigen geworden ist, und es gibt Alternativen.

Strukturelle Komponenten

Wir wollen noch einen Aspekt der süchtigen Organisation betrachten und die Struktur der Organisation untersuchen, die das süchtige Funktionieren aufrechterhält. Wir haben uns über Organisationsstrukturen die gleichen Fragen gestellt wie über den Süchtigen. Was wissen wir über Organisationsstrukturen, die denen des Süchtigen gleichen? Wir wissen, daß viele Strukturen Konkurrenz erzeugen, Kontrolle verstärken, Strafen einsetzen, Kalkulierbarkeit garantieren und die Erfüllung ihrer Mission den Beschäftigten ausgesprochen schwierig machen.

Durch unsere Arbeit mit vielen Organisationen gewannen wir die Erkenntnis, daß es desto rigidere Strukturen und desto mehr Regeln gibt, je kränker das System ist. Wenn die einzelnen Beschäftigten innerhalb des Suchtsystems immer kränker werden, sind sie nicht mehr urteilsfähig. Um das unter Kontrolle zu haben,

werden Regeln und Vorgehensweisen in Hülle und Fülle aufgestellt. Es ist wohl das, was man in traditionellen Bürokratien unter Papierkrieg versteht. Hier herrscht der Glaube, daß Menschen so unberechenbar und unzuverlässig sind, daß man Systeme schaffen muß, die andere vor den Fehlern dieser Menschen bewahren. Natürlich ist die Entwicklung von Regeln als Reaktion auf Unberechenbarkeit selbst ein Suchtprozeß.

Die Strukturen und Vorgehensweisen, die wir untersuchen wollen, hängen alle in einem gewissen Maße mit dem Mythos zusammen, daß aufgestellte Regeln die Krankheit des Suchtsystems lindern. Das krasseste Problem in der süchtigen Organisation ist das, daß die Organisationsstruktur nicht mit ihrer Mission in Einklang zu bringen ist. Es ist in vielen Fällen tatsächlich so, daß die Strukturen der Mission im Wege stehen oder ihr entgegenarbeiten und das Erreichen des Ziels ausschließen.

Ein Beispiel dafür ist ein sehr innovatives Weiterbildungsinstitut für Erwachsene. Es ist die Aufgabe des Instituts, die Initiative erwachsener Schüler zu fördern, angemessene Lernformen für sie auszuwählen und zu entscheiden, was sie wissen müssen, um den von ihnen gewählten Bereich zu beherrschen. Da alle Schüler bereits berufstätig sind, kann man vermuten, daß die Institution sie wie Erwachsene behandelt und ihnen hilft, ihre Ziele zu erreichen. Richtig? Falsch.

Statt dessen ist das Institut so aufgebaut, daß die Studenten sich an Aktivitäten beteiligen müssen, die für den von ihnen gewählten Bereich völlig irrelevant sind. Sie müssen Unmengen von Papier vollschreiben, um die Verwaltungskräfte zu beeindrucken, und sinnlosen Anforderungen gerecht werden. Das ganze System spricht dagegen, daß aus den Schülern selbstbestimmte Menschen werden. Was sie hauptsächlich lernen, ist, Regeln zu befolgen. Viele erreichen ihr Ausbildungsziel, haben dabei aber immer ein Auge auf die Verwaltungsstruktur des Instituts. Einen großen Teil ihrer Aufmerksamkeit verwenden sie darauf, das Spiel gerade so weit mitzuspielen, daß das Institut ihnen vom Leibe bleibt und sie ihre Arbeit tun können. Natürlich finden sie Wege, um die Regeln zu umgehen (gewöhnlich durch irgendeine Form von Unehrlichkeit). Und wir alle nehmen diese Beispiele zur Kenntnis, schütteln den Kopf und sagen: »Na ja, so ist es eben.« So ist es eben in einer süchtigen Organisation. Aber es gibt Alternativen.

Das Weiterbildungsinstitut ist geradezu beispielhaft für die süchtige Organisation: Die Kandidaten fühlen sich von dem Institut angesprochen, weil sie an die Mission und den erklärten Zweck des Instituts glauben. Die Verwaltung ist nun so aufgebaut, daß der Zweck nicht erfüllt werden kann: Sie basiert auf dem Bedürfnis zu kontrollieren; sie steht der Bewältigung der Ziele der Organisation eigentlich im Wege. Die Kandidaten, die darüber irritiert und verärgert sind, versuchen ihre Ziele zu erreichen, indem sie die Struktur umgehen und der Verwaltung gegenüber unehrlich sind. Sie werden aus einer Notwendigkeit heraus unehrlich. Die Verwaltungskräfte haben das Gefühl, daß sie den Studenten nicht trauen können, und schaffen daher noch mehr Regeln, um Einheitlichkeit und hohe Maßstäbe sicherzustellen. Was die Situation noch erschwert, ist, daß es sich um ein »innovatives« Institut handelt, so daß sie Angst davor haben, »was die Leute wohl denken«, wenn sie zu nachlässig erscheinen. Daher werden immer mehr Regeln aufgestellt. Sie sind bemüht, Eindruck zu schinden, was auch eine Form von Unehrlichkeit ist. Und schließlich geht es zu wie in jeder anderen, traditionellen Schule auch. Die Mission und die Struktur stimmen nicht überein, und sie haben organisatorische Schwierigkeiten.

Organisationen bekommen immer Probleme, wenn sie sich von Prozessen entfernen, die sich mit ihrer Mission decken, und versuchen, etwas anderes zu sein. Die Probleme zeigen sich dann in ihrer Struktur, da die Struktur die wahre Identität des Unternehmens reflektiert und ausmacht.

Außenbezogenheit ist ein Prozeß der süchtigen Organisation, den wir auch hier antreffen. Eine Gruppe orientiert sich nach außen hin, wenn die einzige Quelle der Bestätigung außerhalb ihrer selbst liegt. Sie blickt nach außen, um Hinweise dafür zu bekommen, wie sie sich verhalten soll, ohne diese Hinweise dann gegen Information von innen abzuwägen. Co-Abhängige und Erwachsene Kinder verbringen ihr ganzes Leben damit, nach Hinweisen von außen zu suchen, wenn sie herausfinden wollen, wie sie agieren und reagieren sollen.

Lassen Sie uns am Beispiel eines klinischen Psychologen diesen Prozeß betrachten: Die klinische Psychologie, deren Mission ja wohl darin besteht, psychologische Leiden von Klienten zu heilen, wurde früher als wenig bedeutendes Stiefkind der Schulmedizin

betrachtet. Um von ihr akzeptiert zu werden, eifert sie dem medizinischen Modell nach. Im Laufe der Jahre konnte man beobachten, wie die Psychologie immer mehr davon besessen war, regulierende Strukturen zu entwickeln, und dabei als Berufsstand immer rigider und regelorientierter wurde. Das führte schließlich zu der allgemeinen Erkenntnis, daß Psychologie überhaupt nicht mehr mit den wirklichen Bedürfnissen der Klienten in Berührung ist und in die eigene Tasche wirtschaftet.

Wenn Organisationen Strukturen aufbauen, die mit ihrer Mission nicht übereinstimmen, und außerhalb ihrer selbst nach Hinweisen dafür suchen, wie sie sich verhalten sollen, kann sich so etwas wie Schizophrenie auf Organisationsebene entwickeln. Das unvermeidliche Ergebnis ist ein internes Chaos, das Hand in Hand geht mit ständigen Versuchen, die Geschehnisse unter Kontrolle zu bringen. Kontrolle ist das nächste Problem, das wir betrachten wollen.

Unehrlichkeit und Verleugnung mögen beim einzelnen Süchtigen die deutlichsten Merkmale sein, aber *Kontrolle* ist das Haupt-Merkmal der süchtigen Organisation. Da Organisationen so komplex sind, betrachten sie die Kontrolle wahrscheinlich als eine Methode, um das Chaos in den Griff zu bekommen.

Strukturell gesehen ist Kontrolle auf allen Ebenen einer süchtigen Organisation eingebaut. In einer süchtigen Organisation beruht der Umgang mit den Beschäftigten auf dem Konzept von Belohnung und Bestrafung. In einem solchen System glaubt man, daß das Verhalten eines Menschen sein Gut-Sein oder Schlecht-Sein widerspiegelt. Es ist kein System, in dem ein bestimmtes Verhalten logische, klare Konsequenzen hat, die Resultat einvernehmlicher Entscheidungen wären.

Die süchtige Organisation möchte ihr Image unter Kontrolle haben, und sie glaubt, daß sie das kann. Dieses Image (genauer gesagt, dieser Versuch, Eindruck zu schinden) entsteht angeblich durch eine Kleiderordnung, das Erscheinen bei bestimmten Veranstaltungen, die Diskussion bestimmter Themen (und anderer nicht) sowie eine Menge weiterer Aktionen, die alle entwickelt wurden, um das richtige Image zu haben.

Den richtigen Eindruck machen zu wollen ist Teil des Verlangens, bei anderen Unternehmen, bei Kunden und in der Öffentlichkeit beliebt zu sein. Es herrscht der Glaube, daß die Welt

draußen keine Geschäfte mit dem Unternehmen machen würde, wenn man es realistisch darstellte, und man befürchtet, daß Mängel im System entdeckt werden könnten. Das erinnert an die Suchtfamilie, die innen auseinanderbricht, aber für die Nachbarschaft ein Bild abgibt, als sei sie in jeder Hinsicht ideal. Diese Illusion aufrechtzuerhalten verbraucht viel Energie.

Eine Form der Kontrolle in der süchtigen Organisation kann Planung sein. Süchtige Organisationen glauben wirklich, daß man mit Planung den Verlauf der Zukunft bestimmen kann. Zumal langfristige Planung soll die Kontrolle darüber sicherstellen, was passieren wird. Für sie ist Planung Voraussage, und Voraussage ist Kontrolle. Gesunde Organisationen planen auch, aber der Unterschied besteht darin, daß ihre Planung ein Prozeß ist und Flexibilität voraussetzt und nicht dazu benutzt wird, Schäden zu reparieren, die noch nicht einmal aufgetreten sind. Die Planung in einer gesunden Organisation ist nicht gleichzusetzen mit einem Ergebnis. Es ist eine Beschreibung, nicht eine Voraussage oder eine Vorschrift.

In süchtigen Organisationen ist Planen eine illusionäre Betätigung, da der Planungsprozeß die Menge der Information, die vom System aufgenommen wird, begrenzt. Süchtige Organisationen informieren sich nicht unvoreingenommen in alle Richtungen. Sie sind sehr vorsichtig, welcher Sache oder wem sie Beachtung schenken und wo sie ihre Informationen einholen. Folge davon ist, daß Zukunftspläne das bestehende System nicht beeinflussen, aber den Eindruck erwecken, als ob Veränderungen vor sich gingen. Um diesen Eindruck zu verstärken, werden sie vielleicht tatsächlich einige Veränderungen vornehmen, die jedoch inkonsequent und nur kosmetisch sind.

Obwohl Planung in einer süchtigen Organisation einerseits auf Illusion beruht, da umfassende Information nicht erwünscht ist, wird andererseits die Macht dadurch kontrolliert, daß man bewußt nur teilweise Informationen gibt. Aufgrund dieser mangelnden Information haben die Beschäftigten immer ein Gefühl von Unsicherheit und Abhängigkeit; sie verfügen nie über alle notwendigen Kenntnisse, um eine fundierte Entscheidung zu treffen. Ein solcher Mangel führt zu Unsensibilität und zu internen Machtkämpfen. Wir werden in einer süchtigen Organisation niemals eine gemeinsame Lösung für Probleme finden. Die Form der Kontrolle,

die wir in süchtigen Organisationen beobachten können, legt die Macht in die Hände einiger weniger Manipulatoren. Um mit dieser Situation zurechtzukommen, wird Energie verschwendet, die dafür genutzt werden könnte, die Organisation effektiver zu gestalten. Schaef hat beobachtet, daß die Beschäftigten in süchtigen Systemen lieber an dem Kontrollsystem festhalten, als zu riskieren, das zu bekommen, was sie möchten und brauchen. Sie glaubt, daß Menschen, die riskieren zu wissen, was sie wollen, und die darum bitten, ohne andere für ihre Zwecke zu manipulieren, zumindest die Möglichkeit haben, ihre Ziele zu erreichen. Wer sich aber auf das Kontrollieren anderer konzentriert, erfährt selbst Kontrolle und hat meistens keine Chance, das zu erreichen, was er will. So geschieht es oft in süchtigen Organisationen, wo die Macht in der Hand einiger weniger liegt und Kontrolle die Hauptfunktionsform ist.

In süchtigen Organisationen werden Macht und Kontrolle auch durch Strukturen ermöglicht, die den gegenwärtigen politischen Prozeß widerspiegeln. In diesen Systemen heißt Macht die Fähigkeit, andere dazu zu bringen, das zu machen, was man von ihnen will. Es bilden sich Koalitionen und Machtgruppierungen, die sich den politischen Prozeß zunutze machen, was bedeutet, daß Versprechungen gemacht werden, die nur selten eingehalten werden. Menschen werden als Objekte und als Mittel zum Zweck betrachtet, obwohl man sie auf den ersten Blick mit dem größtmöglichen Respekt und größter Freundlichkeit behandelt.

Der politische Prozeß ist tatsächlich für viele Gruppen ein Modell für das Funktionieren von Organisationen. Folglich gibt es zwar Konzepte für Pluralismus und Demokratie, aber in der Realität herrschen Unehrlichkeit, Kontrolle und Co-Abhängigkeit. Wenn die Organisationen kränker werden, nehmen die Suchtprozesse zu, und einzelne und Gruppen werden alles daran setzen, ihren Willen durchzudrücken.

Der politische Prozeß ist eine Stütze: Wenn neue Ansätze nicht funktionieren oder Risiken mit sich bringen, greifen die Leute auf das zurück, was sie am besten kennen. Der politische Prozeß ist in unserer Gesellschaft tief verankert. In einem offeneren System äußern die Menschen ihre Wünsche und Bedürfnisse, hören sich an, was andere brauchen, und verhandeln dann über Lösungen, die für alle akzeptabel sind. Süchtige Systeme verfallen jedoch auf Kon-

trollformen wie Machtspiele, heimliche Absprachen, Beeinflussung und Manipulation.

Auch Konkurrenz ist eine Form von Kontrolle in Organisationen. Man könnte viel darüber schreiben, inwieweit Wettbewerb ein Charakteristikum für das gesamte soziale System ist, welches unser Wirtschaftssystem trägt und damit die süchtige Organisation unterstützt. Darum soll es aber in diesem Buch nicht gehen. Wir wollen nur einige Aspekte der Konkurrenz betrachten, die widersinnig sind und auf den Suchtprozeß in Organisationen hinweisen.

Konkurrenz gründet sich häufig auf Vergleiche. Vergleichen ist ein Prozeß zur Urteilsfindung, der darauf basiert, daß man sich an Äußerlichkeiten orientiert. Nehmen wir das Beispiel von zwei Leuten, die sich um dieselbe Stelle bewerben. Im Suchtsystem konkurrieren die beiden Bewerber um den Job, und der Personalchef vergleicht sie miteinander. Dieser Prozeß ist voller Bewertungen. Bei einer nicht-süchtigen Funktionsform geht es nicht darum, die beiden Bewerber zu vergleichen. Es geht darum, welcher der beiden Bewerber für sich genommen am besten für die Stelle geeignet ist, wenn überhaupt einer.

Wettbewerb ist in die süchtige Organisation integriert. Wenn eine Organisation wegen einer Belohnung Zwietracht unter den Angestellten sät, fördert sie damit einen Prozeß, bei dem die Menschen ihre Wertschätzung von außerhalb ihrer selbst erhalten. Die Verlierer werden dabei zum Objekt gemacht, und der Gewinner wird belohnt.

Konkurrenz gehört zum Wesen einer süchtigen Organisation, sowohl nach innen als auch nach außen. Einige Leute haben erklärt, daß externer Wettkampf notwendig sei. Sie behaupten, daß man konkurrierende Beziehungen zu anderen Unternehmen, die die gleichen Produkte herstellen, nicht vermeiden kann. Wir dagegen sind der Meinung, daß qualitativ ein Unterschied darin besteht, ob man ein Geschäft macht, um einen Konkurrenten auszustechen, oder ob man ein Produkt herstellt oder eine Dienstleistung anbietet um ihrer selbst willen und sich dabei die größte Mühe gibt.

Der Unterschied besteht in der Blickrichtung: Konzentriert man sich darauf, die Qualität zu garantieren, für die die Organisation einsteht, so wird Konkurrenz unwichtig. Liegt hier nicht genau das Problem, dem sich amerikanische Autohersteller während der

Ölkrise gegenüber sahen? Sie konnten kein Qualitätsprodukt anbieten, das den Bedürfnissen der amerikanischen Verbraucher entsprochen hätte. Japanische und europäische Hersteller brauchten die amerikanischen Autofirmen gar nicht auszustechen: Sie hatten lediglich alles über die Bedürfnisse der Verbraucher in Erfahrung gebracht und ein gutes Produkt geliefert. Konkurrenz herrscht tief im Innern der Organisation. Sie ist ein Wert, der liebevoll gepflegt wird.

Dennoch weisen alle Tendenzen in Kultur und in Wirtschaft – zum Beispiel in Ländern wie Japan, die bereit sind, mit Konkurrenten zusammenzuarbeiten und von ihnen zu lernen – darauf hin, daß das Konkurrenz-Paradigma wohl seinem Ende zugeht. Es ist weder für die Angestellten gut noch für die Kunden oder den Markt.

Der letzte strukturelle Aspekt der süchtigen Organisation, den wir behandeln wollen, ist das Syndrom der »Form als ein Fix«. Ein »Fix« ist etwas, das uns von dem wegbringt, was wir wissen und fühlen. Alkoholikerfamilien wirken nach außen oft so, als sei alles in Ordnung, und die Krankheit mag tatsächlich so verborgen sein, daß selbst die Kinder nicht merken, daß es ein Problem gibt. Die Form der Familie dient als »Fix«. Sie verhindert das Wissen.

Süchtige Organisationen glauben, daß sie sich nicht mit dem Suchtprozeß beschäftigen müssen, wenn sie nur die richtige Form finden. Sie glauben, daß nur die Strukturen perfekt sein müssen und daß dadurch die Beschäftigten kontrollierbar seien. Folglich verbringen süchtige Organisationen viel Zeit für die Arbeit an der Struktur. Auf diese Weise geraten Organisationen in gleicher Weise in ein co-abhängiges Verhältnis zu ihren Angestellten, wie der co-abhängige Partner zu dem Süchtigen. Wenn die einzelnen und das Unternehmen zunehmend süchtig agieren, versuchen sich die Firmen vor den Auswirkungen des Verhaltens zu schützen. Anstatt sich mit dem Krankheitsprozeß auseinanderzusetzen, suchen sie nach Vorgehensweisen oder Formen, um das Problem zu lösen.

Neulich entdeckten wir in einem Krankenhaus eine weitere Dimension von der »Form als ein Fix«. Eine Frau Anfang 40, Alkoholikerin und Drogenabhängige in Genesung, entdeckte vor kurzem, daß sie Bulimikerin ist. Ihre Bulimie war bisher nicht behandelt worden und wurde immer schlimmer. Schließlich nahm sie an einem stationären Programm für Eßstörungen teil. Im Laufe der

Behandlung lehrte das Personal die Patienten, daß eines ihrer allgemeinen Probleme darin bestehe, daß sie keine Gefühle hätten und sie nicht aussprechen könnten. Folglich ermutigte man sie, zu spüren und auszudrücken, was sie empfanden. Unter dem Eindruck dieser Ermutigung begann die Frau tatsächlich etwas zu fühlen. Sie spürte ihre Depression. Sobald sie sich jedoch depressiv fühlte, legte das Personal ihr nahe, Medikamente zu nehmen. Das verwirrte sie, da sie sich ja darauf eingestellt hatte, ihre Depression zu fühlen, von ihr zu lernen und durch sie hindurchzugehen.

Da sie eine Drogenabhängige in Genesung war, würde die Einnahme von eventuell abhängig machenden Antidepressiva außerdem ihre Genesung gefährden. Obwohl sie dem Personal all diese Bedenken mitteilte, beharrte es darauf, daß sie sich mit den Medikamenten »besser fühlen« würde. Von da an nahm unsere Freundin die Tabletten, aber die Geschichte war damit noch nicht zu Ende. Ihre Medikation wurde immer wichtiger, da das Personal sie nun genau beobachtete; wenn sie weinte, erhöhten sie die Dosis. Wir glauben, daß es sich hier um eine Organisation handelt, dic tief in ihren eigenen Suchtprozeß verstrickt ist. Es gibt hier offensichtlich eine verdrehte Botschaft: »Fühle deine Gefühle, aber fühle deine Gefühle nicht«, und das führt zur Verwirrung der Patienten.

Das Klinikpersonal verlor sich in seiner Definition von Verbesserungen. Sie glaubten, daß es einer Patientin nicht gut gehe, wenn sie aus der Behandlung nicht »perfekt«, im Sinne dessen, was die Klinik als perfekt definiert, hervorgeht. In diesem Fall bedeutete »perfekt«, nicht depressiv zu sein. Sie haben schließlich nicht ihre Krankheit behandelt, sondern von ihr verlangt, sich ihren Formen anzupassen.

Das Verordnen von Medikamenten, die die Depression zudekken, diente nicht nur dazu, daß die Patientin sich besser fühlte. Es hatte auch die Funktion, die Ängste des Personals zu verringern, und unterstützte ihre Illusion, daß sie etwas taten und die Krankheit »unter Kontrolle« hatten.

Man kann deutlich sehen, daß es hier darum ging, daß das Personal der Frau Medikamente gab, damit es selbst sich besser fühlen konnte und mehr Kontrolle hatte. Aus der Sicht der Patientin haben sie ihr nicht geholfen, mit ihren Depressionen umzugehen. Sie spürte, welches der wahre Sinn der Medikation war, daß es

nicht darum ging, daß sie selbst mit ihren Problemen fertig wurde, sondern darum, daß das Personal sich besser fühlte.

Wir beobachteten, daß dem Personal vor allem daran lag, das Gefühl zu haben, sie hätten etwas mit der Patientin unternommen. Aber in diesem Fall besserte sich die Patientin nicht nach ihren Vorstellungen. Sie verlangten, daß diese Frau in ihre Planung paßte; sie hatten eine vorgefaßte Form im Kopf, wie der Fortschritt aussieht, den die Krankheit nehmen muß, und sie paßten die Patientin dieser Form an, ohne dabei auf ihre individuellen Bedürfnisse einzugehen.

Die Form ist ein »Fix«, da sie dazu benutzt wird, dem Personal eine Legitimation zu geben. Sie konzentrieren sich lieber auf den »Fix«, als sich mit der Einzigartigkeit eines jeden Patienten auseinanderzusetzen. Der »Fix« führt einen weg vom Prozeß. Eine solche Form, auf die man zurückgreifen kann, liefert eine bequeme Ausrede dafür, wichtige Arbeit nicht zu erledigen oder nicht präsent zu sein. Es kann ewig dauern, wenn man die Zeit der Angestellten und das Geld des Unternehmens dazu verwendet, die richtige Form zu erreichen; außerdem kann es die Gruppe in der Illusion wiegen, daß sie etwas zum Wohle des Unternehmens beiträgt.

Ein weiteres Beispiel für die Form als ein »Fix« sind die aktuellen Forderungen von Versicherungen, wenn es um Erstattung von medizinischen und psychotherapeutischen Kosten geht. Bei der Beratung von Gesundheitsorganisationen haben wir entdeckt, daß die Versicherungen starre Kategorien für behandelbare Krankheiten sowie für den nötigen Zeitaufwand einer Behandlung aufgestellt haben. Die Versicherungen definieren also sowohl die Krankheit als auch die Behandlungszeit.

Dieses System provoziert geradezu Unehrlichkeit. Ärzte und Psychotherapeuten können nicht garantieren, daß eine angemessene Behandlung innerhalb der gesetzten Zeiträume möglich ist. Wenn sie akzeptieren, daß sie dazu in der Lage sein sollten, müssen sie die individuellen Unterschiede der Patienten ignorieren. Sie verlassen sich auf die Form als »Fix« und versuchen, die Patienten dahingehend zu manipulieren, daß sie sich der Form anpassen. Auf diese Art lindern sie ihren eigenen Streß, der durch ihre Versuche entsteht, die Bedürfnisse der Patienten und die Vorschriften der Versicherungen in Einklang zu bringen. Dies ist auch ein gutes

Beispiel dafür, wie ein ganzer Industriezweig, in diesem Fall die Versicherungen, seinen Suchtprozeß an andere Organisationen weitergeben kann. Ärzte, Krankenhäuser und die Versicherungen enden schließlich in einer co-abhängigen Beziehung. Dieser Suchtprozeß könnte sich nicht durchsetzen, wenn sie nicht alle mitmachten.

Alle drei Faktoren – Auseinanderfallen von Struktur und Mission, Kontrolle und »Form als Fix« – sind in die Struktur der süchtigen Organisation eingebaut. Sie bedingen die süchtigen Handlungsweisen der Organisation: Wenn die Struktur nicht die Mission unterstützt, wird vermieden, die eigentlichen Aufgaben des Unternehmens zu erfüllen; es handelt sich um eine Farce. Kontrolle ist ein Prozeß, bei dem die Organisation versucht, Gott zu sein. Die »Form als Fix« ist ein ständiges Streben danach, über die Komplexität der Organisation hinwegzugehen und alle Dinge kalkulierbar zu machen.

Alle diese strukturellen Komponenten führen zum Zusammenbruch der süchtigen Organisation und letztlich zu moralischem Bankrott: wenn nämlich Organisationen nicht mehr mit ihrem eigentlichen Zweck, mit ihren Kunden und ihren eigenen Angestellten in Berührung sind. Sie sind nicht mehr in der Lage, den Vertrag zu erfüllen, den sie mit der Gesellschaft, mit ihren Mitarbeitern und mit sich selbst geschlossen haben. Organisationen sind Formen von Öffentlichkeit; sie sind verpflichtet, die zu sein, die sie behaupten zu sein, und ihren Geschäften ehrlich nachzugehen.

Neben den inneren Prozessen müssen auch die Produkte und die Dienstleistungen selbst untersucht werden. Unternehmen, die Produkte herstellen, die die Umwelt und die Menschen zerstören, sind eindeutig unmoralisch. Organisationen, die nützliche Produkte herstellen, aber die Arbeitssucht unter den Angestellten fördern, sind nicht von der Kritik ausgenommen, da süchtige Prozesse innerhalb der Firmen in den sozialen Bereich übergreifen. Wie Schaef behauptet, besteht der Zweck einer jeden Sucht darin, eine betäubte Person zu produzieren, einen Zombie. Eine betäubte Person paßt sich an das Leben in dieser Gesellschaft am besten an, eine Gesellschaft, die es fördert, daß wir ihre Arbeit tun, ohne uns ihren zerstörerischen Vorgehensweisen zu widersetzen.

Organisationen können sich auf viele Arten am Suchtsystem beteiligen. Bis hin dazu, daß sie selbst Süchtige sind, sind wir alle

davon in Mitleidenschaft gezogen. Im Grunde genommen haben Organisationen, die Süchtige sind, eine ernsthafte Verpflichtung, gesund zu werden, da sie Netzwerke besitzen, die die Krankheit weit verbreiten. Bei alledem sollten wir nicht vergessen, daß es nicht um schlechte Organisationen geht, die gut werden, sondern um kranke, die versuchen, gesund zu werden. Sie leiden auf vielen Ebenen und brauchen Heilung. Außerdem müssen wir sehen, daß eine teilweise Genesung nicht ausreicht. Sie mag zwar zu einer zeitweiligen Erleichterung führen, berührt aber nicht die eigentlichen Probleme.

IV. Genesung in der süchtigen Organisation

In dem Film ›Hoosiers‹ spielt Gene Hackman einen fünfzigjährigen Basketballtrainer, der ein persönliches Comeback versucht und Trainer an einer Schule in Indiana wird, an der vierundsechzig Studenten eingeschrieben sind. In dem Film geht es um seine Anstrengungen, ein erfolgloses Basketballteam wieder zum Leben zu erwecken. Das Team versucht, die Meisterschaften des Staates zu gewinnen. Im Laufe des Prozesses, in dem sie sich auf die Meisterschaft vorbereiten und sie schließlich gewinnen, verändert sich das Leben von einigen, und die gesamte Stadt bekommt einen Energieschub. Wie es für Städte in Indiana typisch ist, dreht sich alles um das Basketballteam: Wenn das Team gewinnt, sind alle oben auf; wenn es verliert, ist die Stimmung unten. Die Stadt und das Team haben eine symbiotische Beziehung.

Die süchtige Organisation ist so etwas wie das Kleinstadt-Basketballteam. Sie zieht einzelne, Gruppen und ganze Gemeinden in Mitleidenschaft, sie hat weitreichenden Einfluß.

Nachdem wir nun die Macht des Suchtprozesses in süchtigen Organisationen beobachtet haben, wenden wir uns dem Genesungsprozeß zu.

Es gibt einige wesentliche Konzepte, die sich auf den Genesungsprozeß beziehen, sowohl für einzelne als auch für eine ganze Organisation. Es ist wichtig, daß wir uns diese Konzepte vor Augen führen, da das Wissen über Genesung genauso wichtig ist, wie die Genesung selbst.

Wir müssen sehen, daß *süchtige Organisationen leiden*. Sie haben interne Schwierigkeiten. Es handelt sich nicht um »Böse«, auch wenn sie vielleicht Dinge tun, die auf der menschlichen und mitmenschlichen Ebene zerstörerisch sind. Die süchtige Organisation braucht die gleiche Chance zur Genesung wie der einzelne Süchtige.

Man sollte daran denken, daß *Süchte fortschreitend und tödlich sind*, sowohl für den einzelnen als auch für Organisationen. Folglich muß man die Genesung ernstnehmen. Es ist nicht so, wie bei einer Diät, mit der man am Montag beginnen kann, am Freitag ein paar Pfunde verloren hat und sich dann aufmacht ins Wochenende. So etwas wie eine teilweise Genesung von Süchten gibt es nicht.

Genesung ist ein Prozeß; sie ist nicht ein schneller »Fix«. Sie verlangt weit mehr als nur das Aufgeben des Suchtmittels. Viele Leute glauben fälschlicherweise, daß Süchtige geheilt sind, wenn sie die Suchtsubstanz aufgeben. *Das Aufgeben des Suchtmittels ist nur die Spitze des Eisberges.* Die Krankheit ist ein Prozeß mit vielen charakteristischen Verhaltensweisen und Vorgängen. Auch die Genesung ist ein Prozeß, ein lebenslanger Prozeß. Bei den Anonymen Alkoholikern gibt es einen Spruch, der besagt, daß man mit seiner Genesung entweder vorwärts oder rückwärts geht. Es gibt bei dieser Krankheit keinen Stillstand. Es gibt Hilfsmittel für die Genesung. Diese Hilfsmittel beziehen sich auf jeden Aspekt des Lebens des einzelnen oder der Organisation und müssen in alles integriert werden.

Der Genesungsprozeß, den wir als höchst gründlich, effektiv und erfolgreich erlebt haben, basiert auf dem Modell der Anonymen Alkoholiker und beinhaltet das, was als 12-Schritte-Programm bekannt ist. Es gibt noch viele andere Formen des 12-Schritte-Programms (Anonyme Eßsüchtige, Al-Anon, Erwachsene Kinder von Alkoholikern, Anonyme Schuldenmacher, Anonyme Sexsüchtige), und ihnen ist gemeinsam, daß das Grundgerüst für die Genesung die Arbeit an den zwölf Schritten ist (vgl. im Anhang S. 203).

Als Organisationsberaterinnen hatten wir zunächst Skepsis gegenüber dem 12-Schritte-Programm, das wir dann aber schätzen lernten. Wir fragten uns, ob es etwas Kultisches oder Fanatisches hat. Wir dachten, daß Organisationen sich an der spirituellen Ausrichtung stören würden. Kurzum, es war uns etwas peinlich. So hofften wir, daß es etwas Ähnliches in der traditionellen Ausdrucksweise von Organisationen gibt, das schon eine breite Akzeptanz in Organisationen gefunden hat. Nachdem wir in der Fachliteratur gesucht hatten und uns von Kollegen beraten ließen, stellten wir fest, daß es nichts Besseres gibt. In der Tat ist das Konzept der süchtigen Organisation so neu, daß es keinen anderen Ort als die Anonymen Alkoholiker gibt, um nach Genesungsmodellen zu suchen. Darüber hinaus ist es unmöglich, einen Paradigmenwechsel herbeizuführen, ohne neue Konzepte, neue Prozesse und eine neue Sprache zu riskieren.

Wir glauben, daß das Modell der Anonymen Alkoholiker ein sehr nützliches Werkzeug für die Genesung ist. Es beinhaltet

zwölf erkennbare Schritte, die Süchtige in Organisationen benutzen und auf ihre Situation anwenden können. Die Anonymen Alkoholiker funktionieren nach einem Modell, das durch Gruppen-Meetings und individuelle Sponsorenschaft Unterstützung bei der Genesung bereithält. Sie geben ein stabiles Fundament in der frühen Genesung und halten Leute davon ab, sich zu isolieren, weil sie von teilnehmender und teilhabender Natur sind.

Das Modell besitzt eine gewisse Weisheit, die auf seinem Prozeß-Charakter beruht. Viele Organisationen, genau wie die Süchtigen, wollen den schnellen »Fix« *jetzt*, besonders, nachdem sie die Verleugnung gegenüber ihrer Sucht durchbrochen haben. Im 12-Schritte-Programm heißt es »eins nach dem anderen«. Es lehrt, daß Leute in früher Genesung nur eines verfolgen können, nämlich zu genesen. Von größeren strukturellen Veränderungen wird in der frühen Genesung abgeraten. Die Anonymen Alkoholiker lehnen Perfektionismus ab. Das Ziel sollte »Fortschritt«, nicht »Perfektion« sein. Das Programm verbindet Menschen mit anderen außerhalb der Organisation, so daß Isolation und ein Tunnel-Blick vermieden werden können. Und was am wichtigsten ist: Es handelt sich um eine Bewegung, die von der Basis kommt und teilnehmend ist; die »Experten« sind die Leute, die selbst von der Krankheit genesen. Es ist der »Qualitätszirkel« im Suchtbereich.

Das Modell der Anonymen Alkoholiker ist einfach, verständlich und effektiv. Wie bei vielen anderen einfachen Dingen geht es um mehr, als auf den ersten Blick ersichtlich ist. Es geht nicht nur um ein Modell für die Genesung der einzelnen und der Organisation, sondern auch um einen radikalen Systemwechsel. Das ist es, was seine Gegner an dem Programm nicht erkennen. Sie denken, daß sie einer Ansammlung von Trinkern, Sexsüchtigen oder Eßsüchtigen zuhören, die ihre Geschichten erzählen, während sie in Wahrheit das Entstehen eines neuen Weltbilds beobachten. Wie geschieht das?

Wir haben das Suchtsystem des einzelnen und der Organisation als ein geschlossenes System beschrieben, ein System, das sich auf sich selbst zurückzieht. Wenn es kränker wird, wird es auch rigider und unehrlicher. Es benutzt Formen der Verleugnung, um zu vermeiden, seine eigene Realität zu sehen. Tatsächlich schafft es sich seine eigene Realität und wird dem Suchtprozeß gegenüber machtlos. Da es ein ganzes System ist, ist eine teilweise Genesung

nicht möglich. Eine entropische und zerstörerische Weltanschauung hat die Oberhand, es geht nicht nur um ein paar schlechte Angewohnheiten.

Während eines Besuchs auf Kauai, Hawaii, trafen wir auf einen eindrucksvollen Hinweis auf einen Paradigmenwechsel. Freunde, die die alte hawaiische Kultur studiert hatten, erklärten uns Kapu. Kapu war eine Weltanschauung, voll von Schrecken und Tabus. Eine Form des Kapu bezog sich auf den Tod. Wenn jemand starb, mußten alle Männer, Frauen und Kinder in den Wohnungen bleiben und durften keinen Ton von sich geben. Wenn auch nur der Rauch einer Pfeife oder ein kleines Licht zu sehen oder ein Husten zu hören war, wurden alle aus dem Haushalt getötet. Tiere durften nicht hinausgelassen werden aus Furcht, sie könnten Töne von sich geben. Alles Sprechen und jede Form von Geräuschen waren unter Anordnung der Todesstrafe verboten. Kapu war streng, und die Leute lebten jahrelang mit der Angst davor. Es konnte beim Tod eines Königs oder eines Kindes des Königs oder beim Tod einer anderen wichtigen Person ausgerufen werden. Da die Menschen gläubig waren, nahmen sie das Kapu sehr ernst.

Dann brach eines Tages der König das Kapu, indem er mit Frauen zu Tisch saß und den Frauen erlaubte, Bananen zu essen. Durch diese Tat eines einzelnen Mannes verschwand eine ganze soziale Struktur. In gewisser Hinsicht wurden die hawaiischen Menschen zu einem Volk ohne Paradigma. Innerhalb eines Jahres kamen christliche Missionare an. Die Hawaiianer waren ein sehr religiöses Volk, aber sie waren ein Volk ohne Paradigma. Man präsentierte ihnen ein vollkommen neues Glaubenssystem. Da sie von der Rigidität des Kapu unterdrückt worden waren, hießen sie den christlichen Glauben von ganzem Herzen willkommen. Das Ganze geschah mit »Lichtgeschwindigkeit«: gemessen an der Evolutionszeit in einem Augenzwinkern. Sie hatten unter der Angst des Kapu gelebt; im nächsten Moment hießen sie das Christentum willkommen, zumindest oberflächlich gesehen. Dies war ein grundlegender Paradigmenwechsel; es war eine vollkommene Veränderung der Weltanschauung. Die Geschichten, die Legenden und die Art, wie die Hawaiianer die Welt erklärten, veränderten sich von Grund auf. Natürlich dauert diese Veränderung bis heute an.

Das 12-Schritte-Programm leitet einen solchen Paradigmenwechsel ein. Für den Süchtigen kann es keine Umkehr geben. Es

wird die vollkommene Abstinenz gefordert – was eine völlige System-Veränderung bedeutet. Aber die Abstinenz findet immer nur in der Gegenwart statt – nur heute, manchmal nur eine Minute. Ganz allmählich müßten auch Organisationen sich dafür öffnen, das zu verändern, was einer Veränderung bedarf, selbst wenn es um das Denken und die Weltanschauung geht. Der Veränderung treu zu sein, würde einen Prozeß erfordern, bei dem man einen Schritt nach dem anderen tut.

Einige haben beobachtet, daß der Paradigmenwechsel der Anonymen Alkoholiker einen Vertrauensvorschuß fordert. Man verläßt die Kontrolle, die Unehrlichkeit und dualistische Denkmuster zugunsten eines Systems der Flexibilität, der Ehrlichkeit, mehrerer Alternativen und eventuell, überraschenderweise, sogar höherer Belohnungen. Die Beziehungen der Organisation zu ihren Kunden und ihren Mitarbeitern verändert sich. Sie bewegt sich von Voraussagbarkeit und Kontrolle, von Ursache und Wirkung und von Manipulation weg und ermöglicht damit wechselseitige Interaktionen und zusammenwirkende Beziehungen.

Für den Fall, daß der Leser von dem möglichen Ausmaß der Veränderungen überrascht ist, sollten wir uns daran erinnern, daß wir uns als Nation bereits einigen größeren Veränderungen unterzogen haben. Es handelte sich um einen Systemwechsel, als wir uns von der landwirtschaftlichen zur industriellen und von der industriellen zur hochtechnisierten Wirtschaftsform entwickelten. Die gegenwärtigen Inhalte und Prozesse mögen sich zwar von diesen Systemwechseln unterscheiden, aber die Tatsache einer solchen Veränderung ist nicht neu.

Die Aufklärung über Sucht, über das Suchtsystem und über süchtige Organisationen ist für den Prozeß der Genesung unbedingt erforderlich. Sie ist eine Grundvoraussetzung für alle Gruppen, die den Versuch eines Systemwechsels unternehmen. Erziehung und Aufklärung sind so wichtig, weil Süchte und süchtiges Funktionieren tendenziell im Verborgenen sind und nicht öffentlich diskutiert werden. Darüber hinaus erkennen die meisten Manager, Angestellte und Berater zwar die Charakteristika und Prozesse, die wir geschildert haben, wissen aber nicht, daß sie Anzeichen für den Prozeß der Suchtkrankheit sind. Manchmal ist es für die Betroffenen bereits eine Erleichterung, den Suchtprozeß als solchen beim Namen zu nennen, weil er Muster deutlich macht,

unter denen sie seit Jahren gelitten haben und die sie versucht haben zu korrigieren.

Wir wollen die Genesung und ihre Bedeutung in den vier Bereichen beschreiben, die wir in diesem Buch angesprochen haben: Personen in Schlüsselfunktion als Süchtige, Co-Abhängige und Erwachsene Kinder, die ihr System in Organisationen reproduzieren, die Organisation als Suchtsubstanz und die Organisation selbst als Süchtige.

Genesung für die einzelnen Süchtigen

Der erste Fall, bei dem es um den Süchtigen selbst geht, ist am einfachsten zu beschreiben, weil man viel über die Genesung einzelner weiß.

Intervention ist das Verfahren, das am häufigsten benutzt wird, um den Suchtprozeß zu unterbrechen und den Süchtigen auf den Weg in Richtung Genesung zu bringen, indem er sich in Behandlung begibt oder am 12-Schritte-Programm teilnimmt. Am besten geschieht das in einer Gruppe, obwohl gelegentlich auch Interventionen durch einzelne Erfolg gezeigt haben.

In einer Organisation verläuft eine Intervention folgendermaßen: Zuerst beginnen verschiedene Mitarbeiter Verhaltensweisen und Merkmale der Krankheit an einer Person zu identifizieren. Dann treffen sich die Leute, die dem Süchtigen am nächsten sind, und jene, die mit ihm zusammenarbeiten und die Möglichkeit haben, sein Verhalten zu beobachten. Sie tauschen ihre Beobachtungen untereinander aus. Es ist wichtig, daß man einen Personal- oder Suchtberater in der Gruppe hat. Sie können die Gruppe über die Merkmale und das Fortschreiten der Krankheit unterrichten und einzelne ermutigen, die in ihrer Bereitschaft, einen anderen Angestellten damit zu konfrontieren, noch schwanken. Der Berater kann die beste Zeit für ein Treffen mit dem Süchtigen bestimmen und das Treffen auch leiten.

Zum dritten ist es wichtig, daß eine wertfreie Einstellung und Umgebung geschaffen wird. Das ist für den ganzen Prozeß hindurch unbedingt notwendig. Zu dem Zeitpunkt, zu dem die Grup-

pe schließlich zu der Erkenntnis kommt, daß man eine Intervention braucht, hat der Süchtige wahrscheinlich bereits ein enormes Chaos veranstaltet. Er oder sie mag sich viele Feinde geschaffen haben, und diese Leute können Groll hegen und eine anklagende Einstellung zeigen. Der Interventions-Gruppe muß dabei geholfen werden, sich mit ihren Gefühlen gegenüber der Person auseinanderzusetzen. Das sollte möglichst getrennt von der tatsächlichen Intervention, und zwar vorher, geschehen.

Während der Intervention müssen sie dazu in der Lage sein, Verhaltensweisen des Süchtigen in einer nichtwertenden Form zu beschreiben. Bewertungen rufen eine Verteidigungshaltung hervor. Indem man eine bewertende Atmosphäre schafft, stellt man dem Süchtigen womöglich einen Ausweg zur Verfügung. Es ist wichtig, daß das Interventionsteam weiß und glaubt, daß es bei dem Süchtigen nicht um eine schlechte Person geht, sondern um eine kranke Person, die man heilen muß. Außerdem muß das Interventionsteam zeigen, daß es an der *Person* interessiert ist und die *Krankheit* nicht tolerieren wird.

Als viertes findet die tatsächliche Intervention statt, bei der der Süchtige und die Interventionsgruppe zusammentreffen. Teilnehmer der Gruppe können Familienangehörige, Freunde, Mitarbeiter, Manager und Supervisoren sein. Das wichtigste ist, daß die Teilnehmer an der Intervention sich sicher, klar und wohlwollend dem Süchtigen gegenüber verhalten. Intervention ist keine Konfrontation. Die Person steht nicht vor Gericht. Jeder der Interventionsgruppe teilt mit, wie die Krankheit des Süchtigen auf ihn gewirkt hat. Es geht hier um ein einfühlsames Mitteilen, bei dem Leute die Krankheit und ihre Auswirkungen auf sie auf persönlicher und auf Organisations-Ebene erkennen. Die Gruppenteilnehmer zeigen außerdem, daß sie dem Süchtigen dabei helfen wollen, daß er alles bekommt, was er braucht, um gesund zu werden.

Wer sich in der Position des Supervisors befindet, kann bereits vor der Intervention in Erfahrung bringen, wie man für eine Behandlung beurlaubt werden kann. Manchmal ist es auch hilfreich, wenn die Gruppe Informationen über Kliniken bereit hält, die Plätze zur Behandlung frei haben, sowie über Orte und Zeiten verschiedener 12-Schritte-Gruppen. Ziel des Treffens ist es, die Person sofort zur Behandlung und zur Teilnahme an 12-Schritte-Gruppen zu bewegen. Wenn man erst bis zur nächsten Woche

oder auf eine passendere Zeit wartet, geschieht oft nichts, und die Person zieht sich von ihrem Versprechen zurück, sobald das Treffen zu Ende ist.

Jedes Mitglied der Interventions-Gruppe sollte klar die Konsequenzen darlegen, falls der Süchtige nicht mit der Genesung beginnt. Bei den Konsequenzen geht es nicht um Bestrafung; es geht um die Gruppe, die unmißverständlich kundtut, daß sie nicht bereit ist, es der Person zu ermöglichen, mit der Krankheit fortzufahren. Die Konsequenzen werden unterschiedlich ausfallen, abhängig von der Beziehung einzelner zum Süchtigen. Kinder zum Beispiel können sich weigern, die Krankheit der Eltern weiterhin zu decken oder zu ignorieren. Der Partner mag sich dazu entscheiden, daß die Aufrechterhaltung der Ehe nicht mehr möglich ist, wenn sich der Süchtige nicht in Genesung begibt. Vertreter des Unternehmens können erklären, daß die Konsequenz für weiteres süchtiges Funktionieren die Entlassung sein wird. Egal wie die Konsequenzen aussehen, sie müssen real, klar und von Gewicht sein.

Und es ist natürlich notwendig, daß das Interventionsteam sich daran hält, die Konsequenzen auch durchzuführen. Man soll niemals von einer Konsequenz sprechen, die man nicht bereit ist auszuführen. Wir kennen den leitenden Angestellten eines High-Tech-Betriebes, der eine Ein-Mann-Intervention durchführte. Er lud den süchtigen Angestellten in sein Büro ein. Er legte zweitausend Dollar auf den Tisch und sagte: »Ich weiß, Sie sind ein Alkoholiker. Sie wissen, Sie sind ein Alkoholiker, und alle anderen hier wissen es. Hier sind zweitausend Dollar. Wenn Sie sich in Behandlung begeben, werden Ihr Job und die zweitausend Dollar hier auf Sie warten, wenn sie zurückkommen. Wenn Sie sich nicht in Behandlung begeben, können Sie das Geld nehmen und jetzt gleich ihren Arbeitsplatz verlassen.« Der Angestellte entschied sich für die Behandlung. Anschließend sagte der leitende Angestellte über die Interaktion: »Es hing viel von der Intervention ab. Wir wollten ihn wirklich nicht verlieren. Er war für unser Unternehmen sehr wertvoll, aber in dem Zustand, in dem er sich befand, war er nutzlos und hatte das Potential, das Unternehmen zu zerstören.«

Nicht alle Interventionen sind erfolgreich. Manchmal müssen Leute erst ihren Arbeitsplatz und alles andere Wichtige verlieren, bevor sie sich Hilfe holen. Sie müssen erst *ganz unten sein*, bevor

sie aufwachen. Firmen und Familien müssen erkennen, daß der Verlust der Arbeit oder die Weigerung, weiterhin zu »vertuschen«, das Wertvollste sein kann, was sie je für den Süchtigen getan haben. In der süchtigen Organisation gibt es eine Menge Überbrükkungsmaßnahmen. Leute arbeiten hart daran, andere Leute oder die Organisation zu unterstützen. Dieser Prozeß erhält gewöhnlich die Krankheit beim einzelnen und in der Organisation nur aufrecht. Es kann notwendig sein, Menschen versagen zu lassen, damit sie gezwungen sind, sich die notwendige Hilfe zu holen. Für jene, die es gewohnt sind, als Co-Abhängige zu funktionieren, mag sich das nach drastischen Maßnahmen anhören. Das ist es aber wert, wenn man bedenkt, daß Genesung das Leben eines Menschen rettet, der an einer tödlichen Krankheit leidet, und daß damit der weitere Gebrauch seiner Ausbildung und seiner Fähigkeiten für das Unternehmen erhalten bleibt.

Aus alledem wird wahrscheinlich deutlich, daß Interventionsteams geschult werden müssen. Auch nach der Intervention fällt weitere Arbeit an. Alle Leute, die von dem Süchtigen in Mitleidenschaft gezogen worden sind, funktionieren wahrscheinlich in gewisser Hinsicht als Co-Abhängige. Der Genesungsprozeß hat gerade erst begonnen, wenn sich der Süchtige in Behandlung begibt. Die Familienmitglieder und alle, die dem Süchtigen nahestehen, brauchen Hilfe bei dem Verständnis für ihren Anteil an der Krankheit, für ihr eigenes Verwickeltsein in die Krankheit. Wenn der Süchtige sich in Behandlung begibt, wird die Familie häufig in einem einwöchigen Familienprogramm miteinbezogen. Auch die Mitarbeiter brauchen Hilfe, und ein erfahrener Berater kann mit ihnen daran arbeiten, sich mit den Auswirkungen der Krankheit auseinanderzusetzen.

Wir wollen jetzt einiges über Behandlungszentren sagen. Einige Leute sind der Ansicht, daß es sich bei solchen Institutionen um psychiatrische Kliniken oder Einrichtungen handelt. Das stimmt nicht. Solche Behandlungszentren wurden speziell für die Auseinandersetzung mit Süchtigen und mit dem Suchtverhalten eingerichtet. Es gibt oft einen Arzt mit im Team, der die körperlichen Auswirkungen des Entzugs beobachtet; auch einen Psychologen mag man im Team finden. Das eigentliche Pflegepersonal sind jedoch Suchtberater, die mit den Leuten täglich arbeiten, um sie über ihre Krankheit zu unterrichten und ihnen dabei zu helfen, ein

stabiles Genesungsprogramm zu entwickeln. In den besten Einrichtungen sind diese Berater selbst Menschen in Genesung. Die Suchtkrankheit speist sich aus dem körperlichen, psychologischen, zwischenmenschlichen und spirituellen Bereich. Weder Medizin noch Psychologie alleine können eine effektive Behandlung zur Verfügung stellen, und der alleinige Gebrauch des medizinisch-psychologischen Modells kann die Krankheit in der Tat aufrechterhalten.

Genesung von Co-Abhängigen und Erwachsenen Kindern

Leute, die im Bereich der Substanz-Süchte arbeiten, haben herausgefunden, daß die Genesung von Co-Abhängigen und Erwachsenen Kindern oft schwieriger ist als die Genesung des Süchtigen. Man kann leicht erkennen, warum das so ist. Viele Verhaltensweisen des Co-Abhängigen oder der Erwachsenen Kinder werden von dem System, in dem sie leben und arbeiten, anerkannt und unterstützt. Anders als beim aktiv Süchtigen, der wahrscheinlich für alle sichtbar nicht funktioniert, kann der Co-Abhängige sich umbringen, indem er sich überarbeitet, vertuscht, Überreste aufsammelt, Unebenheiten glättet, es dem Vorgesetzten recht macht. Wundert es einen da noch, daß Leute, die mit Co-Abhängigen und Erwachsenen Kindern arbeiten, sagen, daß die Genesung für diese Menschen schwieriger, langwieriger und zuweilen weniger effektiv ist als für Süchtige?

Dennoch gibt es Schritte, die Organisationen unternehmen können, um diesem Prozeß wirksam entgegenzuarbeiten. *Aufklärung* ist ein Hauptelement für die Genesung von Co-Abhängigen. Schon nach einigen wenigen Seminaren für Angestellte über den Suchtprozeß und über Co-Abhängigkeit fangen die Teilnehmer an, sich selbst und andere genauer zu sehen. Genau wie die Intervention muß die Aufklärung ohne Wertung vor sich gehen.

Wir hatten viel Spaß mit Co-Abhängigen, denen wir Anekdoten erzählten, um typisches co-abhängiges Verhalten im Büro zu erläutern. Ein Witz, der zum Beispiel in Genesungskreisen umgeht, ist: »Was hat der Co-Abhängige vor Augen, der gerade stirbt?«

Die Antwort lautet: »Das Leben eines anderen!« Wir haben festgestellt, daß das Kennenlernen der Krankheit im Genesungsprozeß auch Spaß machen kann. Wenn Süchtige und Co-Abhängige sich selbst erkennen und über sich selbst und die Krankheit lachen, haben sie bereits mit der Genesung begonnen. Die Selbsterkenntnis ist der erste Schritt.

Die *Selbsterkenntnis* muß in einer sicheren und unterstützenden Umgebung stattfinden. Einige Organisationen neigen dazu, Leute für »unpassendes« Verhalten zu bestrafen. Es müßte vom Management deutliche Unterstützung angeboten werden, um das Risiko einzugehen, sich selbst als Co-Abhängigen oder Erwachsenes Kind zu identifizieren. Es müßte im Unternehmen Verständnis dafür geben, daß Genesung etwas Positives für die ganze Organisation ist.

Wir raten dringend, daß die Unternehmen sich nicht nur auf die Bemühungen eines einzelnen Beraters verlassen, sondern Teams ausbilden, die mit den Beratern zusammenarbeiten. Es gibt verschiedene Dinge, die solche Teams übernehmen könnten: Sie könnten Informationen sammeln und Unterricht und Unterstützung für die Genesung von Süchtigen, Co-Abhängigen und Erwachsenen Kindern vorbereiten. Sie könnten auch als »Denk-Fabrik« fungieren und sich mit der Bedeutung der Genesung eines ganzen Systems in einer Organisation beschäftigen. Das ist wichtig, da Organisationen, wie auch Süchtige und Co-Abhängige, bei der Genesung auf Unterstützung angewiesen sind. Sie könnten das Interventionsteam ausbilden und mit ihm zusammenarbeiten. Je größer die Basis eines Unternehmens in diesem Bereich ist, um so besser. Die Firma könnte sogar eine Atmosphäre schaffen, in der die Teilnehmer langzeitiger, gut entwickelter Genesungsprogramme sich angespornt fühlen, ihre Fertigkeiten und ihr Wissen weiter einzusetzen. Das Unternehmen könnte zu einem Ort werden, der Gesundheit und Genesung offen anerkennt.

Es gibt nicht *den* Weg, auf dem eine Organisation von Co-Abhängigkeit gesundet. Ein Fall, an dem wir kürzlich arbeiteten, verlief folgendermaßen: Eine mittelgroße Werbeagentur mit Niederlassungen in verschiedenen Städten stellte fest, daß sie von Co-Abhängigkeit geplagt war. Ihre Spitzenmanager trafen sich mit Beratern, nachdem sie über Co-Abhängigkeit gelesen hatten. Sie waren sich nicht sicher, ob die Beschreibung der Co-Abhängigkeit

auf sie zutraf, erkannten aber bereitwillig an sich selbst die Symptome von Arbeitssucht, Ausgebrannt-Sein und einer gewissen Neigung, bei der Arbeit zu leiden. Die Manager waren in der Lage zu sehen, daß das System selbst in Bezug auf die Produkte, die Kunden und das Personal in süchtiger Art und Weise funktionierte.

Diese Manager verpflichteten sich, bevor sie die Strukturen des Unternehmens untersuchten, sich erst einmal mit den Angestellten zu beschäftigen. Im Verlauf eines Jahres nahmen sie an vier eintägigen Workshops zum Thema Co-Abhängigkeit teil. Die Gruppe begann, etwas über die Dynamik der Co-Abhängigkeit zu erfahren. In späteren Sitzungen erkannten sie dann, in welcher Art sich alle Beschäftigten der Agentur co-abhängig verhielten. Die Sitzungen wurden bekannt unter dem Namen »100 Beispiele für Co-Abhängigkeit«-Seminare. Selbsterkenntnis aller Mitarbeiter und eine gute Atmosphäre in der Gruppe erzeugten Offenheit dafür, zu lernen und Veränderungen zu riskieren.

In einer zweiten Phase wurden Organisationsberater gebeten, die Angestellten bei ihrer Arbeit und bei Konferenzen in der Agentur zu beobachten, und sie wiesen auf Beispiele für Co-Abhängigkeit hin. Diese Interventionen unterstützten die einzelnen bei ihrer Genesung und hielten das Bewußtsein für dieses Thema in der Agentur wach.

Die dritte Arbeitsphase mit dieser Agentur wird darin bestehen, die süchtigen Strukturen und Prozesse in der Firma zu identifizieren. Wir erwarten, daß diese Phase leichter sein wird, da die Gruppe selbst dann schon klarer sieht.

Die Organisation als Suchtsubstanz

Wenn die Organisation in dem Leben ihrer Mitarbeiter als Suchtsubstanz fungiert, muß sie bereit sein, sich selbst und ihre Prozesse zu betrachten. Eine genaue Untersuchung ist ohne die Unterstützung des Spitzen-Managements kaum möglich. Interventionsteams können Vorgehensweisen des Unternehmens analysieren, die mit der Sucht verflochten sind. Sie können zeigen, auf welche Art

die Organisation süchtige Muster vorlebt und welche Haltungen diese Muster unterstützen. Veränderung ist jedoch nicht ohne die Zusammenarbeit des ganzen Systems möglich. Es muß zumindest die Bereitschaft da sein, sich auf allen Ebenen der Organisation über Suchtsymptome zu informieren.

Meistens sind externe Berater hilfreich, und gewöhnlich braucht man sie auch, wenn die Organisation sich selbst als Suchtsubstanz untersucht. Ihr fehlt einfach die objektive Perspektive auf sich selbst, und man hofft, daß Berater von außen nicht aktiv in die Vorstellungen des Unternehmens verwickelt sind.

Um für die süchtige Organisation von Nutzen zu sein, müssen die Berater eine Einschätzung der Organisation vornehmen durch Interviews oder ähnliche Informationsquellen, aus denen die Organisation erkennen kann, wie sie als Suchtmittel fungiert. Externe Berater können Verhaltensweisen, die in der Organisation als »normal« galten, in einen Zusammenhang stellen, der zeigt, auf welche Art und Weise sie Süchte unterstützen. Außerdem vermeidet solch ein Berater die politische Ebene, die mit dem Veränderungsprozeß verbunden ist, der vielleicht »heilige Kühe« der Organisation antasten würde. Es ist sogar wichtig, daß der Berater kein persönliches Interesse an einem bestimmten Ergebnis hat. Er kann durch sein eigenes Beispiel zeigen, wie eine wertfreie Beschreibung der Krankheit aussieht, und der Organisation damit helfen, den ersten Schritt dahin zu machen, zu erkennen und zuzugeben, daß sie tatsächlich für ihre Angestellten als Suchtsubstanz dient.

Organisationen, die bereit sind, sich selbst als die Suchtsubstanz zu erkennen, haben einen langen Veränderungsprozeß vor sich, der auf vielen Ebenen abläuft. Sie verpflichten sich dazu, alle ihre Strukturen unter die Lupe zu nehmen, insbesondere jene, die Loyalität erzeugen. Sie müssen vielleicht sogar überprüfen, was Loyalität in dieser Firma bedeutet. Es wäre zum Beispiel wichtig, die Belohnungsstruktur von Vergünstigungen und Prämien zu betrachten. Und sie müßten sich anschauen, wie sie Arbeitssucht fördern: nicht nur durch Belohnungen, sondern auch durch die Unternehmenskultur.

Wir arbeiteten mit einem internationalen Unternehmen, das von Arbeitssucht besonders betroffen war. Die Manager gaben zu, daß sie Arbeitssucht unter den leitenden Angestellten förderten. Sie

spürten, daß sie sehr wertend gegenüber Angestellten waren, die Extra-Aufträge verweigerten oder nur genau vierzig Stunden arbeiteten. Nach ihren Vorstellungen waren Überstunden die Norm; daher wurden Leute, die sorgfältig mit sich umgingen und nur die regulären Stunden arbeiteten, für faul gehalten. Es handelte sich bei dieser Gruppe um ein höchst arbeitssüchtiges System, an dem die meisten leitenden Angestellten aktiv teilhatten. Solche Einstellungen müssen sich durch die Bereitschaft verändern, etwas über die Organisation als Suchtsubstanz zu lernen.

Die Organisation als Süchtige

Eine Organisation, die sich mit der Tatsache konfrontiert sieht, daß sie selbst wie ein aktiv Süchtiger funktioniert, muß wahrscheinlich mit den weitestreichenden Veränderungen überhaupt rechnen. Organisationen, die Süchtige sind, setzen sich aus vielen einzelnen aktiv Süchtigen, Co-Abhängigen und Erwachsenen Kindern zusammen. Diese Organisationen müssen bereit sein, ihre Philosophie, ihre Mission, ihre Ziele, ihre Struktur, ihr internes System und die Produkte, die sie herstellen, zu überprüfen. Sie müssen der Einsicht gegenüber aufgeschlossen sein, daß die Organisation selbst die zerstörende Kraft ist und diese auf ihre Mitarbeiter und ihr Umfeld überträgt.

Für einige mag eine Erforschung der gesamten Organisation drastisch erscheinen. Die Bereitschaft, sich einer tiefgehenden Selbststudie zu unterziehen, bedeutet nicht zwangsläufig, daß die Organisation aufhört zu funktionieren oder daß es sofort zu Veränderungen kommt. Selbst umfassende Systemveränderungen können in einem Tempo verlaufen, das den Bedürfnissen der Gruppe entspricht. Manchmal führen ein oder zwei kleine Veränderungen zu erstaunlichen Ergebnissen, die sich auf das ganze Unternehmen auswirken. Erinnern wir uns an die Herz-Abteilung in der Universitätsklinik, die sechs Studenten aufnahm, aber nur drei behielt. Der Direktor der Abteilung stellte fest, daß das System in süchtiger Weise funktionierte, selbst wenn die Ärzte sich vermutlich dazu verpflichtet hatten, die Gesundheit zu fördern.

Dieses System stimmte offensichtlich nicht mit der erklärten Mission des Krankenhauses überein. Die Menschen darin waren unehrlich und beschwindelten sich selbst und die Patienten. Insgesamt war das System in Unordnung und die Leute unglücklich.

Der Leiter der Abteilung schlug bei einem Treffen des gesamten medizinischen Personals zwei kleine Veränderungen vor. Er regte an, sich darauf zu einigen, sechs Studenten aufzunehmen und sie auch zu behalten. Als zweites bat er sie zuzustimmen, daß man auch Spaß haben dürfe. Er bat darum, diese beiden Dinge nur für ein Jahr zu tun. Nach einem Jahr würden sie es auswerten und entscheiden, was als nächstes anstand. Seine Vorschläge wurden mit schallendem Gelächter aufgenommen, das man bis in die Halle des Krankenhauses hinein hören konnte. Das Personal hatte einige Bedenken bezüglich des ersten Vorschlags. Sie befürchteten, daß die Studenten ohne Konkurrenz nachlassen könnten; der zweite Vorschlag erschien lächerlich. Schließlich stimmten sie zu, die beiden Ideen als Experiment auszuprobieren.

Am Ende des Jahres gaben alle zu, daß es zu enormen persönlichen und institutionellen Veränderungen gekommen war. Die Studenten hatten keine Angst mehr, ihre Arbeitsplätze zu verlieren, und begannen daher, mehr Fragen zu stellen, ihre Fehler zu zeigen und miteinander zu kooperieren. Alle gaben zu, daß die Qualität der Arbeit der Studenten deutlich besser war als im Jahr zuvor.

Der zweite Vorschlag »schlummerte«. Die meisten glaubten, daß »Spaß haben« mehr Partys, gesellige Veranstaltungen und mehr gemeinsamen Sport bedeuten würde. Das war damit gemeint – und noch einiges mehr. Es wurde bald deutlich, daß man keinen Spaß haben konnte, wenn man körperlich abgespannt war. Sie hatten angenommen, daß Erschöpfung zum Leben eines Arztes dazugehört. Um das zweite Ziel zu verwirklichen, wurde der Operationsplan verändert, so daß kein Arzt mehr als acht Stunden am Tag operierte. Darin lag die grundlegende Veränderung. Indem sie den Operationsplan umwandelten und Übungs- und Ernährungsprogramme für das Personal aufstellten, begannen die Ärzte die Erfahrung zu machen, daß ihr professionelles Leben mit ihrer Aufgabe als Heiler kongruent war. Diese Veränderung versetzte einige in die Lage, ihre eigene Arbeitssucht zu erkennen.

Am Ende des experimentellen Jahres stand das Personal begeistert hinter dem »Programm«, wie sie es nannten. Sie wurden zu

gut ausgebildeten Ärzten und, was noch wichtiger war, ihre Sichtweise für die Medizin und das Heilen war ganzheitlicher. Es bestand ein wachsendes Interesse an Gesundheit und ein zunehmendes Bewußtsein für die Verbindung zwischen gesunden Individuen und gesunden Organisationen. Es gab immer noch einzelne, die in süchtiger Weise funktionierten, aber insgesamt schien die Organisation mit ihrer Genesung begonnen zu haben. Es gab weniger Systeme oder Prozesse in der Organisation, die den einzelnen Süchtigen unterstützen würden. Der nächste Schritt bestand darin, ein gutes Interventionsteam zu bilden, um sich mit den aktiv Süchtigen, den Co-Abhängigen und den Erwachsenen Kindern zu beschäftigen.

An diesem Beispiel wollten wir zeigen, daß wir an die Genesung in holografischer Weise denken können, wenn die Organisation eine Süchtige ist. Anstatt von der Aussicht auf die Genesung eines ganzen Systems überwältigt zu werden, können Gruppen einige kleine Veränderungen durchführen, die sich strahlenförmig im System ausbreiten.

Wenn die Organisation selbst die Süchtige ist, müssen die Strukturen und die einzelnen *gleichzeitig* behandelt werden. Das Geniale an der Herzabteilung war, daß man sich auf zwei Dinge konzentrierte, die in gleichem Maße starke Auswirkungen auf die einzelnen hatten. Man kann entweder mit dem einzelnen oder mit dem System oder mit beiden beginnen. Auf jeden Fall muß das Unternehmen sich darüber im klaren sein, daß die Individuen und das System miteinander in Verbindung stehen.

Die Herzabteilung ist auch ein gutes Beispiel für einen guten Start. Dennoch ist die Genesung in einer süchtigen Organisation mit mehr als nur einem guten Anfang verbunden. Er kann an sich schon wieder ein »Fix« sein. Nach einer bestimmten Zeit wird die Gruppe wahrscheinlich wieder in alte Verhaltensweisen verfallen, wenn der Genesungsprozeß nicht weiterverfolgt wird. So etwas ist typisch für Seminare und Workshops, an denen Angestellte teilnehmen. Wir nennen sie »Feuer-Starter«, da die Leute angefeuert werden, einiges Neues zu lernen, es für einige Wochen ausprobieren und ziemlich bald wieder ihre alten Wege gehen.

Süchtige Organisationen müssen lernen, wie sie mit ihrer Genesung vorankommen können. Der schnelle »Fix« führt zu vorübergehender Erleichterung; er bringt keine langfristige Genesung. In

süchtigen Organisationen tauchen neue Probleme auf, wenn die alten gelöst sind. Funktioniert die Organisation als Süchtige, müssen alle Beteiligten auf allen Ebenen lernen. Folglich wird Genesung zu einer Einstellung in der Organisation. Sie steht für Veränderung und ist als fortlaufender Prozeß integriert.

Die Herzabteilung machte einen bedeutsamen Anfang. Diese Veränderung löste einige Probleme und führte zu einer anderen Sichtweise der Medizin. Es bleiben aber noch einige andere Schichten aufzudecken, wie zum Beispiel die co-abhängigen Beziehungen zwischen Ärzten und Pflegepersonal sowie zwischen Ärzten und Patienten. Es gibt Umgangsformen mit dem Personal, die Unehrlichkeit hervorrufen, es gibt eine Politik der Überstunden, die Arbeitssucht fördert, sowie andere Strukturen, die den kleinen Veränderungen entgegenarbeiten, die bereits erreicht wurden.

Wir waren durch den Fortschritt in dieser Klinik ermutigt und lernten, daß grundlegende Strukturen verändert werden müssen, damit selbst kleine Veränderungen ihre Kreise im System ziehen können. Die Herausforderung einer süchtigen Organisation für leitende Angestellte, Manager und interne und externe Berater besteht darin zu erkennen, wo man anfangen muß, und zu verstehen, daß es sich um einen fortlaufenden Prozeß handelt.

Ist die Organisation die Süchtige, muß man die gesamte Organisation miteinbeziehen, und man muß Erfahrung haben, um einen Zugang zu finden. Wir haben als Beraterinnen so gearbeitet und es als sehr reizvoll und effektiv erlebt. Im Fall des Familienbetriebs, dessen Vorstand auch aus Familienmitgliedern bestand, mußte das ganze System genesen. Nach der herkömmlichen Methode arbeiten Berater mit einem oder zwei Aspekten des Systems; in diesem Fall arbeiteten wir mit dem gesamten System: mit dem Vorstand, da das dysfunktionale Familiensystem sich im Vorstand wiederholte; mit dem Personal, da es einige aktiv Süchtige deckte; mit dem Direktor, zu dem wir eine Beziehung entwickeln konnten, die es ihm möglich machte, uns um Rückmeldung zu bitten, wenn er sich co-abhängig verhielt. Das erschien dem Personal ungeheuerlich, da keiner je den Direktor mit seinem Verhalten konfrontiert hatte. Indem wir ein Modell für wertfreie Konfrontation anwendeten, zeigten wir den Leuten, daß es möglich war. Wir halfen dem Direktor, offen dafür zu sein, etwas über sein Verhalten zu lernen

und das auch von seinem Personal zu erwarten. Dann begannen wir mit den Kunden zu arbeiten, da sie vom Verhalten des Personals und der Organisation betroffen waren. Wir legten eine Schicht nach der anderen frei, kamen zum Etat, der Mission, den Zielen, den Organisationsstrukturen, bis wir schließlich sogar das Werbe- und Marketingmaterial betrachteten.

Jeder, der mit süchtigen Organisationen arbeitet, muß darauf gefaßt sein, daß er eine ganz spezifische Einschätzung der Organisation vornehmen muß, um die süchtigen Muster ans Tageslicht zu bringen. Traditionell bekommen Berater ihre Informationen durch Gutachten, Fragebögen und Interviews. Wir sind der Meinung, daß in süchtigen Organisationen Interviews mit einzelnen unbedingt erforderlich sind. Sie sind anonym, aber nicht vertraulich, so daß der Berater sie als Rückmeldung für das System benutzen kann. Alle Informationen aus den Interviews werden bei einem Treffen des gesamten Personals vorgetragen. Der Berater gibt sie allgemeinverständlich weiter und zitiert auch manchmal aus den Interviews. Die Interviews zur Einschätzung der Organisation sind eine Intervention des Beraters, ähnlich der Intervention, die eine Gruppe mit einem aktiv Süchtigen vornimmt. Der Berater macht der Gruppe ihre süchtigen Verhaltensweisen, Einstellungen und Strukturen wertfrei deutlich.

Diese Analyse unterscheidet sich von anderen Beratungsformen, die dazu neigen, sich entweder auf die Strukturen oder auf das Personal zu konzentrieren: Sie bringt beides zusammen. Konzentriert man sich nur auf die Personen, werden die Auswirkungen der Strukturen auf die Menschen nicht beachtet, und umgekehrt. Beides muß in der Beratung aufeinander bezogen sein, so wie es ja auch tatsächlich ist; und in süchtigen Organisationen ist ihre Wechselwirkung gewöhnlich zerstörerisch.

Die Beurteilung der Organisation oder der Intervention basiert darauf, Dinge »beim Namen zu nennen«. Dinge werden sichtbar, die man schon immer wußte und spürte, aber nicht ausdrücken und nicht als Anzeichen für einen Suchtprozeß erkennen konnte. Selbst der Vorgang des Benennens führt bereits zu einer Besserung. Viele Leute sagen: »Jetzt ist es alles auf dem Tisch.« Der Berater hat Dinge zum Ausdruck gebracht, die sich keiner getraut hat auszusprechen, und doch wußten alle davon.

Die nächste Phase der Organisationseinschätzung ist wahr-

scheinlich die wichtigste. Nach der anfänglichen Erleichterung über die Darlegung aller Informationen kommt es gewöhnlich zu einem Stillstand. Ist das System hochgradig süchtig, beginnen die Menschen zu leugnen, sich zurückzuziehen und die Großartigkeit der alten Muster zu preisen. Ein häufiger Kommentar lautet: »Es ist besser, bei etwas zu bleiben, was wir kennen, als uns auf etwas einzulassen, was wir nicht kennen.« Das ist ein entscheidender Zeitraum, in dem die Organisation auch einen Rückfall haben kann.

Eine andere Technik, die die Organisation anwenden kann, besteht darin, den Berater zu bitten, die Probleme für sie zu lösen, und dabei an sein Wissen und an seinen Fachverstand zu appellieren (was für den Berater sehr verführerisch ist). Sie betrachten den Berater als den Retter. Sie suchen nach einer schnellen Lösung, die sie erlöst und ihre Ängste lindert. Wenn der Berater sich von diesen Bitten verführen läßt, ist er zum Teil des Suchtsystems geworden und ist für die Gruppe nicht mehr von Nutzen. Wenn der Berater sich verwickeln läßt, hat die Organisation kein Modell mehr für Klarheit und Neutralität.

Es ist Aufgabe der Organisation, den ersten Schritt hin zum Genesungsprozeß zu machen. Er besteht darin einzugestehen, daß die Daten aus der Einschätzung der Situation stimmen und daß auf allen Ebenen, sowohl auf der der Organisation als auch auf der persönlichen, ein Prozeß der Veränderung beginnen muß. Wenn der Berater in diesen Prozeß hineingerät, wissen weder der Berater noch die Gruppe, ob die Organisation sich je zur Veränderung bekannt hat oder nicht. Zu einem späteren Zeitpunkt kann der Berater im Prozeß wieder sichtbarer werden, aber diesen ersten Schritt muß die Organisation allein tun. Er ist wichtig, da er besagt, daß sie sich zu bedeutenden Veränderungen verpflichtet und auch dazu in der Lage ist. Er ist ein Zeichen dafür, daß sie die Ressourcen hat, um mit der Genesung zu beginnen.

Nachdem sich Organisationen darauf festgelegt haben, das Suchtsystem zu überwinden, gibt es verschiedene Prozesse, mit denen das Personal und die Berater beginnen können. Es ist wichtig für die Genesung des ganzen Systems, daß das gesamte Personal schon früh im Verlauf des Prozesses Information und Vorgaben erhält. In einem kleinen Unternehmen, das am Rande des Bankrotts stand, machten wir ganz am Anfang mit einigen Perso-

nen in Schlüsselfunktionen eine Intervention, da sie in ernsthaften Schwierigkeiten waren, die verheerende Auswirkungen auf die Firma hatten. Während die Intervention mit den einzelnen vor sich ging, trafen wir uns mit dem Personal und boten Sitzungen an, damit sie mit den Prozessen und Merkmalen der Krankheit vertraut würden. Das half ihnen, einzelne, die sich in Behandlung begaben, mehr zu unterstützen, und verminderte die Panik. Außerdem führten wir eine neue Sprache ein, die alle lernen mußten, um an dem Systemwechsel der Organisation teilzuhaben. Sie lernten Charakteristika der süchtigen Organisation, des Süchtigen, des Co-Abhängigen und des Erwachsenen Kindes kennen. Wir glaubten, daß diese Informationssitzungen so wichtig waren, daß wir sie auf Video festhielten, um sie abwesenden Mitarbeitern zugänglich zu machen. Wir stellten grundlegende Daten für alle zur Verfügung und hoben eine wichtige Aussage hervor: Die Organisation muß sich einem vollkommenen Systemwechsel unterziehen, um das zu erreichen, was sie will.

Es ist in gewisser Hinsicht für Berater unkonventionell, zu Beginn eines Veränderungsprozesses große Mengen an Information an die Organisationen zu geben, aber bei süchtigen Organisationen ist es wichtig; und zwar deshalb, weil süchtige Organisationen häufig so stark verleugnen und dermaßen in den Suchtprozeß verwickelt sind, daß sie denken, er sei normal. Sie haben keine Ahnung, daß es sich um einen Krankheitsprozeß handelt. Der Sinn dieser frühen Information besteht darin, ihnen ihr dysfunktionales Verhalten bewußt zu machen. Wenn sie es dann als süchtig erkannten, hatten sie konzeptionelle Mittel in der Hand, um zu genesen. Zusammenhänge zwischen ihrem persönlichen Verhalten und dem der Organisation wurden vorher nicht gesehen, und vor allem wurden sie nicht als Anzeichen für eine süchtige Organisation erkannt.

Es ist offensichtlich, daß Genesung in einer süchtigen Organisation nicht dem Standardprozeß der Veränderung entspricht, und die Genesung des gesamten Systems stellt vollkommen andere Anforderungen an die Manager, das Personal und die internen und externen Berater. Wir wollen einige übergreifende Beobachtungen zum Genesungsprozeß anstellen: In einer süchtigen Organisation *muß Genesung mit einem grundlegenden Paradigmenwechsel einhergehen.* Das Paradigma, dem sich die Organisation zuwendet, hat keinen speziellen Inhalt. Es geht um einen Prozeß. Für eine Organisation beinhaltet der Genesungsprozeß verschiedene Faktoren:

Es bedeutet, daß *Genesung im Laufe der Zeit geschieht.* Auch wenn Angestellte und Manager plötzliche Einsichten haben, wenn sie das süchtige System als das erkennen, was es ist, bedeutet das Verstehen an sich noch keine Genesung. Organisationen, die mit dem Genesungsprozeß beginnen und dabei sehr ergebnisorientiert sind, werden wahrscheinlich Mißerfolge erleben, weil sofortige Resultate nicht immer sichtbar sind. Dieser Aspekt der Genesung kann eine Herausforderung an den Glauben einer Organisation daran sein, was wirklich zu produktiven Veränderungen führt.

Genesung muß auf allen Funktionsebenen sichtbar werden, um wirksam zu sein. Individuen sind aufgrund ihrer Rolle persönlich involviert, ebenso wie die Organisation, da sie der Kontext für die Sucht ist, vielleicht sogar das Suchtmittel selbst. Die Organisation muß sich nicht auf allen Ebenen gleichzeitig auseinandersetzen. Sie muß sich jedoch darüber im klaren sein, daß das Ziel die Genesung des ganzen Systems ist.

Der Genesungsprozeß hat Auswirkungen auf das System. Er beeinflußt unsere Wahrnehmung davon, was wirklich in der Organisation vor sich geht. Im Laufe der Zeit haben wir Managern und Organisationsberatern die Merkmale der süchtigen Organisation klargemacht. Manchmal haben sie die Merkmale selbst erkannt, aber oft betrachteten sie sie als isolierte Faktoren, die vielleicht durch schlechte Kommunikation, schlechtes Management oder Veränderungen auf dem Markt verursacht worden waren.

Wir behaupten, daß man diese Elemente nicht isoliert betrachten

oder behandeln kann. Sie sind die *Ergebnisse des Suchtprozesses* in der Organisation. Wir glauben, daß eines der Hauptprobleme für Organisationsberater darin liegt, daß sie die Auswirkungen eines zugrundeliegenden Suchtprozesses nicht beachtet haben. Folglich haben sie auch nicht erkannt, welche Formen er annimmt. Sie haben nicht das ganze Syndrom gesehen und statt dessen Symptome behandelt, als ob diese Symptome das Problem wären. Ihr Ansatz löst einige oberflächliche Probleme; aber er setzt sich nicht mit der treibenden Kraft hinter den Symptomen auseinander.

Nach unserer Erfahrung ist Genesung möglich. Sie ist nicht nur auf individueller Ebene möglich, sondern auch auf Organisationsebene. Genesung ist ganz sicher nicht möglich, wenn der Suchtprozeß nicht erkannt wird und Veränderungen nicht auf allen Ebenen der Organisation stattfinden. Man muß sich gleichzeitig auf den einzelnen und die Organisation konzentrieren, und man muß sich simultan mit dem Prozeß, den Strukturen, dem Produkt und den Verfahrensweisen beschäftigen. Wir glauben, daß Organisationen so gesund werden können, wie sie es anstreben, genauso wie einzelne genesende Süchtige ein Leben leben können, von dem sie zu Beginn ihrer Genesung nur geträumt haben.

Wie wir schon sagten, hörten wir immer: »Ich weiß, wovon Sie sprechen; Sie beschreiben meine Organisation«, wenn wir die Frage »Worum geht es in Ihrem Buch?« beantworteten und den Inhalt beschrieben. Wir glauben, daß die Information, die wir bis hierher gegeben haben, wichtig, wahr und umfassend ist. Wir wollen uns nun einigen Schlußfolgerungen dieser Ideen zuwenden.

V. Auswirkungen und Schlußfolgerungen

Welche Auswirkungen hat es, wenn Organisationen weiterhin in süchtiger Weise funktionieren?

Wir haben einige starke und vielleicht sogar revolutionäre Aussagen über Organisationen und ihre Funktionsformen gemacht. In dem Artikel der ›New York Times‹ von Steven Prokesch, den wir anfangs zitiert haben (vgl. S. 11), sagt er: »Viele übernehmen eine neue Parole, die das Überleben des Unternehmens an erste Stelle stellt. Das Ergebnis: eine Generation schonungslosen Managements.« Er stellte auch folgendes fest: »Mr. Kearns (Xerox) und Dutzende seiner Kollegen sind so flexibel und bereit, ihre Arbeitsweise auf Vordermann zu bringen, weil sich unter den leitenden Angestellten die Auffassung verbreitet, daß man das Überleben von Unternehmen nicht als selbstverständlich hinnehmen kann. Daher muß das Überleben jetzt für die Manager das Hauptanliegen sein, das sich über alles hinwegsetzt.«

Der Artikel weist weiter darauf hin, daß Unternehmen sich in einer Krise befinden, und schlägt verschiedene Antworten und Lösungen vor, wie man mit der Krise umgehen kann. Wir unterstellen, daß diese »neue Ausgeburt« von Management-Denken der neuen Unternehmenskrise genauso gegenübertritt, wie jedes Mitglied eines süchtigen Systems es machen würde. Die Manager werden verantwortungslos, verlieren ihre Moral und Ethik, wenden sich unverhohlener Unehrlichkeit und Manipulation zu und konzentrieren sich auf kurzfristige »Fixe«. Prokesch sagt: »Aber der neue Glaube bedeutet auch, daß es Amerikas wichtigsten Managern widerstrebt, wenn nicht sogar Angst macht, an einem Produkt festzuhalten, mit dem sie Geld verlieren oder auch nur ein geringes Geschäft machen, egal wie sehr sie daran glauben. Es ist vorbei mit den Visionären und den Schöpfern ... Nach der neuen Weisheit vertraut der leitende Angestellte nicht mehr seinen seherischen Fähigkeiten, um sich all zu lang gegen den Markt zur Wehr zu setzen.« Es scheint so, als ob diese Vorgehensweisen »sich für den Augenblick auszahlen«. Dennoch zitiert Prokesch John C.

Burton, den Dekan der Columbia University Graduate School of Business, als jemanden, der darüber besorgt ist, daß dieser neue Ansatz die Neigung der amerikanischen Manager unterstützt, nach kurzfristigen Ergebnissen zu suchen, anstatt »ihre Unternehmen als ein Geschäft zu sehen, das man aufbauen und erhalten muß«. Geht es hier nicht um die gleiche Form, in der eine süchtige Gesellschaft die Ressourcen des Planeten und ihre menschlichen Mittel sieht – die Art, wie sich der einzelne Süchtige benimmt? Wir denken, das trifft zu.

Welche Bedeutung hat es, wenn Unternehmen sich nicht mit der Tatsache auseinandersetzen, daß es sich bei ihnen um süchtige Organisationen handelt, die in einer süchtigen Gesellschaft operieren? Was hat es zu bedeuten, daß die Antworten und Lösungen zur Krise genau die gleichen sind, die man von einem aktiv Süchtigen erwarten würde? Was bedeutet es, daß CEOs (leitende Angestellte) und Manager erkennen, daß es Probleme gibt, und auf eine Art und Weise nach Lösungen suchen, wie jedes Mitglied einer süchtigen Familie es tun würde, nämlich ohne sich die Realität des Suchtprozesses klarzumachen? Wir glauben, daß dies die Suchtkrankheit auf Organisationsebene aufrechterhält – genauso, wie das auch in einer süchtigen Familie geschieht. Arbeitssucht, Unehrlichkeit und Kontrolle haben für den einzelnen noch nie zur Genesung geführt, und das gleiche trifft für ein Unternehmen zu.

Organisationen werden weiterhin Probleme erkennen, sie vom süchtigen Standpunkt aus interpretieren und dabei zu einer suchtbestimmten Lösung kommen.

In Prokeschs Artikel über CEOs scheint die Analyse der Probleme genau und stichhaltig zu sein. Wir stimmen bereitwillig darin überein, daß 1. Organisationen Veränderung als eine Konstante anerkennen und weniger statisch werden müssen; 2. daß das Überleben eines Unternehmens nicht als selbstverständlich angesehen werden kann; 3. daß Firmen nicht mehr so selbstgefällig wie bisher sein können; 4. daß CEOs anders arbeiten müssen; 5. daß hierarchische und autokratische Methoden nicht mehr in Mode sind; 6. daß kollegiale Regeln vonnöten sind; 7. daß die Angestellten miteinbezogen werden müssen; 8. daß Unternehmen die Isolation überwinden müssen zugunsten einer nationalen Loyalität der Weltgemeinschaft gegenüber; und 9. daß Organisationen sich dem Markt anpassen und auf ihn reagieren müssen.

Dennoch glauben wir, daß die Antworten auf diese Fragen, wie sie im Artikel beschrieben werden, direkt aus süchtigen Denkmustern heraus entstanden sind und die Organisation letzten Endes zerstören werden.

Wenn die Methode, Veränderung beständig zu machen, zum Beispiel darin besteht, das Überleben des Unternehmens über alles zu stellen und dabei eine Generation rücksichtsloser Manager zu produzieren, glauben wir, daß sich darin ein Krankheitsprozeß widerspiegelt, der letztendlich zerstörerisch ist.

Besteht die Reaktion auf das Bewußtsein, daß das Überleben des Unternehmens nicht sicher ist und berücksichtigt werden muß, darin, daß man die Haltung einnimmt: »Das Überleben muß jetzt zum vorrangigen Anliegen der Hauptverantwortlichen werden«, denken wir an ein Suchtsystem, in dem Krisen die Norm sind und in dem man sich auf das Überleben und nicht auf Wachstum und Kreativität konzentriert.

Wenn die Antwort auf Selbstgefälligkeit darin besteht, zu einem »Krieger gegen Gott und die Welt« zu werden, erkennen wir die Merkmale von Verdrängung, Projektion und Verleugnung des alkoholsüchtigen Denkprozesses.

Wenn wir hören, daß CEOs anders funktionieren müssen, und lesen, daß es vorbei ist mit Phantasie und Kreativität, daß man nichts mehr riskieren kann und soziale Belange zu berücksichtigen nicht angemessen ist, erkennen wir darin die beengende Selbstbezogenheit des Alkoholsystems in Verbindung mit dem Verlust von Ethik und Moral.

Wenn Führungswechsel zu kollegialen Regeln und Mitarbeiterbeteiligung führen, dies aber aus rationalen Gründen angestrebt wird und somit unehrliche und rücksichtslose Mittel zur Erreichung gewünschter Ziele sind, dann wissen wir, daß wir es mit einem kranken System zu tun haben.

Wenn man »Loyalität gegenüber den Mitarbeitern, den Produkten, der Unternehmensstruktur, dem Geschäft, den Fabriken, Gemeinden und selbst gegenüber der Nation« verspottet, und wenn man »alle Formen von Treue unter den neuen Regeln für verzichtbar hält und nur noch die Führung auf dem Markt, große Profite und hohe Aktienpreise gelten, weil das Überleben auf dem Spiel steht«, dann wissen wir, daß die Unternehmen den »richtigen« Belangen und postulierten Antworten aufsitzen, die direkt aus der

süchtigen Mentalität heraus wachsen und zerstörerisch sind – von der individuellen bis hin zur globalen Ebene.

Diese aufgeworfenen Fragen stellen allesamt eine Herausforderung an die bestehende süchtige Weltanschauung dar. Da aber jene Menschen, die die Antworten geben, sich nicht selbst in Genesung befinden und kein alternatives System sehen können, warten sie mit süchtigen Lösungen auf. Überdies neigen die Leute dazu, den Lösungen mehr Berechtigung zuzugestehen als ihnen zukommt, nur weil die Analysen gewöhnlich einfühlsam und richtig erscheinen. Die Korrektheit einer Analyse bedeutet jedoch noch lange nicht, daß die angebotene Lösung berechtigt ist. Süchtige Lösungen schaffen nur noch mehr Verwirrung.

Wir glauben, daß Organisationen weiterhin nur kranke Antworten auf wichtige Probleme finden werden, solange sie nicht das Suchtelement bei sich erkennen.

Wenn Organisationen fortfahren, in süchtiger Weise zu funktionieren, werden sie ihre Probleme nicht lösen; sie werden bestehende Probleme verschlimmern und noch komplexere und zerstörerische Probleme bekommen. Wir sehen dieses Muster bei dem einzelnen Süchtigen; wir sehen es in der süchtigen Familie; und wir sehen es in der süchtigen Organisation. Es gibt bei den Anonymen Alkoholikern einen Spruch, daß Süchtige niemals zum Stillstand kommen; entweder sie bessern sich, oder sie verschlechtern sich. Das trifft auch auf die Unternehmensebene zu. Süchtige Lösungen können nur zur Zerstörung beitragen.

Wenn Organisationen fortfahren, in süchtiger Weise zu funktionieren, und unmoralisch, verantwortungslos werden, werden sie ihren Einfluß auf dem Weltmarkt verlieren. Bei unseren Beratungen auf internationaler Ebene entdeckten wir eine wachsende Ernüchterung in Bezug auf amerikanische Unternehmen. Das kann unserem Gefühl nach nicht durch schonungslose Lösungen verändert werden, die jetzt auf Unternehmensebene propagiert werden. Die Realität hört nicht mit dem allmächtigen Dollar auf. Menschen und Organisationen, die man auf internationaler Ebene als unmoralisch und unehrlich erkennt, verlieren schließlich an Einfluß.

Wenn Organisationen weiterhin in süchtiger Weise funktionieren, verlieren sie ihre besten Leute. Wir haben mit Hunderten von Leuten gearbeitet, die Opfer der süchtigen Organisation sind. Zwangsläufig handelt es sich dabei um einige der intelligentesten

und höchstmotivierten Frauen und Männer. Es sind jene, die über sich selbst hinauswachsen, ihr Wissen ständig verbessern und ihre Zeit und Energie in ihre Firma investieren. Dennoch gehen viele von ihnen weg. Sie berichten, daß sie im Laufe der Zeit erkannten, daß sie sich in Unternehmen befanden, die eine süchtige Umgebung darstellten und daher destruktiv waren. Die Unternehmen verlangten stillschweigend von ihren Angestellten, daß sie blind blieben gegenüber dem, was sie sahen. Häufig trieben sie sie in verantwortungsloser Weise dazu, die Profitspanne hoch zu halten.

Das engstirnige Streben nach Profit in Verbindung mit süchtigem Verhalten verursachte bei diesen Mitarbeitern ein Gefühl moralischer Erschöpfung. Meistens entschieden sie, daß sie das Unternehmen nicht selbst verändern könnten, aber daß sie Verantwortung für ihr eigenes Leben übernehmen könnten. Die meisten verließen die Organisation.

Wir glauben, daß es sich hier um eine der traurigsten Auswirkungen der süchtigen Organisation handelt. Menschen sind das größte Kapital einer Firma. Widersetzen sich Organisationen der Genesung, riskieren sie es, ihre besten Leute zu verlieren.

Kürzlich trafen wir den Dekan eines angesehenen College im Osten, der gerade seinen Posten aufgegeben hatte. Auf unsere Frage nach dem Warum gab er uns zwei Gründe an:

1. Man hatte ihm gesagt, daß er lernen müßte, unehrlich zu sein, um zu überleben; und 2. als er den Präsidenten fragte, warum er nicht versuche, die Organisation zu einem gesünderen Ort für die Verwaltung, die Fakultät und die Studenten zu machen, bekam er zur Antwort, daß das wahrscheinlich möglich sei, es den Präsidenten aber einfach nicht interessiere.

Dieser Dekan ist innovativ und mit Leib und Seele bei der Sache; er ist anerkannt und hat für seine Arbeit viele Auszeichnungen und Anerkennungen bekommen. Er hat entschieden, daß es für ihn zerstörerisch wäre, an dieser Hochschule zu bleiben.

Vor einigen Tagen haben wir im Flugzeug einen jungen leitenden Angestellten getroffen. Er sah so aus, als hätte er Schwierigkeiten, seinen gelben Notizblock anzuschauen, und wir fragten ihn, warum. Er sagte, er sei mit einer lächerlichen Aufgabe konfrontiert, die er nicht machen wollte, die keinen Sinn machte und die ein Manager sich ausgedacht hatte, der sein Ego bewahren wollte. Im Gespräch fanden wir heraus, daß er für eine größere internatio-

nale Bank arbeitete und gerade eine ebensolche Bank verlassen hatte. Er beteuerte, daß beide Organisationen nicht gesund seien. Er hatte die eine verlassen, weil es dort keine Moral gab, in großem Maße Unehrlichkeit herrschte und das Management keinen Weitblick besaß. Er hatte sich entschieden, noch einen weiteren Versuch im Bankwesen zu starten. Als wir einige Konzepte erörterten, die wir hier im Buch beschreiben, sagte er immer wieder: »Wie kommt es, daß Sie so viel über meine Organisation wissen? Sie arbeiten doch nicht einmal dort!« So erzählten wir ihm, daß wir mit Organisationen wie der seinen gearbeitet und sie untersucht hatten und ihre Realität kannten.

Im Verlauf des Gesprächs vertraute er uns an, daß er das Unternehmen innerhalb des nächsten Jahres verlassen werde. Er war ganz sicher die Person, die wir gerne in jedem unserer Unternehmen hätten; vermutlich ist er genau die Person, die Unternehmen verzweifelt brauchen. Ironischerweise vertreiben die Firmen durch ihre andauernde süchtige Funktionsweise gerade jene Menschen, die zu bedeutenden Veränderungen beitragen würden, und fördern und unterstützen jene, die das Unternehmen mehr in die Sucht und eventuell sogar in die Zerstörung hineinführen werden.

Wenn Organisationen weiterhin süchtig funktionieren, können sie damit rechnen, daß sie genau wie ein Betrunkener »den Tiefpunkt erreichen«. Leider zieht der Betrunkene, der nicht gesund wird, einige andere mit sich. Wir denken, daß man die Auswirkungen von größeren Unternehmen, die ihren Tiefpunkt erreichen, nicht länger außer acht lassen kann. Sie sind weitreichend und beeindruckend. Wir müssen erkennen, daß dies das zu erwartende Resultat für Organisationen ist, die sich weigern, der Tatsache ins Auge zu sehen, daß sie in süchtiger Weise funktionieren.

Diese Auswirkungen hören sich furchtbar an, und wir glauben tatsächlich, daß sie begründet sind. Wir wissen jedoch auch, daß es noch andere Möglichkeiten gibt.

Was geschieht, wenn Organisationen tatsächlich ihre süchtigen Muster und das Suchtelement in sich selbst erkennen und mit der Genesung beginnen? Es gibt sicherlich einige aufregende Konsequenzen, die sich aus dieser Möglichkeit entwickeln.

In ihrem Buch ›Weibliche Wirklichkeit‹ sagt Schaef, daß der Zweck von Theorie und einem erweiterten Bewußtsein darin besteht, uns dazu zu verhelfen, weniger unwissend zu sein und uns davor zu bewahren, das zu übersehen, was wir gewöhnlich mißachten würden. Theorie sollte nicht dazu da sein, unsere Wahrnehmungen einzuengen und andere Menschen oder Situationen in vorgefertigte Kategorien zu zwingen. Da die Verleugnung bezüglich der alles durchdringenden Kraft der Süchte über das rein Körperliche hinaus sehr groß ist, haben wir das Gefühl, daß die Bemerkung von Schaef hier treffend ist. Unabhängig davon, ob man in einer Organisation Angestellter ist oder als Berater von außen kommt – die Bedeutung einer grundlegenden Bewußtseinsbildung besteht in der Fähigkeit, sich die Geschehnisse deutlich zu machen.

Die Menschen waren immer aufgewühlt, wenn sie uns bei der Beschreibung der süchtigen Organisation zuhörten. Gewöhnlich erkennen sie Muster, die sie über Jahre selbst erfahren hatten und nie benennen konnten. Leider neigen sie zuweilen dazu, in ihre Büros zurückzukehren und der Gruppe in nahezu fanatischer Weise die Informationen aufzuzwingen. Unsere Weitergabe der Informationen, die wir gesammelt haben, dient nicht zur Bekehrung. Wir hoffen vielmehr, daß sie aufmerksamer machen und Worte und Konzepte für etwas zur Verfügung stellen, das im Verborgenen vor sich geht und Verwirrung stiftet.

Wir glauben, daß es nicht nur *einen* Weg gibt, um den Süchtigen oder die süchtige Organisation zu verändern. Es gibt nicht die eine richtige Antwort. Wir wissen jedoch, daß das Bewußtsein für Muster und Prozesse grundlegend ist. Bewußte Menschen sind gegenüber süchtigem Verhalten weniger naiv und weniger anfällig, und sie fangen an, eine Vielfalt an Wegen und Formen zu sehen, wie sie sich auf individueller Ebene und auf der Organisationsebene unterscheiden. Aus diesem Bewußtsein entstehen viele Wahlmöglichkeiten.

Als nächstes wollen wir einiges diskutieren, was sich aus den Informationen ergibt, die wir in diesem Buch gesammelt haben. Unsere Aussagen sollen anregend sein und Vorstellungen in Gang

bringen. Wir wissen, daß sich vieles darüber hinaus entwickeln wird, wenn dieses Material zum allgemeinen Wissen wird.

Im Zuge der Veränderung und Genesung von Organisationen ist es unserer Meinung nach möglich, daß sich auch die Rollen in Organisationen auf vielen Ebenen bedeutsam verändern.

Die Rolle des Personals, das den Angestellten zur Hilfe zur Verfügung steht (Employee Assistance Personnel, EAP), *wird sich entscheidend verändern.*

Die Rolle der EAPs bestand in größeren Unternehmen darin, Angestellte mit Alkohol- und anderen Problemen zu beraten und einige soziale Aufgaben zu übernehmen, die mit der Arbeit in Verbindung stehen. Wir sehen voraus, daß sich diese Funktion verändern wird. Sie wird sich von einer Beratung, die sich auf den einzelnen konzentriert, hin zu einer systemorientierten Sichtweise entwickeln. EAPs wären auf der Systemebene der süchtigen Organisation effektiver, wenn sie dazu ausgebildet wären, Interventionen vorzunehmen. Wenn sie sich mehr Sachkenntnis auf dem Gebiet der Interventionen aneigneten, sollten sie dazu in der Lage sein, Interventions-Teams auszubilden und mit diesen Teams zu arbeiten. Im Idealfall sollten EAPs selbst Menschen in Genesung sein, also Wissen über die Genesung aus eigener Erfahrung besitzen. Ist das nicht möglich, so sollten sie doch wenigstens Informationen über alle Formen von süchtigem Verhalten sowie ein Verständnis für die von uns beschriebenen Ebenen der Sucht besitzen.

Wir empfehlen, EAPs vollkommen in die Personalabteilungen zu integrieren. Sie können eine wichtige Ergänzung für innerbetriebliche Beratungsteams sein. Gut ausgebildete EAPs könnten auch den mehr struktur- und systemorientierten innerbetrieblichen Beratern die Sichtweise für Süchte nahe bringen.

Wir sind uns durchaus bewußt, daß die Personalabteilungen in größeren Betrieben als die Abteilung von »Schwächlingen« betrachtet wird. Es ist sicher nicht die Abteilung, die ein Unternehmen »führt«. Wir weisen mit Nachdruck darauf hin, daß die Themen der Personalabteilung innerhalb der Organisationen wichtig werden müssen, damit sich das Unternehmen vom Suchtsystem wegentwickeln kann. Der Paradigmenwechsel, den wir beschreiben, muß von den Individuen ausgehen, oder er passiert überhaupt nicht. In gewisser Hinsicht muß die ganze Organisation selbst zu einer Personalabteilung werden.

Die Rolle der Angestellten wird sich verändern

Die Angestellten bilden das reichste Potential für die Genesung der süchtigen Organisation. Der Genesungsprozeß hängt von den Bemühungen auf der individuellen Ebene und auf der Systemebene ab. Der erste Schritt zur Genesung für Angestellte besteht darin, daß sie Respekt für ihren eigenen Prozeß und den anderer gewinnen. Wenn sie keine Grenzen haben, nicht wissen, wie sie ihre eigenen Bedürfnisse befriedigen können, und sich dadurch aufdringlich in das Leben anderer einmischen, dann blüht die Co-Abhängigkeit.

Wir haben beobachtet, daß Angestellte im Verlauf der Genesung eine verstärkte Fähigkeit entwickeln, andere zu respektieren, und daß sie weniger bewertend auftreten. Die Genesung auf der persönlichen Ebene ist von einer wachsenden Offenheit, Flexibilität und Kreativität begleitet. Menschen in Genesung können ihre inneren Ressourcen mehr für sich und für andere nutzen. Es ist leicht einzusehen, daß man mehr Energie und Konzentration für die Arbeit hat, wenn man nicht ständig mit der Suchtkrankheit beschäftigt ist. Das kann natürlich einen wichtigen Einfluß auf die Mitarbeiter und die Organisation haben.

Angestellte spielen auch eine wichtige Rolle dabei, eine Atmosphäre in der Organisation zu entwickeln, in der Offenheit gegenüber Süchten sowie die Genesung zur Norm werden. Angestellte können eine solche offene Haltung fördern, indem sie ihre eigenen mit der Genesung gemachten Erfahrungen weitergeben. Sie können ihr Fachwissen den Interventionsteams zur Verfügung stellen. Von einigen Unternehmen wissen wir, daß einzelne in Genesung in den Pausen ihre Erfahrungen untereinander austauschen. Sie bitten andere Kollegen, die bereits ein gutes Genesungsprogramm haben, um Unterstützung.

Das neue Vertrauen gegenüber Angestellten in ihre eigene Verantwortung für ihre Genesung und in ihre Unterstützung der Genesung anderer mag neue Aufgabenbereiche eröffnen. Dieser Ansatz legt auch eine andere Definition persönlicher Fähigkeiten in einem Unternehmen nahe. Angestellte mit einem guten Genesungsprogramm könnten zum Beispiel in den Personalabteilungen als Sprecher oder Berater ihresgleichen genutzt werden. Sie könnten zu einem Wert für ein Unternehmen werden, das sich einem

Systemwechsel unterzieht. In einem Paradigma der Genesung lehren die Angestellten eine Organisation, daß klare, konzentrierte innere Ressourcen die Grundlage für effektive Interaktionen in Arbeitsgruppen und Teams sind. Wenn die Menschen gesünder werden, schöpfen sie aus ihren persönlichen Ressourcen und zeigen beispielhaft, daß Arbeit produktiv sein kann, ohne Kräfte zu rauben.

Leute, die sich in Genesung befinden, werden für das Unternehmen immer als Barometer fungieren. Sie sind an süchtiges Verhalten gewöhnt, und ihre eigene Genesung ist davon abhängig, daß sie sich nicht mit hineinziehen lassen und süchtiges Verhalten ehrlich aufdecken. Auf diese Art und Weise geschieht die Selbstkorrektur in der Organisation nicht allein auf der Systemebene, sondern auch bei dem Personal.

Die Rolle der Berater wird sich erheblich verändern

Wir wollen nun einiges über Berater sagen, da wir glauben, daß Genesung vor allem für sie weitreichende Veränderungen mit sich bringt. Zuvor haben wir davor gewarnt, daß interne und externe Berater sich in das Suchtsystem hineinziehen lassen, das sie beraten. Verstrickungen von Beratern sind weitverbreitet, da die Krankheit alles durchdringt und es schwierig ist, sich da herauszuhalten. Sich als »Helfer« zu betrachten und sich zu verstricken hängt unmittelbar miteinander zusammen. Es ist sehr wahrscheinlich, daß sie als Co-Abhängige agieren, wenn sie sich als Helfer oder Erteiler von Vorschriften sehen. Werden sie co-abhängig von der Organisation, verlieren sie ihre Wirksamkeit.

Wir kennen viele Berater, die ihren Klienten mitteilen, daß sie hier seien, um den Prozeß der Klienten zu begleiten, und nicht, um ihnen zu sagen, was sie zu tun haben. Leider mag ihre Ausdrucksweise das zwar beteuern, ihr Vorgehen ist jedoch kontrollierend und manipulierend. Immer wenn die Berater in der Organisation die Rolle der Problemlöser einnehmen, wird die Organisation von ihnen abhängig und erwartet von ihnen die Antworten. Die Berater beginnen dann, in der Organisation noch mehr Probleme zu schaffen und aufzudecken, um erstens weiterhin die Macht zu spüren, die sie bekommen, wenn die Organisation von ihnen ab-

hängig ist, und zweitens, um für die Organisation unentbehrlich zu werden und sich dadurch ihr Einkommen zu sichern.

Einmal begleiteten wir einen Berater, der seit achtzehn Monaten mit einer Organisation gearbeitet hatte. Die Gruppe hatte das Gefühl, daß sie übermäßig abhängig von ihm geworden war und als Folge davon nicht die Fähigkeit entwickelt hatte, ihre eigene Planung vorzunehmen. Angeblich stimmte der Berater mit ihrer Einschätzung überein; in einem letzten Treffen machte er jedoch für die Gruppe eine Zukunftsplanung. Bei den Themen, die er voraussagte, handelte es sich um lauter Probleme, die ohne ihn nicht gelöst werden konnten. Die Gruppe geriet in Panik und hätte ihn fast gebeten zu bleiben. Glücklicherweise bestand ein mutiger Manager darauf, daß man bei dem Entschluß aufzuhören bleiben sollte. Schließlich stellten sie einen neuen Berater ein, dieses Mal jedoch mit dem klaren Mandat, *ihren* Prozeß von Problemlösung zu begleiten und zu unterstützen.

Berater süchtiger Organisationen müssen sich ihrer eigenen Probleme mit Co-Abhängigkeit, Verstrickung und dem Bedürfnis nach Unentbehrlichkeit bewußt sein. Sie sollten ein gut ausgebautes persönliches Genesungsprogramm haben, wenn sie mit einer hochgradig süchtigen Organisation arbeiten. Sie sollten genug über Genesung, das 12-Schritte-Programm und alternative Systeme wissen, um sich an Interventionen beteiligen, Interventionsteams trainieren und die Nachfolgearbeit für Interventionen leisten zu können.

Wir glauben, daß eine Methode, wie Berater ihre eigenen Probleme verdecken, darin besteht, daß sie sich hinter dem Mythos der Objektivität verstecken. Berater nehmen für sich in Anspruch, sie seien objektiv. Organisationen möchten gerne glauben, daß Objektivität möglich ist, und ihre Effektivität gründet sich auf ihre Fähigkeit zu Objektivität. Unsere Sichtweise süchtiger Organisationen und unsere eigenen Erfahrungen haben uns dazu geführt, diesen in fast religiöser Form aufrechterhaltenen Glauben an Objektivität kritisch zu beleuchten. Wir stellen dieses Konzept deswegen in Frage, weil es im tiefsten Innern den Glauben beinhaltet, daß man sich von sich selbst, von seinen Gefühlen und von anderen entfernen kann. An seiner Wurzel ist dieser Glaube eine Form nicht-teilnehmenden Bewußtseins. Um »objektiv« zu bleiben, wird man für sich selbst ein Objekt und muß andere in gleicher

Weise betrachten. Irgendwie hat sich die irrige Idee entwickelt, daß man für die Organisation nicht mehr hilfreich sein kann, wenn man Gefühle hat. Wir entdeckten, daß viele Berater, wenn sie aus einem Dualismus heraus agieren, entweder völlig unnahbar bleiben oder tatsächlich den Boden unter ihren Füßen verlieren, wenn sie sich zugestehen, Gefühle für ihre Klienten zu haben. Beide Ansätze sind natürlich für die von uns beschriebene Krankheit charakteristisch.

Die Erfahrung einer Person in Genesung ist jedoch, daß es möglich ist, sich zu beteiligen, ohne sich verwickeln zu lassen. Objektivität ist eine Form von Illusion und erfordert, daß man sich vom eigenen Bewußtsein entfernt. Berater können neue Wege erlernen, wie man teilnehmend und beteiligt sein kann, ohne sich dabei zu verlieren; es ist möglich, Gefühle und ein Bewußtsein zu haben und trotzdem in seiner eigenen Realität zu leben, an der man die Organisation teilhaben läßt. Es ist spannend, der »Benenner« von Problemen in einer Organisation zu sein, ohne mit hineingezogen zu werden und seinen »Fix« zu brauchen.

Bei einem Training für leitende Angestellte, die ihrer Karriere in der Mitte ihres Lebens eine neue Richtung geben wollten, erzählte ein Berater von seinen Erfahrungen bei dem Versuch, ein Buch zu schreiben. Nachdem er Tage darauf verwandt hatte, an der Einleitung zu schreiben, gab er sie zwei Kollegen. Sie waren überhaupt nicht begeistert. Es hörte sich einfach nicht nach einem sehr interessanten Buch an. Sie waren an dem Kollegen als Mensch interessiert und deshalb bei ihrer Beurteilung ehrlich.

Während des Trainings erzählte der Berater sowohl von der Reaktion seiner beiden Kollegen als auch von der Bandbreite an Gefühlen, die diese bei ihm hervorrief. Bei der Auswertung des Trainings stimmten alle darin überein, daß die wertvollste Lektion darin bestanden hatte, miterlebt zu haben, wie der Berater mit dem Feed-Back auf sein Buch umgegangen war. Es wäre nicht angemessen für den Berater gewesen, sein Dilemma nur für sein eigenes Ego auszuwerten oder es als Beitrag zu seinem persönlichen Problem zu begreifen; denn es stellte sich heraus, daß eben der persönliche Anteil dazu beitrug, daß sein Dilemma für die ganze Gruppe Bedeutung hatte und etwas bewirkte. Außerdem war sein Verhalten Modell für eine neue Form von Offenheit, Ehrlichkeit, Präsenz und Verletzlichkeit.

Der Verzicht auf den Mythos der Objektivität und die *neutrale Teilnahme* an den Erfahrungen mit uns selbst und mit der Organisation haben für die Berater weitreichende Auswirkungen. Wir nehmen an, daß sich der Beruf des Beraters und die Ausbildung hierzu dramatisch verändern werden, sobald einige dieser Ideen in die Theorie und Praxis integriert werden. Wenn sie mit süchtigen Organisationen wirkungsvoll arbeiten wollen, müssen die Berater mutiger werden.

Organisationen werden sich verändern

Wir haben nicht vor, einen Plan zu entwerfen, wie Organisationen aussehen, wenn sie das Suchtsystem verlassen; es hat jedoch einige Auswirkungen für Organisationen, wenn sie unsere Informationen ernst nehmen:

Die Mission der Organisation würde von ihrer Struktur unterstützt werden. Die gesetzten Ziele wären mit den informellen Zielen deckungsgleich. Angestellte müßten sich nicht an Aktivitäten beteiligen, die den eigentlichen Zweck des Unternehmens unterwandern, oder ihre Zeit mit bedeutungslosen Handlungen verbringen, die die süchtige Organisation unterstützen und nichts verändern.

Es würde ein Bewußtsein dafür herrschen, daß Struktur und System, also die Art, wie die Arbeit organisiert ist, wesentlich für die Mission des Unternehmens sind und daß sie die Arbeit des Unternehmens unterstützen. Organisationen, die Dinge herstellen, um die Lebensqualität zu verbessern, wären sich ebenso der Qualität innerhalb der Organisation bewußt und würden diese fördern. Organisationen, die ins Leben gerufen worden sind, um andere zu heilen, wären sich ihrer Verantwortung für die Förderung der Gesundheit unter den Angestellten bewußt. Gruppen, deren Mission Spiritualität und Religion ist, würden erkennen, daß ihr eigenes spirituelles Leben Voraussetzung dafür sein muß, um bei anderen für Religion zu werben. Organisationen, deren Produkte international vertrieben werden, würden sich dem Verständnis von Vielfalt widmen; sie würden lernen, andere Kulturen überall in der Welt und in der Tiefe der menschlichen Psyche zu respektieren.

Organisationen hätten eine Moral. Die Produkte und Dienstleistungen wären für das Universum nicht zerstörerisch, für den Verbraucher nicht schädlich und würden die Angestellten nicht ausnutzen. Ebenso würden die Politik und die Vorgehensweisen der Organisation nicht die Moral der Angestellten kompromittieren. Es gäbe auf Organisationsebene keinen Kontext, der auf irgendeiner Handlungsebene Unehrlichkeit fördern würde.

Organisationen würden durchlässige Grenzen entwickeln. Die Grenzen eines Unternehmens können nur dann durchlässig sein, wenn die Firma weiß, wer sie ist, und gleichzeitig in der Lage ist, auf Informationen von außen zu reagieren. Organisationen mit durchlässigen Grenzen müssen sich nicht verstellen oder schützen, wenn es um Informationen geht, die eine Herausforderung an die Glaubensgrundsätze darstellen, an denen sie inbrünstig festhalten. Sie befinden sich ihrer Umgebung gegenüber in einer beständigen Lernhaltung. Gleichzeitig ist ihr Sinn für Identität und Mission so ausgeprägt, daß sie von neuen Informationen nicht überrannt werden. Sie sind allem gegenüber offen, können nutzen, was sie brauchen und lassen ab von unwichtigen Daten.

Die Kommunikation in Organisationen in Genesung würde in viele Richtungen gehen. Sie würde sich zwischen allen Ebenen der Organisation hin und her bewegen und auch nach außen gerichtet sein. Erst einmal würde man die Menschen dazu ermutigen, mit sich selbst zu kommunizieren, indem sie aufmerksam auf ihre Gefühle hören und sich darüber klar werden, was sie wissen. Aus dieser inneren Klarheit heraus wird die Kommunikation mit anderen mühelos fließen. Kommunikation wäre eine Brücke zum Verständnis und würde von Angestellten und anderen dazu benutzt werden, Wissen zu verbessern und zu vertiefen. Sie wäre nicht manipulativ und würde nicht einschüchtern.

Der Inhalt der Kommunikation wäre wichtig und auf die Sache bezogen, und das Ziel der Kommunikation bestünde darin, die Macht und die Effektivität aller Beteiligten zu vergrößern. Das steht im Kontrast zur Tendenz der süchtigen Organisation, zwar zu kommunizieren, aber niemals über wichtige Themen. In der süchtigen Organisation wird Kommunikation dazu benutzt, im Dienste des Egos Grundlagen für Macht zu errichten und aufrechtzuerhalten.

Die Führung in den Organisationen würde sich aufteilen und

wäre situationsabhängig. Wenn es auch immer noch Managerposten gäbe, so wäre es doch wesentlich für die Struktur und den Prozeß der Organisation, daß ein Konzept vorherrscht, nach dem jeder eine Führungsrolle hat und Verantwortung (die Fähigkeit und die Notwendigkeit zu reagieren) trägt. Menschen mit Verantwortung in einer leitenden Position und im Management würden zum Modell dafür, wie wirkungsvolle Führung aussieht: daß sie zum Beispiel als Lernende fungieren, ihre Unsicherheiten und Fehler eingestehen, andere ermutigen, nach neuen Ideen zu suchen, und eine Umgebung schaffen, die anderen und ihnen selbst Sicherheit vermittelt. Die Macht der Führungspersonen entstünde aus ihrer Ehrlichkeit und aus ihrer Bereitschaft, entsprechend ihrem eigenen Prozeß zu leben und den Prozeß anderer zu respektieren.

Die Meinung über Veränderung würde sich in Organisationen wandeln. Sie würden sich Veränderungen nicht widersetzen, und sie würden nicht versuchen, Veränderungen um der Veränderung willen anzustreben. Wir wissen aus Erfahrung, daß Organisationen auf diese Weise lebendiger werden, und diese Lebendigkeit wiederum würde sich für sie zu einer Quelle für Veränderung entwickeln. Veränderung wäre in Organisationen ein Prozeß; sie würde Flexibilität, Offenheit gegenüber Informationen und eine Teilnahme auf allen Ebenen erfordern. Veränderung würde als etwas Normales, Erleichterndes und Unkontrollierbares gesehen werden.

Innovation und Veränderung sind zwei Probleme, mit denen sich jede Organisation beschäftigen muß. Wir haben herausgefunden, daß sich die Auffassung von Veränderung wandelt, wenn die Leute ihr Bewußtsein in Bezug auf süchtige Organisationen ändern. Die meisten Organisationen behaupten zum Beispiel, daß sie Neuerungen und Veränderungen haben wollen. Wir entdeckten, daß sie eher meinten, »Veränderungen vorzunehmen«, als sich selbst zu ändern. Das kontrollierte Element »Veränderungen vornehmen« wird für die Organisation schließlich oft zum »Fix«. Es wird der Anschein geweckt, als ob etwas passiert, dabei verhindert der Ansatz, Veränderungen vorzunehmen, in Wirklichkeit alle bedeutsamen Aktivitäten. Solange Veränderungen nicht tatsächlich zu einer *Änderung* führen, funktioniert die Organisation in ihrer süchtigen Arbeitsweise wie ein »trockener Alkoholiker«, aber

eben nicht »nüchtern«. Mit der Änderung in einer süchtigen Organisation muß ein Paradigmen- oder Systemwechsel einhergehen. Ein Systemwechsel beinhaltet die Möglichkeit von Klarheit und Kreativität. Halbe Sachen halten die Organisation in ihrer Krankheit fest.

Diese Unterscheidung zwischen Änderung und Veränderungen ist für Berater eine besondere Herausforderung, die oft dafür engagiert werden, Veränderungen in der Organisation zu ermöglichen. Es ist leicht, eine Gruppe dabei zu unterstützen, einige unbedeutende Veränderungen vorzunehmen; auf diese Art bekommt man Lob und Wertschätzung der Gruppe, während man es vermieden hat, ihnen die Notwendigkeit für Änderung im Sinne von Systemwechsel klarzumachen. So können Veränderungen und Änderung zwei völlig verschiedene Probleme sein, und ein Berater muß sich der Auswirkungen beider auf die Organisation genau bewußt sein. Wir möchten nochmals darauf hinweisen: Das Betonen und Fördern von Änderung erfordert Mut von seiten des Beraters.

Dies führt uns zu dem Problem der Weiterbildung von Angestellten. Welche Konsequenzen haben die unzähligen Workshops und Seminare zu den Themen Kommunikation, Konflikt, Zeitmanagement, langfristige Planung? In der süchtigen Organisation ist es äußerst wichtig, daß dieses Training nicht zum Ersatz für die alltägliche Arbeit am Genesungsprozeß wird; das bedeutet, es soll nicht zu einem weiteren »Fix« werden. Dennoch benötigen Angestellte Handwerkszeug und die fortwährende Gelegenheit zum Wachstum. Der Berater und die Organisation müssen sich also hinreichend über die Auswirkungen des Prozesses der Genesung im klaren sein, um zu erkennen, wann die Ausbildung neuer Fähigkeiten notwendig ist und wann sie am effektivsten wäre.

Wenn die Organisation sich noch in einem frühen Stadium der Genesung befindet und gerade anfängt, vom Suchtsystem zu gesunden, sind diese anderen Formen von Workshops weder angezeigt noch nützlich. Gewöhnlich muß die Organisation sich darauf konzentrieren, mehr, aus der neuen Sichtweise heraus, über ihre süchtigen Verhaltensweisen zu lernen. Später, wenn die Genesung auf der individuellen Ebene und auf der Organisationsebene beginnt, können auch andere Seminare anvisiert werden, sie müssen aber in die Perspektive der Genesung integriert sein. Die Weiterbildung, das Erlernen von Fertigkeiten, ist für den Genesungspro-

zeß zweitrangig; man sollte es nicht als Ersatz oder als Lösung für Probleme der süchtigen Organisation begreifen.

Einige Organisationen haben Kommunikationstraining erfolgreich dazu benutzt, um eine Grundlage dafür zu schaffen, eine Diskussion über die süchtigen Aspekte der Funktionsweise einer Organisation zu eröffnen. Kommunikationstraining mag in der frühen Genesung oder als erster Schritt in Richtung Genesung sinnvoll sein. Wenn diese Form von Training zur Debatte steht, sollte sie von einem Berater durchgeführt werden, der darin ausgebildet ist, Suchtprobleme zu erkennen und ihnen nachzuspüren. Außerdem möchten wir betonen, daß der Suchtprozeß in hochgradig süchtigen Organisationen das Erinnerungsvermögen und die Urteilsfähigkeit beeinträchtigt: Man muß sich immer überlegen, wieviel eine Gruppe von einem Training profitieren kann, die nicht dazu in der Lage ist, das Gelernte zu benutzen. Bevor der alles durchdringende Nebel des Suchtsystems sich nicht gelichtet hat, werden die Leute nur der Form halber an dem Training teilnehmen.

Eine weitere Veränderung auf Organisationsebene kann darin bestehen, den Beschäftigten Zeit zur Verfügung zu stellen, um an Treffen der Anonymen Alkoholiker teilzunehmen, 12-Schritte-Treffen innerhalb der Organisation einzurichten oder in unterschiedlichster Weise an dem Suchtprozeß auch auf individueller Ebene zu arbeiten. Es gibt viele Veränderungen, die eine Organisation auf ihrem Weg in die Genesung vornehmen kann.

Zusammenfassung

Das Suchtsystem ist nicht die Realität. Eine der Auswirkungen der Genesung von der Perspektive des Suchtsystems ist die, daß sie uns aus der Verwirrung herausführt. Eine zentrale Verwirrung, die in der süchtigen Organisation herrscht, ist die Auffassung, daß diese real sei; man erkennt nicht, daß es sich bei ihr um ein illusionäres System handelt; das Suchtsystem und seine Prozesse sind so in die Gesellschaft eingebettet, daß sie gewöhnlich mit der Realität verwechselt werden. Wir wissen, daß viele der hier beschriebenen

Prozesse und Merkmale den Organisationen und Organisationsberatern bekannt sind. Es ist leicht, die Absicht, die wir mit diesem Buch verfolgen, abzutun und zu sagen: »So sind die Leute eben«, »Organisationen funktionieren so«, »der Arbeitsplatz hatte immer diese Probleme« und so weiter. Wir glauben, daß mit diesen Behauptungen vermieden wird, das illusionäre Suchtsystem als Nicht-Realität zu sehen. Es ist wichtig, daß wir uns bewußt sind, daß all diese Einzelprobleme in Organisationen Teile einer langwierigen und alles durchdringenden Krankheit sind, die wir den Suchtprozeß nennen. Wenn wir sie erkennen und wissen, daß sie Anzeichen einer Sucht sind, dann wissen wir auch, daß Genesung und Änderung möglich sind. Das Zugeständnis, daß es sich bei dem Suchtsystem um ein illusionäres System handelt, ist ein bedeutsamer Schritt in der Genesung. Er ermöglicht es, die Realität klarer zu erkennen und vollkommener an ihr teilzuhaben. Das Wissen um den illusionären Charakter des Suchtsystems kann tatsächlich der erste Schritt hin zu einem Paradigmenwechsel sein.

Zum Schluß wollen wir etwas über die Voraussetzungen, die Basis sagen, auf die sich Organisationen stützen sollten. Wir sind nicht die ersten, die empfehlen, daß die Organisationen ihre Informationen und Motivationen aus etwas anderem als nur ökonomischen Überlegungen heraus beziehen sollten. Wir teilen die Sichtweise der Organisationsumformer, die glauben, daß die rationalen Modelle der Bürokratie gestorben sind und daß umfassende ethische und spirituelle Werte die Organisationen inspirieren und untermauern müssen. Natürlich wissen wir, daß ökonomische Faktoren in den Organisationen von Bedeutung sind; wenn jedoch die Wirtschaftlichkeit im Vordergrund steht, steuern Organisationen auf den gleichen Verfall zu, den wir beim Suchtsystem als Ganzes beobachten können. Wir wissen, daß es in gesunden Organisationen möglich ist, »alles zu erreichen«. »Alles zu erreichen« muß so aufgefaßt werden, daß es die Integrität der Organisation mitträgt und unbedingte Ehrlichkeit den Verbrauchern und der Gesellschaft gegenüber fördert. Organisationen, die das umsetzen, erhalten erstaunliche Belohnungen. Organisationen können – und müssen – sich auf spirituelle und humanitäre Werte gründen. Sie können in der Gesellschaft visionäre Funktion haben und gleichzeitig Bedürfnisse befriedigen, Arbeit zur Verfügung stellen, Profit machen und die »Arbeit« der Gesellschaft vollbringen. Sie können

auch gesundheitsfördernd sein und für ein gutes Leben der Angestellten sorgen.

Weiter oben beschrieben wir drei Hauptströmungen in modernen Organisationen – Teilnahme, Innovation und Führung. Aus unserer Sicht für die süchtige Organisation sind diese drei Themen immer noch für Organisationen und Mitarbeiter gleichermaßen zentral. Wir können jetzt sehen, daß die Teilnahme in genesenden Organisationen gleichzeitig auf drei Ebenen erscheint: Teilnahme an sich selbst und an der eigenen Genesung; Teilnahme an anderen, das heißt, daß es der Klarheit in Beziehungen bedarf, um Co-Abhängigkeit zu vermeiden; Teilnahme an der Organisation in Form aktiver Gestaltung von Politik, Strukturen und Systemen, die Genesung fördern.

Innovation bedeutet mehr als die Durchführung kosmetischer Veränderungen: Sie bedeutet, einen »Sprung des Vertrauens« aus dem bestehenden Sucht-Paradigma heraus zu vollführen, das zu einem langsamen, aber sicheren Tod führt, hinein in ein entsprechendes Paradigma, das Lebendigkeit und vollkommenes Funktionieren willkommen heißt und ermöglicht.

Führung ist nicht Kontrolle. Es ist in erster Linie ein Modell für Eigenverantwortlichkeit. Führung in einer genesenden Organisation ist wie jedes Merkmal einer gesunden Organisation holographisch: Die Entwicklungen im einzelnen geschehen auch im System und umgekehrt. Führung strahlt vom einzelnen auf Gruppen und auf Systeme und von dort wieder zum einzelnen aus. Schließlich wird die ganze Organisation zu einem Signal für andere Organisationen in und für die Gesellschaft und antwortet wiederum auf die Impulse, die aus der Gesellschaft kommen.

Wir wissen und konnten es bereits beobachten, daß Organisationen zu gesunden Arbeitsplätzen werden können. Wir glauben, daß sie in das Hologramm des Lebens eines einzelnen in der Gesellschaft integriert werden können. Wir sind davon überzeugt, daß Organisationen die Möglichkeit haben, selbst aktive Vertreter des bedeutsamen Paradigmenwechsels zu sein, der bereits auf der ganzen Welt stattfindet. Wir glauben, daß Organisationen auf ethischer und spiritueller Ebene gesund werden können. Wenn das geschieht, können sie für alle, die daran glauben, unser Vertrauen in Organisationen und in uns selbst wiedererlangen zu können, zu einer Quelle der Inspiration werden.

Die zwölf Schritte der Anonymen Alkoholiker

1. Wir gaben zu, daß wir dem Alkohol gegenüber machtlos waren und unser Leben nicht mehr meistern konnten.

2. Wir kamen zu dem Glauben, daß eine Macht, größer als wir selbst, uns unsere geistige Gesundheit wiedergeben kann.

3. Wir faßten den Entschluß, unseren Willen und unser Leben der Sorge Gottes – *wie wir Ihn verstanden* - anzuvertrauen.

4. Wir machten eine gründliche und furchtlose Inventur in unserem Inneren.

5. Wir gaben Gott, uns selbst und einem anderen Menschen gegenüber unverhüllt unsere Fehler zu.

6. Wir waren völlig bereit, all diese Charakterfehler von Gott beseitigen zu lassen.

7. Demütig baten wir Ihn, unsere Mängel von uns zu nehmen.

8. Wir machten eine Liste aller Personen, denen wir Schaden zugefügt hatten, und wurden willig, ihn bei allen wiedergutzumachen.

9. Wir machten bei diesen Menschen alles wieder gut – wo immer es möglich war –, es sei denn, wir hätten dadurch sie oder andere verletzt.

10. Wir setzten die Inventur bei uns fort, und wenn wir Unrecht hatten, gaben wir es sofort zu.

11. Wir suchten durch Gebet und Meditation die bewußte Verbindung zu Gott – *wie wir Ihn verstanden* - zu vertiefen. Wir baten

Ihn nur, uns Seinen Willen erkennbar werden zu lassen und uns die Kraft zu geben, ihn auszuführen.

12. Nachdem wir durch diese Schritte ein seelisches Erwachen erlebt hatten, versuchten wir, diese Botschaft an andere weiterzugeben und unser tägliches Leben nach diesen Grundsätzen auszurichten.

Anmerkungen

1 M. D. Molinari: The Productive, Integrated Organization. International Organizational Memo, Cummings Engine Corporation, 1986 S. 1.
2 Anne Wilson Schaef: Im Zeitalter der Sucht. München 1991.
3 William S. Ouchi: Theory Z. Addison-Wesley/Reading, 1981.
4 Marshall Sashkin: Participative Management Remains an Ethical Imperative. 1986. In: Organizational Dynamics, Frühjahr 1986. S. 62–75.
5 Morris Berman: Die Wiederverzauberung der Welt. Am Ende des Newtonschen Zeitalters. München 1983.
6 Everett Rogers: Diffusion of Innovation. Free Press, Glencoe/Ill. 1962; Gerald Zaltman u.a.: Innovations in Organizations. John Wiley and Sons, New York 1973.
7 Rosabeth Moss Kanter: The Change Masters. Simon and Schuster, New York 1983.
8 Ebd. S. 34.
9 C. S. Lewis: Perelandra. MacMillan, New York 1944.
10 Thomas Peters und Robert Waterman: Auf der Suche nach Spitzenleistungen. Landsberg am Lech 1983; Thomas Peters und Nancy Austin: Leistung aus Leidenschaft. Hamburg 1986.
11 Ebd.
12 William Bridges: Transition. Making Sense of Life's Changes. Addison-Wesley, Reading/MA 1980.
13 William Bridges: Managing Organizational Transition. In: Organizational Dynamics, Frühjahr 1986. S. 25.
14 Alan Sheldon: Organizational Transition. 1980. In: Organizational Dynamics, Winter 1980. S. 62–79.
15 Manfred F. R. Kets de Vries und Danny Miller: The Neurotic Organization. Jossey-Boss, San Francisco 1984.
16 Paul Hersey und Kenneth Blanchard: Management of Organizational Behavior. Utilizing Human Ressources. University Associates, San Diego 1986.
17 Michael Maccoby: The Leader. Simon & Schuster, New York 1981; Warren Bennis und Bert Nanus: Führungskräfte. Die vier Schlüsselstrategien erfolgreichen Führens. Frankfurt/M. 1992.
18 John D. Adams (Hrsg.): Transforming Work. Miles River Press, Alexandria/VA 1984.

19 Peter Vaill: Process Wisdom for a New Age. Hrsg. von John D. Adams. In: Transforming Work. S. 33.

20 Thomas S. Kuhn: Die Struktur wissenschaftlicher Revolutionen. Frankfurt/M. 1973.

21 Allen Sheldon: Organizational Paradigms. S. 65.

22 Marilyn Ferguson: Die sanfte Verschwörung. München 1984.

23 Renee Weber in Ken Wilber (Hrsg.): Das holografische Weltbild. München, Bern 1988.

24 Charles Hampden-Turner: Is There a New Paradigm? 1985. A Tale of Two Concepts. (Ein Papier, das internationalen Shell-Managern im Januar 1985 vorgestellt wurde.) S. 21.

25 Berman: Die Wiederverzauberung der Welt (s. Anm. 5).

26 Marion Zimmer Bradley: Gildenhaus Thendara. Rastatt 1987; Anne J. Lane (Hrsg.): The Charlotte Perkins Gilman Reader. The Yellow Wallpaper and Other Fiction. Pantheon Books, New York 1980; Carol Hill: Amanda. The Eleven Million Mile High Dancer. Zürich 1993; Ursula LeGuin: Erdsee. München 1986; Anne McCaffrey: Drachensinger. München 1981; Ursula LeGuin: A Very Warm Mountain. Bantam Books, New York 1976.

27 Margaret Atwood: Die eßbare Frau. Frankfurt 1991; Mary Gordon: Männer und Engel. München 1987; Keri Hulme: Unter dem Tagmond. Franfurt/M. 1993; Gloria Naylor: The Women of Brewster Place. Viking Press, New York 1982; Alice Walker: Die Farbe Lila. Reinbek 1984.; Toni Morrison: Sehr blaue Augen. Reinbek 1979; May Sarton: Kinds of Love. Morton, New York 1970.

28 Betty Lehan Harragan: Games Mother Never Taught You. Warner, New York 1977; Rosabeth Moss Kanter: Men and Women of the Corporation. Basic Books, New York 1977; Nehama Jacobs und Sarah Hardesty: Success and Betrayal. The Crisis of Women in Corporate America. Franklin Watts, Danburg 1986.

29 Mary Daly: Jenseits von Gottvater, Sohn & Co. Aufbruch zu einer Philosophie der Frauenbefreiung. München 1986; Carol Gilligan: Die andere Stimme. Lebenskonflikte und Moral der Frau. München 1991; Elizabeth Dodson-Grey: Patriarchy as a Conceptual Trap. Round Table Press, Wellesley, MA 1977; Adrienne Rich: On Lies, Secrets, and Silences. Selected Prose. 1966–78. Norton, New York 1979; Anne Wilson Schaef: Weibliche Wirklichkeit. Wildberg 1985.

30 Jed Diamond: Inside Out. Becoming my Own Man. Fifth Wave Press, San Raphael/Ca. 1983; Ken Druck: The Secrets Men Keep. Double-

day, Garden City/NY 1979; Herb Goldberg: The New Male. Signet, New York 1979.

31 Anonyme Alkoholiker. Hrsg. von Anonyme Alkoholiker deutscher Sprache. 1983.

32 Vernon Johnson: I'll Quit Tomorrow. Harper & Row, New York 1980.

33 Sharon Wegscheider-Cruise: Es gibt doch eine Chance. Wildberg 1988; Robert Subby: Inside the Chemical Dependent Marriage. In: Co-Dependence. An Emerging Issue. Health Communications, Hollywood/Fl. 1984.

34 Janet Woititz: Adult Children of Alcoholics. Health Communications, Hollywood/Fl. 1983.

35 Claudia Black: Mir kann das nicht passieren. Wildberg 1988.

36 Charles Whitfield: Co-Dependency. An Emerging Problem Among Professionals. In: Co-Dependence. An Ermerging Issue (s. Anm. 33) S. 50.

37 Anne Wilson Schaef: Co-Abhängigkeit – nicht erkannt und falsch behandelt. Wildberg 1986; Im Zeitalter der Sucht. München 1986.

38 Ebd.

39 Ebd.

40 Robert N. Goldberg: Under The Influence. 1986. In: ›Savoy‹, Juli 1986. S. 51–60.

41 Ebd., S. 60.

42 Chris Argyris: Skilled Incompetence. In: ›Harvard Business Review‹, Sept/Okt. 1986. S. 74.

43 Ebd., S. 76.

44 C. P. Alexander: Crime in the Suits. In: ›Time‹, 10. Juli 1985. S. 56/57.

45 »Lorenza Starts His Attack«. In: ›Newsweek‹, 2. Februar 1987.